L'AMOUR ET L'ENFANT

Du même auteur dans la même collection :

LE CRI PRIMAL

Couverture : Floris : *La Sainte Famille, (photo Bulloz).*

Dr ARTHUR JANOV

L'AMOUR ET L'ENFANT

Traduit de l'américain
par Anne Rabinovitch

FLAMMARION

Titre de l'édition originale
THE FEELING CHILD
Éditeur original : Simon and Schuster, New York

A Rick et à Ellen, et à la minorité la plus opprimée du globe : les enfants.

PRÉFACE

Qu'est-il besoin de préface pour un livre de Janov ! On ne présente pas un homme connu mondialement.

Quant au livre, c'est, peut-être, de tous ceux que l'auteur a écrits, mon favori. Et j'ai, personnellement, appelé de mes vœux sa traduction en français.

D'autres ouvrages de Janov sont peut-être plus savants.

J'aime ce livre pour sa simplicité et le grand amour, la compassion qu'on y sent à l'endroit des enfants.

Que Janov soit remercié pour nous avoir fait comprendre, mieux qu'aucun autre, que les structures mentales sont aussi contagieuses que la scarlatine ou la variole.

Et qu'en matière d'éducation,
terrible problème,
le premier des devoirs est un devoir
envers soi-même.
Si l'on souhaite éviter à un enfant de souffrir de la grippe,
le mieux est de commencer
par ne pas l'attraper.
Ou, si l'on est contaminé, de se soigner, de se guérir.
Or il en est du mal d'amour
comme des maladies infectieuses.
Les parents font payer aux enfants
pour tout l'amour
qu'eux-mêmes n'ont pas eu.
Et que donc, ils ne sauraient donner.
Car on ne peut donner que ce qu'on a reçu.
Inconsciemment, sans le savoir, sans le vouloir,
les parents se vengent sur les enfants

d'avoir été, eux-mêmes, si mal aimés.

Et les enfants, plus tard, à leur tour...

Cette chaîne, ce tragique cercle vicieux, jamais n'avait été mieux vu, démonté, démontré.

Comment n'être pas infiniment reconnaissants à Janov d'avoir ouvert nos yeux !

Frédéric Leboyer

INTRODUCTION

En général, un livre doit se suffire à lui-même. Il devrait être compris en fonction de ses propres termes, sans qu'on ait à recourir trop souvent à d'autres ouvrages. Je pense que *L'amour et l'enfant* peut se suffire à lui-même, mais le lecteur doit savoir que l'ouvrage est fondé sur la théorie primale, et qu'une connaissance approfondie de cette théorie, exposée en détail dans *Le cri primal,* est une lecture préliminaire souhaitable, utile. Ce livre résulte de l'observation de patients en train de revivre leur enfance. Ce qu'ils éprouvent, et les expériences qu'ils traversent, nous permettent de connaître les multiples façons dont les parents peuvent faire du mal aux enfants et les rendre névrosés. Peut-être leur souffrance contient-elle les leçons qui aideront à éviter de faire du mal à d'autres enfants. Le but de ce livre est de contribuer à mettre un terme au malheur des enfants. Nous ne pouvons refaire les parents, mais nous sommes en mesure de proposer des lignes de conduite à ceux qui se débattent avec leurs enfants.

J'ai fait des recherches dans la littérature scientifique et j'ai allié ce que j'y ai trouvé à mes observations afin de tirer certaines conclusions sur l'éducation des enfants. Ce que les patients primals éprouvent à propos de leur jeunesse est essentiel. Toute recherche n'est qu'un complément à ce qu'ils apprennent sur les enfants en devenant les enfants réels qu'ils n'ont jamais été.

J'utiliserai l'expression « un primal » tout au long de cet ouvrage. Ce terme se réfère au fait de revivre intégralement des scènes du passé en thérapie primale. Un primal est un événement douloureux, une expérience souvent déchirante où les patients retrouvent les sentiments qu'ils n'osaient pas éprouver quand ils étaient trop jeunes et trop fragiles pour résister à la souffrance. Ils ressentent maintenant la haine de leurs parents, leur indifférence, et leur insensibilité. Ils éprouvent la terreur d'être expédiés en pension, d'être envoyés tout seuls chez le docteur, d'être abandonnés par l'un ou l'autre de leurs parents, d'être tiraillés par les disputes conjugales ou abandonnés à leurs larmes dans leur berceau. Ils ressentent le besoin de téter le sein de leur mère comme jamais auparavant. En bref, ils éprouvent les souffrances qui se sont accumulées dans leur corps toute leur vie, créant la tension et ses symptômes.

Chaque primal d'un patient est un autre point de repère sur la carte du comportement parental, qui indique ce qu'il faut faire et ne pas faire, éviter et encourager, dire et ne pas dire. Après les milliers de primals auxquels nous avons assisté, notre carte est tellement chargée qu'il semble presque impossible de bien élever un enfant ; et il se peut fort bien que cela soit vraiment impossible. La seule protection véritable dont dispose l'enfant est la santé mentale de ses parents. En nos termes cela veut dire, l'absence chez ceux-ci de souffrances primales. Nous savons par nos recherches qu'il existe un « cerveau qui ressent » et un « cerveau qui pense », et que l'élément pensant n'exerce qu'un contrôle minime sur l'élément qui ressent, particulièrement lorsque celui-ci est surchargé de souffrance. En pratique, cela signifie que l'éducation et les conférences destinées aux parents névrosés ne peuvent en général modifier profondément la manière dont ils traitent leurs enfants, mais il est possible que cela aide un peu.

Ceci n'est pas un « manuel » pédagogique traditionnel. Il existe déjà beaucoup d'ouvrages de ce genre. Pour les rendre efficaces — c'est là que réside la difficulté — il faudrait établir une règle distincte pour chaque cas, mais cela n'intéresserait que les obsédés, qui vivent selon des règles au lieu de suivre leurs sentiments. Les parents traitent leurs enfants en fonction de leurs propres sentiments cachés, et seul le parent qui ressent peut comprendre ce qu'il convient de faire dans une situation concernant son enfant.

On objectera peut-être que si une mauvaise connaissance de l'éducation des enfants telle que l'enseignent les premiers manuels de puériculture risque d'être nuisible, elle peut s'avérer utile une fois rectifiée. Malheureusement, ce n'est pas tout à fait le cas. Les indications erronées fournies par ces premiers ouvrages faisaient partie d'une vision névrotique du développement humain. S'accordant avec la conception névrotique générale (il ne faut pas prendre dans les bras les enfants qui pleurent, il convient de les nourrir à heures fixes, etc.) ces notions furent donc facilement adoptées. Les vues primales ne coïncident pas avec ces idées névrotiques et ne seront donc pas facilement acceptées.

Au cours de ces dernières décennies il était courant de penser qu'on ne devait pas dorloter les enfants, de crainte de les trouver incapables d'affronter notre monde dur et indifférent. Les manuels insistaient donc sur la nécessité de ne pas gâter les enfants, et de ne pas se prêter à leurs caprices — en prenant bien garde de leur donner mille tâches pour former leur caractère. La théorie primale affirme qu'on ne peut gâter les enfants et que c'est l'*absence* d'une indulgence appropriée au besoin de l'enfant qui provoque un comportement « gâté » et exigeant. Pour ceux d'entre nous qui ont été élevés à la dure, convaincus que le combat forme le caractère, la notion d'indulgence n'est pas facile à accepter.

Un enfant est prédestiné à devenir névrosé si ses parents le sont. Je n'espère pas que les lignes de conduite indiquées dans ce livre compenseront la névrose parentale, mais il y a néanmoins des choses que le père et la mère peuvent faire pour leurs enfants. Les parents doivent savoir qu'il faut prendre dans les bras les enfants qui pleurent et ne pas attendre que « ça se passe ». Ils n'ont pas à surmonter leur névrose pour consoler des enfants qui souffrent.

Je suivrai l'enfant de sa conception à l'âge adulte, indiquant à chaque étape les éléments générateurs de névrose. Je me concentrerai sur la vie intra-utérine et les moments de la naissance car ce sont des sujets que l'on néglige lorsqu'on discute de l'éducation des enfants. Je veux dire que la névrose peut fort bien prendre racine avant la naissance et que l'expérience du fœtus dans l'utérus peut être aussi importante, sinon plus, que les événements sociaux ultérieurs. La névrose d'un enfant commence dans l'esprit du parent — c'est-à-dire qu'elle naît des raisons mêmes qui poussent le père ou la mère à avoir un enfant. Quelquefois ce peut être l'envie d'avoir quelqu'un entièrement à soi pour la première fois de sa vie, ou peut-être un besoin chez le parent de prouver sa virilité ou sa féminité. Quelles que soient les raisons, elles vont déterminer la façon dont l'enfant sera traité dès le jour de sa naissance.

En général c'est le parent qui façonne l'enfant et le rend malade ou bien portant. Mais le processus est plus subtil. Imaginons qu'un enfant naisse avec une mauvaise vue, et grandisse sous les quolibets de ses camarades de jeu névrosés. Cela doit provoquer une souffrance. Probablement pas celle que les sarcasmes d'un parent peuvent causer chez un enfant, mais néanmoins il existe des expériences dans la vie courante qui contribuent à rendre un enfant névrosé. Pourtant ce ne sont pas les expériences isolées qui créent la névrose. Celle-ci résulte de l'accumulation, du poids des expériences malheureuses successives. C'est ce qui arrive à force de vivre jour après jour avec des parents qui font du mal, qui sont hostiles, indifférents, ou rejettent ouvertement leur enfant. Ayant constaté des transformations radicales chez les enfants dont les parents avaient suivi la thérapie primale, je suis convaincu que c'est le seul moyen sûr de donner aux enfants une chance dans la vie. Nous avons traité des spécialistes des enfants, des auteurs de livres sur les enfants, et aucune de leurs connaissances ne les a aidés à être des parents convenables, jusqu'au moment où ils ont réussi à éliminer en partie leurs besoins et leurs tensions à eux. Les parents primals n'ont pas besoin de conférences. Ils ont ressenti ce que leurs parents leur ont fait et ils savent ce qu'ils ne doivent pas faire à leurs enfants... Ceux qui n'ont jamais ressenti les subtilités des souffrances infligées par leurs parents ne pourront jamais savoir de quelle façon ils rendent leurs enfants névrosés. Les sentiments sont la réponse qui vaut pour le parent comme pour l'enfant. Les parents réels agissent bien envers leurs enfants, et un enfant réel agit bien envers lui-même.

« Il est beaucoup plus facile pour un philosophe d'expliquer un nouveau concept à un autre philosophe qu'à un enfant. Pourquoi ? Parce que l'enfant pose les vraies questions... »

Jean-Paul Sartre
(Interview de John Gerassi,
Le Monde, octobre 1971.)

CHAPITRE PREMIER

LES RAISONS D'AVOIR DES ENFANTS

La façon dont un enfant va être traité est peut-être déjà programmée lorsqu'il est à l'état de projet. Si une mère veut avoir la famille qu'elle n'a jamais eue, l'enfant devra lui faire sentir qu'elle a une famille aimante et chaleureuse. Plus tard, quand l'enfant voudra faire des choses de son côté, indépendamment, par exemple aller à l'université ou se marier, la mère percevra cela comme une menace inconsciente. Ce qui est inconscient chez la mère, c'est l'ancien sentiment de ne pas avoir eu de vraie famille à elle, souffrance si profonde que le conscient l'a refoulée. Toute manifestation d'indépendance chez l'enfant, tout signe indiquant qu'il n'a pas besoin de « maman » provoque d'abord une vague tension chez la mère, puis un comportement défensif pour étouffer le sentiment primal. Elle expliquera de façon rationnelle pourquoi il ne faut pas que son fils s'en aille, pourquoi elle a besoin de lui, etc. Pour les mêmes raisons primales, cette mère ne permettra pas à ses enfants de montrer de la colère à son égard. Elle dénigrera les amis de son fils parce qu'ils menaceront son statut de seul être aimé. En bref, la mère « déjoue » un ancien sentiment douloureux qu'elle n'a pas pu — et ne peut — affronter. Elle manipule continuellement sa vie présente pour éloigner la souffrance. Elle ne peut se comporter correctement envers ses enfants parce qu'elle les utilise au service de son besoin.

J'introduis ce concept du déjouement des sentiments reniés, douloureux, car c'est l'essence même de la névrose. On le trouve inévitablement chez les névrosés, pour lesquels avoir des enfants n'est qu'une manière de déjouer encore leurs besoins. Il existe une multitude de raisons névrotiques d'avoir des enfants, dont aucune ne concerne la venue au monde d'un nouvel être humain.

L'une des raisons clés pour lesquelles les névrosés ont des enfants est le désir de créer un être aimant que le parent aura pour lui tout seul. Une personne qui a grandi dans une famille nombreuse et qui n'a reçu pratiquement ni attention ni affection aura tendance à se montrer possessive à l'égard de son enfant. La valeur de l'enfant dépendra de l'amour qu'il manifestera au parent. Ici encore, ce n'est pas un procédé conscient. Le parent peut ressentir de l'anxiété devant une indifférence occasionnelle de l'enfant, ou bien sa colère sera disproportionnée lorsque l'enfant ne lui prêtera pas attention. « Regarde-moi quand je te parle ! » crieront peut-être les parents névrosés. Cette réaction émotive excessive (ici la colère) est l'expression du sentiment ancien qu'éprouvait le parent à l'endroit de ses propres parents : ce sentiment a été refoulé et surgit maintenant fort mal à propos. Cette grande colère réprimée est provoquée par l'indifférence dont il se sent l'objet. Tout traitement indifférent éveille donc ce sentiment primal, ainsi que l'ancienne réaction refoulée.

Voyons à quel point ceci peut se compliquer. Une patiente était si furieuse d'être négligée qu'elle souhaitait la mort de sa mère. Enfant, elle se mit à craindre si fort ce sentiment qu'elle l'effaça de sa conscience et le remplaça par des maux de tête. Par la suite, quand cette personne était traitée avec indifférence, elle avait immédiatement d'inexplicables maux de tête. Elle ne savait pourquoi, et elle ne s'imaginait pas non plus qu'on la négligeait ni qu'elle refoulait le souhait de voir mourir la personne qui la blessait. Dès lors c'était devenu toute une séquence neurologique inconsciente qui se déroulait sans l'intervention de la conscience. C'était, en bref, une ancienne séquence primale enfin mise à nu en thérapie primale avec des cris et une fureur convulsive exprimant le désir de la mort de sa mère. Cette séquence était déclenchée chaque fois que sa propre fille ne lui prêtait pas attention.

Nous voyons maintenant la cause des réactions névrotiques aux comportements innocents des enfants. Ceux-ci le sentent assez vite et apprennent à se garder des foudres primales de leurs parents. Ils se font tout petits, se soumettent, se taisent et restent attentifs. Ils deviennent névrosés parce que le parent l'est. L'enfant est façonné dans un moule rigide parce que, année après année, les sentiments primals non résolus du parent provoquent toujours le même genre de réaction névrotique. L'enfant doit alors apaiser de même. Si c'est sa mère qui a besoin de se sentir aimée, cela peut prendre la forme d'une conspiration secrète contre le père. La mère dénigre subtilement le père afin de monopoliser l'amour de l'enfant. C'est une tactique névrotique à double effet, qui prive l'enfant de son père et l'enferme dans un rapport névrotique avec sa mère. L'enfant n'a aucune chance de s'en sortir. Il est très facile de manipuler des enfants sans défense et de les plonger dans cette situation. Des déclarations du genre « John est un si gentil garçon, il n'en fait jamais assez pour moi » font des ravages à cause de leur caractère littéral. John ne sera jamais capable d'en faire assez pour sa mère qui a toute une vie de privations à compenser.

Une autre raison pour avoir des enfants est le maintien d'un ménage branlant, C'est particulièrement vrai pour les femmes qui veulent désespérément retenir leur mari. L'enfant lui-même est le moindre de leurs soucis. Il servira très vite de pion dans la stratégie de sa mère. Il devra supplier, plaider et jouer le rôle d'intermédiaire pendant les disputes. Bientôt il en arrivera à se sentir responsable du bonheur — et du malheur de ses parents. Le comportement général du parent — sa tristesse par exemple — suffit à entraîner automatiquement l'enfant à lutter pour concilier et pacifier. Aucun conseil à un parent mélancolique à propos de l'éducation des enfants ne servira à quoi que ce soit si tout ce qu'il fait avec son enfant, même s'il le fait selon les « règles », est empreint de tristesse.

Bien sûr, beaucoup de grossesses sont accidentelles, ne laissant aux parents que du ressentiment à l'égard de leur progéniture. Dès le moment de sa naissance l'enfant devra payer pour son intrusion et les exigences qu'il impose à ses parents qui sont encore et veulent être des enfants qui aiment s'amuser. Il sera fessé à cause de ses pleurs irritants ; on le forcera à se taire et on lui donnera une série d'occupations pour qu'il gagne son droit à l'existence. Il paiera l'impulsivité de ses parents, souvent des jeunes gens à tel point privés d'amour que lorsqu'ils le trouvent dans le sexe, ils envoient au diable toutes les précautions.

Il existe autant de raisons d'avoir des enfants que de névroses. Un homme qui met en doute sa virilité peut, pour se la prouver, vouloir des enfants, de préférence des garçons. Quand ses enfants montrent de la peur, sa vision exagérée de la virilité sera menacée et leurs craintes seront étouffées. Une femme peut vouloir des enfants pour prouver sa féminité, ou tout au moins pour ne pas se sentir stérile. Elle risque de vouloir encore aller à des soirées, dans des boîtes de nuit et participer à des manifestations sociales pour prouver sa séduction féminine. Avoir un enfant n'est qu'un pion sur l'échiquier et la femme ne pense pas une seconde qu'elle est en train de fabriquer un être humain distinct qui a des besoins. La mère est négligente pour la même raison qui l'a poussée à avoir un enfant — elle veut être jolie, séduisante, et « féminine ».

La dernière chose que désirent les névrosés est de se voir obligés de s'occuper constamment de quelqu'un. Ce sont en fait *eux* les enfants qui brûlent d'être pris en charge. Pour ces gens-là avoir un enfant est un fantasme. La femme ne voit que les soins et l'attention dont elle est l'objet pendant sa grossesse. Ou bien, avoir un enfant est la seule garantie dont elle dispose pour garder un mari qui la guide et l'entretienne. Ces parents ne comprennent pas qu'*un bébé représente un besoin total et une exigence totale.* Quoi d'étonnant à ce que les parents deviennent bientôt agités et irritables presque tout le temps devant l'obligation de donner toujours plus d'eux-mêmes au bébé. Donc, la réaction automatique aux cris du bébé est de supprimer les pleurs et la demande plutôt que de prendre le temps nécessaire pour satisfaire les besoins de l'enfant. Quand un parent ne peut pourvoir aux besoins de l'enfant il doit les réprimer. Le processus se déroule à peu près comme ceci : tout petit, le parent négligé s'est vu contraint d'étouffer la conscience de son besoin intolérable frustré. Ayant bloqué cette conscience, il a maintenant un enfant et ne peut pas non plus reconnaître son besoin à lui. Les gémissements constants du nourrisson (qui sont là pour rappeler ses besoins) deviennent intolérables pour le parent, qui les réprime. Il existe beaucoup de modes de répression : on distrait le bébé avec des hochets, du bruit, des jeux, etc. ; on le secoue énergiquement — c'est le mode brutal. Le résultat final est le même.

L'essentiel dans tout cela est que nos prétendues raisons d'avoir des enfants ne sont souvent pas conformes à nos motivations inconscientes. Ces motivations sont des besoins inconscients et elles sont inconscientes car ces besoins sont enfouis en nous. Un enfant sera incorporé dans ces besoins dès sa venue au monde puisque le parent les garde en lui depuis le premier jour de sa vie.

D'un point de vue plus général, les gens ont aussi des enfants parce qu'ils ne peuvent affronter la finalité de la mort. Ils ont besoin de sentir qu'une partie d'eux-mêmes existera après eux ; ils adoptent alors un *concept* de l'au-delà, ou encore ils en créent un par le truchement de l'enfant. Ne rien posséder qui nous survive en ce monde veut dire que nous acceptons la mort comme la véritable fin de notre existence.

Il est clair que l'une des meilleures méthodes pour empêcher des enfants non désirés (et donc névrosés) de venir au monde consiste à prévenir les grossesses non désirées. La meilleure garantie pour cela est l'honnêteté intime de la femme et un usage intelligent des contraceptifs. Les femmes primales peuvent souvent sentir le moment où commence leur ovulation ; elles ne sont pas stupéfaites un beau jour de se trouver enceintes, ce qui arrive souvent aux femmes névrosées. Une femme va bien si elle n'a pas un besoin d'amour désespéré, auquel cas elle est moins susceptible de le déjouer à tout prix par la sexualité. Une femme va bien si elle ne met pas au monde un être humain désarmé uniquement pour garder à ses côtés un homme qui s'occupe d'*elle*. Manifestement, pour avoir des enfants bien portants l'essentiel est de les *désirer*. Les accidents, par définition, ne sont pas désirés.

CHAPITRE II

LA VIE INTRA-UTÉRINE

Nos connaissances quant à la vie dans l'utérus sont incomplètes, mais il est clairement établi que l'état de la mère affecte le fœtus. En d'autres termes, les racines de la névrose se forment là où débute l'expérience de la vie, c'est-à-dire dans l'utérus. Dès le second mois, le cerveau fonctionne déjà et transmet des impulsions qui coordonnent les organes du corps minuscule. C'est un cerveau rudimentaire qui peut bientôt enregistrer les sensations que lui transmet l'environnement utérin. J'insiste sur le terme « enregistrer », car ce minuscule système nerveux vit dans un monde où il existe des influences extérieures qui peuvent peu à peu contribuer à un développement névrotique bien avant qu'elles ne prennent la forme de concepts. Si une mère boit un verre, un peu d'alcool risque d'atteindre le fœtus. Si elle se pique à l'héroïne, cela contribuera à rendre le fœtus drogué. Si elle fume, le fœtus risque d'avoir un développement retardé et de venir au monde plus petit qu'il ne devrait.

Prenons simplement le cas d'une femme qui fume. Des expériences sur des singes établissent que la nicotine absorbée par la mère pénètre rapidement dans le fœtus [1] ; elle affecte son appareil circulatoire en diminuant l'apport d'oxygène. La nicotine fait aussi baisser le rythme cardiaque et la pression artérielle du fœtus. En d'autres termes, l'injection de nicotine dans le corps d'une guenon gravide agresse son fœtus, et il est permis de supposer que cela est également vrai pour le fœtus humain.

1. « Effects of Nicotine on the Unborn », *The Stethoscope*, XXIV, nº 4 (avril 1969), 1.

L'examen de dix-sept mille enfants britanniques démontre que l'enfant d'une grosse fumeuse (dix cigarettes par jour — ou plus — après le quatrième mois de grossesse) est dans un plus mauvais état physique et s'adapte mal à l'environnement social[1]. Il est prouvé que le fait de fumer épuise les réserves de vitamine C et que cela peut affecter la structure cellulaire et contrarier la synthèse du collagène dans le corps. Il est établi que les fumeurs ont besoin de deux fois plus de vitamine C que les non-fumeurs.

L'observation des dix-sept mille écoliers britanniques se poursuivra de manière à ce qu'ils soient examinés tous les quatre ans[2]. Selon une récente constatation de cette enquête, le nombre des fausses couches chez les mères qui fumaient pendant leur grossesse est de 30 % supérieur à celui que l'on constate chez celles qui ne fumaient pas. Les enfants survivants ont été mesurés à l'âge de sept ans. Ils étaient en moyenne plus petits de 1,5 centimètre que les enfants de mères ne fumant pas. Ils étaient en général aussi moins doués en lecture et ils présentaient plus de problèmes psychologiques à l'école. Leur coordination physique semblait moins bonne et ils faisaient preuve d'un manque de mémoire en recopiant des dessins faciles.

Évidemment, nous ignorons encore beaucoup de choses quant aux effets du tabac sur le fœtus, mais nous en savons suffisamment pour dire que les femmes enceintes ne doivent pas fumer. Certes nous ignorons à quel point les mères qui fument sont plus anxieuses et plus tendues que les autres et quelle influence cet état d'esprit a sur les résultats attribués au fait de fumer. En d'autres termes, le fait de fumer n'est qu'un effet secondaire de la tension, et c'est de cette tension que nous devons nous préoccuper afin de la faire disparaître et d'assurer aux femmes une grossesse épanouie. Puisque le système nerveux est déjà assez bien développé vers le milieu de la grossesse, il est facile d'imaginer les sensations du fœtus à tout moment bombardé de nicotine — ce qui diminue son taux d'oxygène.

Lors d'une récente réunion de l'Association américaine

1. « Gravida's Smoking Seen as Handicap to Offspring », *Obstetric. Gynecology News*, 5, nº 12 (15 juin 1970), 16.

2. R. Davie, N. Butler, et H. Goldstein, *From Birth to Seven* (Londres : C. Longman, 1972). Également cité dans le *London Times* (4 juin 1972, p. 27).

pour le progrès de la science (au printemps 1970) un rapport a été présenté sur l'exposition au bruit de femelles gravides de rats. A la suite de ces expériences, elle avaient donné naissance à une progéniture plus petite. Cela donne à penser que le stress (ou la peur) ont un effet direct sur le développement du fœtus. Non seulement les femelles gravides exposées à l'agression du bruit avaient un pouls plus rapide, mais le rythme cardiaque des fœtus augmentait aussi. Cela signifie que l'effet du stress sur la femme enceinte peut déjà prédisposer l'enfant à la névrose. Certaines expériences prouvent que le son est transmis directement au fœtus. Ainsi on fit un jour passer une bande sonore de battements de cœur dans une maternité, et il y eut moins de pleurs parmi les nourrissons. Cela indique peut-être que le fœtus enregistre les battements du cœur de la mère et ressent les effets de leur régularité (ou de leur irrégularité). Les battements de cœur de la femme pendant sa grossesse peuvent avoir un effet ultérieur sur l'enfant.

Il semblerait que si une femme enceinte a des battements de cœur réguliers il soit plus facile d'éviter la névrose. La régularité est rassurante. Elle nous permet à tous de nous endormir. Mais un bruit irrégulier inquiète. Si cette réaction instinctive existe chez les adultes, pourquoi le fœtus ne l'éprouverait-il pas ? Non seulement la peau perçoit le son, mais il est prouvé que la localisation de celui-ci peut être détectée par différentes parties de la peau. Pour le fœtus la peau tient lieu d'oreilles et d'yeux.

Une mère primale raconta que quand elle était enceinte de huit mois, elle s'était rendue dans un parc où il y avait un stand de tir. A chaque coup de feu le bébé sautait dans son ventre. Quand le bébé eut huit mois elle retourna dans ce parc, et au premier coup de feu l'enfant eut une réaction de peur qui, de l'avis de la mère, était plus forte qu'elle n'aurait dû être.

Selon des expériences faites en Suède, le fœtus réagit à des bruits modérés en augmentant son rythme cardiaque ; c'est un signe de sa réaction au stress. Ce n'est pas parce que le fœtus ne peut formuler le concept d'agression qu'il n'en souffre pas, ou que l'agression n'a pas un effet durable sur un comportement ultérieur. Pendant la vie pré et post-utérine certaines agressions marquent l'organisme, formant un réservoir primal qui un jour débordera et créera des symptômes.

Les recherches effectuées par M. S. Rosen, ontologiste

new-yorkais, sont fort instructives : « Quand un bruit soudain frappe l'oreille, le cœur bat rapidement, les vaisseaux sanguins se resserrent, les pupilles se dilatent, et l'estomac, l'œsophage et les intestins sont saisis de contractions spasmodiques... Vous oublierez peut-être le bruit, mais votre corps ne l'oubliera jamais » (*Life,* juin 1970).

Le docteur Rosen traite ici d'une réaction au stress ou à l'anxiété. Un petit enfant qui est incapable de repérer l'origine du bruit et de faire quoi que ce soit pour l'arrêter, montrera cette réaction au stress. Que l'organisme humain se trouve à l'intérieur ou à l'extérieur de l'utérus ne change pas grand-chose à sa réaction physiologique à l'agression du bruit [1].

Pendant la période de gestation nous nous préparons à devenir des êtres humains qui ressentent. Les sensations du fœtus se traduisent par des processus physiologiques complets, affectant les sécrétions, le développement hormonal, l'élaboration du cerveau, etc. C'est-à-dire que les sensations sont la forme préliminaire des sentiments. Des sensations catastrophiques peuvent être à l'origine du blocage qui se métamorphose en une véritable névrose après la naissance. Ce qui semblait être chez les nouveau-nés des différences génétiques constitutionnelles est peut-être la « personnalité » qui s'est déjà développée grâce aux expériences vécues dans l'utérus. Si une mère qui fume a un enfant plus petit, cette agression a certainement contribué d'une manière ou d'une autre à bloquer le développement hormonal nécessaire à la croissance. Puisque les hormones se mêlent inextricablement aux sentiments, il est logique de supposer qu'un développement hormonal perturbé affectera notre faculté de ressentir.

Quelquefois ces sensations catastrophiques ne sont pas aussi apparentes. Si, par exemple, une femme enceinte escalade une haute montagne, voyage dans un avion non pressurisé, ou si elle souffre d'une insuffisance circulatoire due à la tension, le bébé risque de manquer d'oxygène. Ce doit être une sensation désagréable. Bien

1. De jeunes rats, par exemple, qui avaient été exposés à un bruit irritant pendant un laps de temps prolongé furent sujets à des convulsions et des faiblesses respiratoires. D'autres en moururent. (Compte rendu de l'Association américaine pour le progrès de la science, printemps 1970.) Grâce à d'autres recherches, on découvrit que les rats exposés au bruit étaient plus souvent sujets aux infections à virus.

que le placenta tende à compenser ce manque, il demeure que la privation d'oxygène est ressentie par le fœtus d'une manière ou d'une autre. Un malaise prolongé bloque — ou déforme — automatiquement la sensibilité du système (en ce cas le placenta se développe de façon excessive) sans qu'il existe nécessairement une perception consciente de la souffrance. Le fœtus peut ressentir ce malaise (que je nomme souffrance) sans en avoir une perception consciente. Les sensations sont les éléments clés de la conscience. Une sensation émoussée peut donc fort bien avoir un effet ultérieur sur la conscience du nouveau-né. Le bébé risque d'être moins vif, moins éveillé, moins vivace, d'avoir un développement conceptuel plus lent, etc.

Certains objectent que ces sensations-là ne peuvent avoir des effets durables parce que de nombreuses cellules du cerveau — indispensables à leur interprétation — ne sont pas myélinisées[1]. Cependant, comme le fait remarquer Delgado, le rat se déplace bien avant sa naissance quoique la myélinisation des structures nécessaires du cerveau ait lieu bien *après* la naissance[2].

Si jamais une femme doit prendre grand soin d'elle-même c'est au moment de sa grossesse. Une mauvaise alimentation, une trop grande consommation d'alcool, etc., influent sur le bébé. La femme enceinte a déjà une relation avec son enfant. Si elle se soucie de lui, elle doit s'assurer qu'elle est en bon état, ne pas courir tout le temps, ne pas se forcer à travailler jusqu'à la dernière minute, ne pas s'emporter constamment contre ses autres enfants, et, de façon générale, ne rien faire qui augmente la tension. Elle a besoin d'un organisme détendu.

L'insuffisance d'oxygène n'est pas la seule privation que connaisse le fœtus. Une mauvaise alimentation de la mère est un autre facteur crucial. Une mère en bonne santé ressent les besoins du fœtus comme les siens propres. Elle les satisfait intuitivement en suivant un

1. La myéline est une substance molle et grasse qui entoure les fibres nerveuses et accroît la vitesse de conduction nerveuse. Le fœtus peut être conditionné par les battements de cœur de la mère. Le fait que la présence d'un battement de cœur après la naissance soit rassurante pour le bébé signifie qu'une sorte de mémoire organique est intervenue pendant sa vie intra-utérine.

2. José Delgado, *Physical Control of the Mind* (N. Y. Harper and Row, 1969). Ce point sera exposé en détail dans un prochain ouvrage de l'auteur, intitulé *Primal Man : The New Consciousness.*

régime convenable pendant sa grossesse. Elle ne se laisse pas mourir de faim pour rester mince par vanité. Une mère qui ne se nourrit pas convenablement produit un effet nuisible sur son fœtus. Celui-ci souffre d'un « manque de besoins » et finalement cette légère déficience se traduira par une fragilité physique. Le manque de nourriture peut affecter subtilement le système nerveux à un moment où il se développe rapidement chez l'être non encore né.

Nous sommes tous conscients de la manière dont un régime inadéquat peut affecter notre corps. Peut-être ne pouvons-nous pas nous rendre compte pleinement à quel point le régime insuffisant d'une femme enceinte peut faire souffrir son bébé, même si celui-ci n'a pas encore une conscience assez développée pour comprendre cette souffrance.

L'une des façons dont la névrose de la mère affecte son bébé se traduit par un accouchement prématuré ou retardé. Je suis convaincu que ces deux phénomènes sont influencés par la névrose. Par exemple, la sérotonine est fortement concentrée dans les régions du cerveau liées au refoulement. L'un des symptômes concomitants de l'augmentation de sérotonine est la constriction des vaisseaux sanguins. Cette constriction chronique résultant d'un refoulement névrotique contribue dans certains cas à provoquer un avortement spontané ou un accouchement prématuré. Un excès de sérotonine peut aussi faire diminuer le flux sanguin dans le placenta et ainsi affamer le fœtus. L'accouchement prématuré a de nombreux effets nuisibles mais on parle rarement du traumatisme psychique d'un tel événement. Un patient primal né prématurément eut un primal de naissance où il se sentait brutalement projeté dans le monde avant d'être prêt, et lorsqu'il en sortit, il avait pris conscience que toute sa vie il s'était accroché aux choses, recherchant la permanence dans son travail et dans l'organisation de sa vie, pris de panique à chaque changement. Il eut le sentiment très net que le prototype de cette panique venait de sa naissance prématurée et du besoin de se cramponner plus longtemps pour attendre le moment où il serait prêt à naître.

Je suis sûr qu'il existe beaucoup de facteurs biochimiques qui provoquent une naissance prématurée, et que nous ne connaissons pas encore. Je suis également certain que ces facteurs sont intimements liés à la névrose. Des patientes primales ayant accouché prématurément comprirent qu'elles avaient éjecté leurs bébés dans le monde parce qu'elles ne pouvaient supporter d'être enceintes et ne voulaient pas porter leur enfant. Il existe un très grand nombre d'études indiquant les effets nocifs de l'accouchement prématuré, qui vont du retard dans le développement mental à une probabilité élevée de maladies respiratoires. Bien sûr, une grande partie de ces effets est peut-être moins liée à la naissance prématurée qu'à la mise en couveuse des bébés qui, de ce fait, recoivent en quantité insuffisante la stimulation, la chaleur et le contact dont ils ont besoin pour se développer — particulièrement si l'on considère qu'ils sont toujours des fœtus qui ont encore besoin de la stimulation utérine.

Si le prématuré doit avoir la moindre chance de grandir normalement il faut qu'il recoive une stimulation tactile plus importante qu'à l'ordinaire. Comme nous le verrons plus tard, cette stimulation a un effet direct sur la croissance des cellules du cerveau. Une étude de Freedman (et collaborateurs) sur des jumeaux, est fort instructive à ce propos. Ces jumeaux avaient un poids très bas à la naissance (et furent considérés comme des prématurés). Un groupe d'entre eux fut bercé et l'autre ne le fut pas. Les bébés bercés grossirent plus vite que les autres [1].

Le refus du moi naturel de l'enfant se manifeste aussi par un accouchement après terme : on ne permet pas au bébé de suivre le cours naturel des choses, c'est-à-dire de naître *à terme*. Des mères primales — d'anciennes névrosées — se rendent compte que retarder la naissance de leur enfant était une façon de les rejeter, parce qu'elles ne se sentaient pas prêtes à s'en occuper. L'une des mères dit qu'elle avait conçu un enfant pour qu'on s'occupe d'*elle*, et qu'elle voulait se maintenir dans cet état le plus longtemps possible. L'acte même d'empêcher un enfant de naître est générateur de névrose et annonce peut-être que la mère retardera d'une façon plus générale le développement du bébé.

Le traumatisme d'une naissance après terme est confirmé par le fait que le taux de mortalité des enfants nés après terme est deux fois plus élevé que chez les autres. Parce que la tête et le bassin sont souvent plus larges que d'ordinaire (à cause des semaines supplémen-

1. D. G. Freedman, H. Boverman et N. Freedman, « Effects of Kinesthetic Stimulation on Weight Gain and Smiling in Premature Infants ». (Rapport présenté à l'Association américaine d'orthopsychiatrie, à San Francisco, Californie, avril 1960.)

taires de vie intra-utérine) la naissance est plus difficile et traumatisante. D'une manière très directe, une mère qui ne se sent pas prête à être mère, qui est tendue et crispée et tend à retenir les choses, peut inconsciemment retenir son bébé trop longtemps.

Il serait nécessaire de faire certaines recherches pour mesurer le degré de tension chez les femmes enceintes et pour considérer chaque accouchement en fonction de cette tension. Est-ce que les femmes plus tendues accouchent plus souvent après terme ? Une tension plus élevée chez la mère est-elle liée à un plus grand nombre d'accidents cérébraux et à d'autres graves maladies de l'enfant ? Cette tension a-t-elle une influence sur le taux de mortalité des bébés ? Les recherches faites sur des animaux ont prouvé que tel était le cas. Les femelles de rats gravides qui sont cajolées et abondamment caressées pendant la gestation, gardent plus de petits en vie que les autres femelles [1]. Très évidemment ces caresses créent un sentiment de bien-être, un organisme détendu qui fonctionne au mieux. Bien sûr, les humains sont un peu plus compliqués, mais je pense que le principe est le même. Si une mère a été très cajolée et caressée dans sa petite enfance, elle sera probablement une personne plus détendue avec un organisme qui fonctionnera mieux pour accueillir son bébé. L'expérience de petite fille de la femme contribue à déterminer quelle mère elle sera.

Il est également important de savoir si la tension d'une femme enceinte crée une plus grande probabilité d'eczéma et de coliques chez le bébé. Quand nous parlons de tension, nous décrivons la totalité d'un état physiologique où sont compris la production hormonale, les systèmes musculaire et sanguin, etc. La tension est simplement le terme désignant tous ces systèmes physiologiques intégrés. Le fait de toucher des femelles de rats a changé le taux de survie de leurs petits parce que la sensation tactile s'est traduite physiologiquement, provoquant des changements dans beaucoup de systèmes clés.

Un déséquilibre dans le système hormonal de la mère risque d'avoir des effets définitifs sur le fœtus. Il peut contribuer à déterminer à quel point le tempérament de l'enfant est agressif ou passif. Des hormones mâles administrées à des femelles gravides de primates ont

1. J. Werboff et coll., « Handling of Pregnant Mice », *Physiology and Behavior,* 3 (1968), 35-39.

produit une progéniture plus agressive que celle du groupe témoin de mères primates qui n'avaient pas reçu d'injections d'hormones. Les petits étaient exceptionnellement agressifs et ce trait de caractère semble définitif. C'est-à-dire que la névrose peut créer une condition hormonale telle qu'il existe dans le corps de la mère un excès d'hormone androgène (ou mâle). Ceci implique, entre autres, que des femelles puissent naître extraordinairement agressives et masculinisées, ce qui les pousse à affronter le monde avec rudesse. Chez les humains ce genre de condition peut préparer à une déviation sexuelle ultérieure, telle que le saphisme. Bien sûr, pour que cela arrive il faut que soient réunis beaucoup d'autres facteurs sociaux, mais il est possible qu'une prédisposition générale soit créée pendant la gestation.

On a démontré, par exemple, que l'œstrogène — hormone femelle — administré juste après la naissance à des rats de sexe masculin les féminise pour la vie. Administrée plus tard, cette même hormone ne produit plus de tels changements. Il existe des moments critiques où un déséquilibre hormonal peut être catastrophique. D'une certaine manière la nature a compris tout cela, car pendant la grossesse humaine le taux de progestérone augmente de façon considérable. C'est une hormone clé qui accomplit un grand nombre de choses — elle tend à relaxer la mère, elle réduit l'irritabilité de l'utérus, et peut en fin de compte participer à un apaisement modéré du fœtus. Cependant c'est le Dr Oscar Janiger qui a attiré mon attention sur l'effet le plus important de la progestérone [1]. Il a étudié à fond les ouvrages publiés à ce sujet et a découvert que pendant une grossesse, il s'est rarement produit — sinon jamais — un épisode psychotique. Cependant les dossiers médicaux font état d'un grand nombre de psychoses postérieures à l'accouchement — période où le taux de progestérone baisse de façon spectaculaire. Ainsi pendant la grossesse se déclenche automatiquement un mécanisme qui donne au système de défense de la mère une protection supplémentaire ; cela doit faire partie de notre mécanisme de survie — cet élément garantit que la mère restera saine d'esprit pendant le temps de sa grossesse et qu'elle donnera au bébé le meilleur départ possible.

1. Communication personnelle. Le docteur Janiger est le directeur des recherches en psychiatrie de l'université d'Irvine (Californie).

On rapporte que des opérations chirurgicales mineures ont été pratiquées sur des individus auxquels on avait administré de fortes doses de progestérone, qui semble avoir un effet anesthésiant.

Et c'est là où nous en revenons à l'hypothèse primale. Une substance chimique qui diminue l'expérience de la souffrance est sécrétée pendant la grossesse, et renforce de ce fait le système de défense. L'absence d'une psychose active pendant cette période-là semble indiquer que cet analgésique interne est d'un secours énorme — et, de plus, que la psychose est liée à une souffrance non protégée. La vulnérabilité de la mère après son accouchement doit en quelque sorte être attribuée à la baisse du taux de progestérone.

La progestérone a d'autres fonctions, dont une des plus importantes est d'aider à la différenciation entre mâle et femelle. Ici encore, des changements du taux de progestérone pendant la grossesse risquent de transformer cette différenciation de telle manière que l'attitude fondamentale du nouveau-né devant la vie et ses événements se trouve changée. Des femmes qui ont éprouvé des difficultés à garder leur bébé pendant leur grossesse ont quelquefois absorbé des doses massives de progestérone (pour calmer l'utérus) et elles ont ensuite donné naissance à des petites filles masculinisées (avec des poils en quantité excessive, etc.). En d'autres termes, les changements hormonaux chez la mère se répercutent sur le fœtus, et nous devons en tenir compte quand nous étudions les origines de la névrose. Nous avons demandé à la génétique de fournir des réponses au lieu d'étudier la période de gestation dans ses moindres détails [1].

J'ai, par exemple, fait remarquer qu'un excès de sérotonine peut provoquer un avortement spontané ou un accouchement prématuré. Peut-être les hormones du corps comme la progestérone peuvent-elles, une fois produites, influer d'une certaine manière sur les hormones du cerveau comme la sérotonine ; et ensuite celles-ci agissent sur les processus physiques. Le corps a une chaîne hormonale complexe, et s'il y a interférence ou changement à un endroit quelconque de la chaîne, cela risque en fin de compte d'en affecter la totalité. Si nous ne

1. Le système de défense renforcé est-il un effet direct de l'augmentation de progestérone ou cette augmentation a-t-elle un effet sur d'autres éléments biochimiques ? C'est un point à éclaircir.

considérons pas la personne tout entière nous risquons de croire à tort qu'une substance hormonale déterminée est la « cause » de tel ou tel état. Je suis convaincu que la névrose fausse tout le système d'interactions hormonales en provoquant partout de légers déséquilibres, qui peuvent à leur tour affecter le rythme de croissance, le développement pileux, les pulsions sexuelles, le taux de sucre dans le sang, etc. [1].

La progestérone n'est peut-être qu'un élément d'un système biochimique anti-psychotique qui relie les défenses. La sérotonine en est un autre. Dans les cas de psychose, par exemple, les réserves de sérotonine sont épuisées. Une fois que nous comprenons que les défenses ne sont pas seulement une action de l'esprit — comme de projeter des idées sur les autres —, mais qu'elles mettent en cause toute la biochimie de notre système nerveux, alors il nous est possible de voir à quel point la névrose affecte l'organisme tout entier.

La vie dans l'utérus constitue un rapport entre la mère et l'enfant. Il n'est pas improbable qu'une mère normale ayant une constitution interne normale soit destinée à avoir une meilleure relation avec son fœtus qu'une femme déséquilibrée.

Helen

Hier soir dans le groupe j'ai eu un primal très étrange où j'avais l'impression d'être à nouveau dans le ventre de ma mère, et brusquement j'ai reçu un choc terrible et en fait je me suis sentie légèrement plus consciente qu'on ne l'est habituellement à ce moment de la vie. Aujourd'hui, à ce moment précis, je comprends de quoi il s'agissait dans ce primal. Je me souviens que ma mère m'a raconté que lorsqu'elle m'attendait — elle était alors enceinte de neuf

1. La manière dont la névrose modifie la sécrétion hormonale est exposée dans *The Anatomy of Mental Illness.* Je renvoie ceux qui s'intéresseraient aux aspects plus techniques de la question à un nouvel ouvrage, intitulé *The Neurobiology of the Amygdala* (Bar Harbor, Maine, Symposium, Plenum Press). Ce texte apporte la preuve que les amygdales (noyau gris du cerveau) modulent la sécrétion hormonale du thalamus et peuvent aussi avoir un effet plus direct sur le système endocrinien. Ainsi, quand la souffrance est bloquée par le système limbique (dont le noyau caudé et les amygdales sont les structures clés), l'énergie du sentiment bloqué repasse dans le système par l'intermédiaire du thalamus, provoquant des maladies d'origine hormonale.

mois — elle se prit les pieds dans un arceau de jeu de croquet en traversant tard le soir la cour obscure. Elle disait qu'elle était tombée à plat ventre et qu'immédiatement elle avait craint de m'avoir fait du mal ; aussi appela-t-elle son médecin, et celui-ci lui assura que je n'aurais rien, que cela ne m'avait pas nui. Maintenant je me rends compte que dans mon primal d'hier soir j'ai revécu cette expérience. Vers la fin de ce primal, après avoir eu l'impression de me trouver dans le ventre de ma mère, où toute pensée, tout processus physique et même mon propre souffle étaient suspendus, j'ai brusquement senti un choc qui a provoqué en moi un réveil brutal ou une prise de conscience forcée, accompagnés d'un sursaut de peur, et il m'a semblé que je m'agrippais ou que mon corps tout entier cherchait à se recroqueviller. C'est ainsi que s'est terminé le primal. Après, je suis restée étendue là un moment n'ayant plus conscience du temps, ni du lieu où je me trouvais ni de quoi que ce fût d'autre. En fait, s'il n'y avait pas eu ce choc soudain et brutal, je n'aurais jamais été capable de me rappeler ce sentiment d'être dans le ventre maternel, car il était profondément enfoui dans mon inconscient. Je l'aurais pu cependant si je m'étais simplement endormie. Je sais qu'enfant, je sombrais souvent dans cet état, et plus tard je crus que c'était une façon d'échapper à mon enfance pitoyable, mais maintenant je le vois comme une tentative de mon corps pour se défaire de cette expérience traumatisante initiale. Mon sentiment de panique à la fin du primal n'était même pas une expérience cognitive ; c'était une réaction purement physique.

Une autre réaction à ce « primal utérin » consiste dans le fait que lorsque, enfant, je sombrais dans cet état de suspension ou de transe, cela me permettait de ne pas sentir la souffrance infligée par ma mère ; mais après avoir ressenti un instant la chaleur de ce refuge utérin, je commençais à éprouver une panique intense et mon corps se recroquevillait, sans doute dans l'attente de ce choc brutal. J'étais aussi le premier enfant, et cela ajouta probablement aux craintes et à l'appréhension de ma mère.

L'alimentation fut une bataille immédiate car j'étais nourrie au sein à heures fixes et non à ma demande. Donc, quand j'avais faim et que je pleurais pour montrer mon besoin, mes efforts n'étaient jamais récompensés. Au lieu de cela, on me nourrissait à des moments qui me paraissaient insensés, quand je n'avais même pas faim, ou quand je dormais. Il était rare que mon besoin (la faim) et sa satisfaction concrète (la tétée) coïncident. Ces deux éléments n'allaient pas ensemble. Quand j'éprouvais le besoin, je n'obtenais rien, mais quand je ne ressentais pas de besoin, on me nourrissait. Cela n'avait vraiment pas de sens, et je n'y comprenais rien tant cela me paraissait insensé, et j'eus très tôt l'impression de n'être pas accordée à la vie. Je me rends compte maintenant que c'était la même chose quand j'avais besoin d'être aimée et tenue dans les bras. J'exprimais ce besoin de la seule manière accessible à un bébé, c'est-à-dire en pleurant ; et plutôt que de me prêter attention et de me prendre dans ses bras, ma mère s'énervait contre moi et me laissait seule dans ma chambre. Vous voyez, je recevais ce qui me semblait être une punition pour avoir exprimé un besoin et jamais ce besoin ne recevait la réponse que je désirais ; pis encore, j'obtenais exactement le contraire de ce que je voulais : on me laissait seule et isolée. Rien d'étonnant à ce que j'eusse envie de retourner dans le ventre maternel ! Mais dès que je retrouvais cette sensation de protection utérine, je n'en éprouvais pas une sécurité durable car ce choc brutal risquait de survenir à tout moment et cela me rendait anxieuse et craintive. Je me rappelle avoir passé ainsi toute mon enfance, *constamment* dans la crainte et l'anxiété.

Ma mère m'a aussi blessée et mutilée en se mettant en colère et en me fessant très souvent. Elle se vantait d'avoir la gosse la plus fessée du pâté de maisons. Elle avait toujours peur de me gâter. Eh bien, je peux maintenant vous affirmer qu'il est impossible de gâter un enfant en lui donnant trop d'amour. A mon tour, je me suis mise à fesser généreusement mon fils et à le gronder beaucoup mais j'ai finalement compris la raison profonde de ma colère. Il y a quelques semaines j'ai eu un primal à propos de mon fils contre lequel je m'énervais pour quelque broutille domestique, et tandis que j'éprouvais cette colère je la sentis monter brusquement, à tel point que je devins vraiment folle de rage. Ma colère contre mon fils se dirigea immédiatement contre ma mère à cause de tout ce que j'ai été forcée d'endurer pendant mon enfance. Maintenant je comprends que chaque fois que j'éprouve de la colère dans le présent, celle-ci est toujours déclenchée par mon ancienne colère inexprimée contre ma mère. Mon pauvre fils a dû subir bien trop souvent le contrecoup de cette colère que ma mère m'a fait supporter, après l'avoir elle-même endurée du fait de sa propre mère...

Je pourrais écrire un livre entier sur la façon dont ma mère m'a gâché la vie, méthode que j'ai appliquée à mon fils. En résumé, il est impossible d'être un bon parent si on est encore esclave du passé — ce qui est le cas de la plupart d'entre nous.

CHAPITRE III

LE TRAVAIL ET L'ACCOUCHEMENT

Je viens de montrer de quelle manière l'état de la mère peut influer sur l'enfant qu'elle porte. Les débuts de la névrose peuvent se situer peu après la conception. Le moment critique suivant est celui de l'accouchement même. Je vais donc étudier en détail le travail et l'accouchement car je suis convaincu que bien souvent ces processus contribuent non seulement à augmenter quantitativement la névrose, mais qu'ils produisent des bonds qualitatifs en ce qui concerne la masse de la souffrance et de la tension résiduelle implantée dans le système.

L'accouchement est un processus rythmé. Les douleurs du travail ont leur propre rythme : la descente du fœtus dans le canal vaginal et vers le monde extérieur fait partie d'un événement continu régulier — *quand* la mère est un être naturel en accord avec ses propres rythmes physiques. La menstruation et la gestation sont toutes deux rythmées. Car le rythme fait réellement partie de la vie humaine. La névrose est l'anti-rythme. Dans la névrose, les choses ne « coulent » plus. La vie devient fragmentée et incohérente. Pour les névrosées, l'accouchement se transforme souvent en un processus « non naturel » qui, loin d'être fluide et régulier, est angoissant et heurté.

A la suite du processus de la socialisation, une femme n'accouche plus d'instinct comme les animaux. Elle a un accouchement « contrôlé ». Elle subit des traitements, prend des leçons et se laisse préparer à un événement qui devrait se produire naturellement. En général, l'idée d'avoir un enfant naturellement n'est même pas envisagée. On amène la femme à l'hôpital et on lui donne des médicaments de sorte qu'elle est incapable de participer pleinement aux processus de son propre organisme pendant l'accouchement. Donc elle ne s'harmonise pas avec les rythmes de son corps parce qu'elle est incapable de le sentir. Et le corps ne peut « aider » le nouveau-né à sortir du canal vaginal. Souvent, le bébé doit lui être arraché à l'aide d'instruments. Pendant ce temps-là, le fœtus perçoit les ruptures de rythme de sa naissance, et avant même d'avoir vu la lumière du jour il a perdu le sens de son propre rythme. Ainsi, dès l'accouchement, le nouveau-né a cessé d'avoir un organisme au mouvement libre et naturel. Déjà on l'empêche d'être lui-même — de se développer à sa cadence naturelle. Il a dû se « soumettre » aux rythmes interrompus et heurtés de sa mère.

Il apparaît donc en premier lieu que la souffrance se situe à différents niveaux, dont certains sont conceptuels et d'autres non. La douleur physique reste dans le système au même titre que toute souffrance à l'état de concept. Deuxièmement, la souffrance (le malaise) peut commencer dans l'utérus et s'aggraver pendant l'accouchement.

Cela ne signifie pas qu'une seule expérience — le fait d'être retenu pendant l'accouchement — doive rendre l'enfant soumis par la suite. Cela veut dire qu'il a eu dans sa vie une expérience cruciale où il s'est vu contraint de se soumettre aux désirs d'autrui ; et cette expérience, associée à de multiples expériences ultérieures de genre identique, peut créer une structure de caractère soumis. L'expérience initiale de la naissance peut être le prototype de la réaction future de l'enfant au stress. Plus loin j'étudierai en détail les notions de traumatisme et de défense prototypiques. Pour l'instant il est essentiel de savoir qu'il est crucial pour la mère d'accoucher naturellement, en un mouvement fluide et continu, si elle veut éviter d'inculquer la névrose à ses enfants.

Le bébé est nourri dans l'utérus, sac musculaire qui se dilate au fur et à mesure que le fœtus grandit. Au moment critique, le fœtus est expulsé. Le processus est très similaire à celui d'autres viscères comme la vessie et le rectum. Une personne intérieurement très tendue risque d'être constipée de façon chronique, et incapable d'obéir à ses rythmes naturels. Une mère « tendue » risque d'être incapable de laisser aller son bébé au moment de l'accouchement. Nous savons que la tension resserre les fibres musculaires et il faut donc s'attendre à ce que pendant l'accouchement d'une femme névrosée les fibres musculaires circulaires de l'utérus ne soient pas assez relâchées pour permettre au fœtus de passer facilement dans le vagin. Celui-ci est élastique lui aussi, et dans des conditions normales, il devrait s'étirer pour faire place à un bébé assez gros. Mais, à cause de la tension, il risque d'y avoir un « blocage » plutôt qu'une ouverture. Je ne parle pas de la tension due à l'appréhension de l'accouchement, mais de la tension résiduelle dans le corps de la mère — ce fardeau de souffrance qu'elle porte en elle d'habitude et qui crée en elle un état de crispation chronique.

Je veux dire que la grande souffrance de l'accouchement est peut-être essentiellement un effet de la névrose — c'est-à-dire d'un système non naturel qui refuse un processus naturel, de la même manière, à peu de chose près, que la souffrance se produit quand un système irréel refuse des sentiments réels. Je ne vois assurément aucun autre processus *naturel* qui produise une telle souffrance. En vérité, il semble que le fait d'être naturel est justement ce qui évite la souffrance. Le manque de souplesse chez les névrosés n'est donc pas simplement un trait de personnalité, mais un fait neuromusculaire complet.

Une tension persistante des muscles de l'utérus empêche la relaxation entre les contractions. Cela ralentit la circulation du sang dans les veines, et freine le travail. En conséquence le bébé subit une pression supplémentaire et reçoit un apport d'oxygène limité. Ces deux éléments doivent influer sur l'organisme du nouveau-né. Selon une sorte de cercle vicieux, la névrose provoque la souffrance chez la mère, ce qui contrarie l'accouchement naturel et crée ainsi davantage de souffrance qui entraîne elle-même un ralentissement ; le travail est donc long parce que douloureux et douloureux parce que long.

LES CÉSARIENNES

Quelquefois, le travail est si difficile qu'une césarienne est nécessaire pour extraire le bébé du ventre de la mère. Cela risque encore de traumatiser le nouveau-né, car les contractions de l'accouchement ont une fonction — elles stimulent la peau du bébé, qui à son tour stimule de nombreux systèmes physiques essentiels, y compris les systèmes respiratoire et génito-urinaire. Les contractions ne sont pas loin de remplir la même fonction que l'action de lécher les petits chez les animaux. Cela aide les animaux nouveau-nés à faire fonctionner leurs intestins et leur vessie.

L'un des problèmes posés par la césarienne et l'accouchement prématuré est le manque de stimulation physique (le temps de travail est d'ordinaire plus court pour les prématurés). Il est prouvé que ces bébés ont plus de problèmes respiratoires et deviennent propres plus tard que la normale. Il est également mauvais de « précipiter » un bébé hors du ventre maternel et de retarder sa venue au monde, car les deux phénomènes sont dépourvus de rythme. Je pense que dans de nombreux cas, ces déviations de l'accouchement naturel sont des effets de la névrose maternelle, et avec l'approbation du système névrotique de la mère le bébé est traumatisé à la naissance et commence ainsi son processus névrotique à lui.

Il existe dans notre vie des moments critiques où nos besoins doivent être satisfaits si nous voulons éviter d'être poursuivis toute notre vie par certains problèmes. L'un de ces besoins, j'en suis sûr, exige que nous ressentions au moment de notre naissance une forte pression et une stimulation physique massive... qui font défaut aux opérations césariennes. Je doute que ce besoin puisse être effacé plus tard, par un bien-être ou une manipulation physiques quelconques. Il est prouvé, par exemple, que les bébés nés par césarienne sont plus perturbés émotionnellement que les bébés nés par la voie normale[1]. Ils sont plus craintifs et agités. En réponse aux stimuli ils tendent à être plus passifs — ce qui est compréhensible si l'on considère qu'ils n'ont pas participé activement à leur naissance. Une étude sur des bébés singes nés par césarienne indique la même passivité[2]. Il existe des différences biochimiques chez les bébés nés par césarienne — leur taux de protides sériques est plus bas, etc. Leur taux de mortalité est plus élevé. En d'autres termes, naître de façon naturelle et au bon moment est un besoin inhérent au développement, exactement comme de marcher, et quand ce besoin est contrarié ou supprimé il survient des changements profonds et permanents. La

1. W. J. Pieper et coll., « Personality Traits in Caesarean-Normally Delivered Children ». *Archives of General Psychiatry,* 2 (1964), 466-71.
2. G. W. Meier, « Behavior of Infant Monkeys : Differences Attributable to Mode of Birth ». *Science,* 143 (1964), 968-70.

contraction de l'utérus autour du bébé — destinée à l'expulser — stimule des nerfs périphériques qui à leur tour conduisent des impulsions au cerveau ; celui-ci influe alors sur tous les systèmes clés du corps. Sans cet événement essentiel, le système nerveux n'est pas activé de façon adéquate. Il existe des moments clés dans le développement du cerveau, quand celui-ci, afin de progresser convenablement, doit recevoir certaines sortes de stimulation. J'insiste sur cette notion de « moments clés » parce que si la stimulation massive et les fortes pressions qui s'exercent au moment de la naissance devaient se produire chez l'enfant à l'âge de trois mois, elles risqueraient fort d'être mal venues et traumatisantes, et de provoquer un blocage du cerveau.

Il y a un autre moyen qui nous permet de connaître le mal causé par la césarienne ; c'est l'observation des primals de patients nés de cette manière. Ces primals de naissance n'ont pas le rythme fluide des contractions habituelles. Les mouvements sont faits plus au hasard et d'ordinaire, ils sont plus violents que les autres. C'est comme si, par leurs mouvements déchaînés, ces patients essayaient de compenser quelque déficience de croissance ; leurs primals tentent, semble-t-il, de combler quelque lacune biologique survenue au moment où ils ont été privés des fortes pressions d'une naissance normale. Ils n'ont jamais eu l'expérience initiale du « rythme », qui aurait dû préparer leur corps. En ce sens, ce manque est aussi primal par la souffrance qu'il provoque que le fait d'être étranglé par le cordon à la naissance. Ainsi l'exprime un patient né par césarienne : « Depuis l'expérience de ma naissance j'attends qu'il se passe quelque chose d'extraordinaire. Chaque jour je croyais qu'un appel téléphonique déterminant allait changer ma vie. Maintenant je sais quelle était l'expérience extraordinaire que j'attendais. »

Nous apprenons donc que les souffrances sont provoquées par *le manque* de certains événements ; c'est-à-dire que le fait de priver un enfant d'une expérience nécessaire à son développement peut être exactement aussi catastrophique que le fait de l'accabler d'une expérience trop riche. Aussi, la naissance par le siège et la naissance par césarienne contribuent-elles, chacune à sa manière, à créer la névrose.

Un patient primal né par césarienne me dit qu'au moment où il avait eu son primal de naissance, il s'était senti tiré vers l'extérieur, et non vers le bas ou vers le haut. Il se trouvait désorienté parce qu'en naissant il n'avait aucun concept du haut et du bas, il s'était senti simplement projeté dans l'espace, hors de la matrice protectrice. Il se rappelait avoir été bouleversé de voir au cinéma (dans *2001*) des gens tomber dans l'espace. Quand la petite fille, Kathy Fiscus, tomba il y a quelques années dans un puits, il ne put dormir tant il était inquiet. Il lui fallait savoir si on pouvait l'en sortir saine et sauve. Après son primal il comprit très bien son anxiété. En un sens, l'absence d'une expérience nécessaire s'était inscrite dans son organisme, provoquant par la suite certaines formes d'anxiété spécifiquement reliées, mais inconscientes.

La naissance elle-même n'est pas nécessairement traumatisante pour le nouveau-né, à moins que le processus de l'accouchement lui-même ne le soit. Il ne faut pas croire que le fœtus ait une vie idyllique dans l'utérus et qu'il soit brutalement arraché à son « cocon » un beau jour, contre sa volonté. La venue au monde de l'enfant fait partie du processus de la vie. C'est une étape dans la croissance, comparable au fait de s'asseoir ou de marcher. Jamais nous ne penserions qu'il est traumatisant de passer de l'état où notre mère nous promène sereinement dans son ventre au moment où nous devons nous déplacer sur terre ; on ne doit pas non plus considérer que le passage d'une dépendance totale de la mère à une dépendance partielle est un changement bouleversant en soi.

Tant de mouvements de l'accouchement dit « sans douleur » sont aujourd'hui conçus pour distraire les femmes de leur souffrance. Tandis que les notions d'accouchement sans douleur représentent un bond gigantesque en avant, je pense que nous ne devons pas négliger le fait qu'il est impossible de chasser avec des exercices les souffrances intérieures d'une mère névrosée, ce qui permettrait un accouchement véritablement naturel.

Peut-être la croyance que la souffrance est inhérente à tout accouchement a-t-elle animé ce mouvement qui encourage les femmes à éviter la douleur. Certes, l'accouchement n'est pas une chose agréable, mais il n'y a pas de raison pour que des mères normales ne soient pas poussées à « s'y adapter », à sentir la douleur, quelle qu'elle soit, et à hurler leur souffrance si souffrance il y a. Je le répète : la souffrance et les cris surviennent quand il faut arracher quelque chose de réel à un système irréel ; je pense que le principe est le même, qu'il s'agisse d'un sentiment ou d'un bébé. Certes la préparation aide, mais nous ne devons pas nous leurrer en croyant qu'il est possible de « préparer » une névrosée à être normale et à ne plus ressentir de souffrance intérieure. C'est une contradiction en soi que de dire qu'on « prépare » quelqu'un à « être naturel ».

Mieux vaut une salle de travail pleine de femmes hurlantes qu'une pièce remplie de mères dociles et droguées, qu'on prive de faire l'expérience de l'événement le plus important de leur vie : la naissance de leur enfant. Ce n'est pas seulement un bel « idéal » que de vouloir refuser aux mères les anesthésiants ; beaucoup de patientes qui ont eu des primals de naissance racontent qu'elles se sont senties engourdies à un moment critique du travail et elles ont en effet eu des primals dont elles sont sorties plus mortes que vives, sans avoir le moins du monde conscience de ce qui leur était arrivé. Au lieu d'entrer dans ce monde éclatantes de vie et de santé, participant pleinement à leur naissance, elles émergent « l'esprit confus et le corps engourdi ». (J'en reparlerai plus tard.)

En conseillant aux mères névrosées de ne pas résister à la douleur, on permet de rendre le processus de l'accouchement moins difficile et d'éviter certains facteurs de névrose chez l'enfant. Si les femmes savaient qu'elles doivent crier librement, elles pourraient se débarrasser d'un peu de leur tension et de leur sentiment de culpabilité. Au lieu de cela, on dit aux mères d'être « courageuses », de « se conduire en adultes », etc. Elles entrent dans un système littéral de « doubles contraintes »[1]. Car elles souffrent et ont besoin de crier, et puis elles souffrent encore, car elles ont réprimé l'expression de leur souffrance première. Ce refoulement se mêle à la tension et ajoute au traumatisme de l'accouchement. Justement, les cris faciliteraient la relaxation, et, loin de l'augmenter, feraient diminuer la souffrance générale. Une souffrance exprimée serait beaucoup plus supportable. Il est mauvais de se raidir contre cette extériorisation.

Les médecins doivent se forcer à cesser de prescrire machinalement des analgésiques dès qu'ils entendent un cri. Eux aussi ont besoin de « ne pas résister » à la

1. Voir les travaux de Batson-Jackson et collaborateurs. (École de Palo Alto, Californie) (N. d. T.).

souffrance de la mère. Ces analgésiques aident à préserver la tension intérieure ; et tant des douleurs qui suivent l'accouchement — comme les maux de tête et de reins — peuvent résulter de ce refoulement de la tension, causé par la désapprobation du personnel de l'hôpital, ou par des drogues données à la mère pour la « calmer ». Un sentiment refoulé se paie toujours d'une réaction ultérieure. Ce refoulement signifie qu'il existe une force ascendante, et si cette force est réprimée elle doit trouver des issues.

Madelyn

Aujourd'hui, j'ai fait une connexion qui me tourmente, me préoccupe et me déprime depuis six ans et demi ! Après avoir pleuré et crié à cause de la mort horrible de mon bébé, et ressenti un peu de cette tristesse, puis la détresse qui a imprégné mon souvenir d'elle, mon corps s'est mis en posture pour accoucher. J'ai eu de violentes douleurs abdominales, mes jambes se sont écartées, mes mains et mes bras se sont agrippés au sol et je me suis mise à pousser en éprouvant certaines douleurs du travail. Puis, comme si une lampe s'était allumée dans mon esprit, j'ai fait la connexion : au moment où est née ma petite fille, mon travail a été provoqué artificiellement et je n'ai rien senti parce que mon médecin m'avait donné de la scopolamine — médicament qui bloque la mémoire. Je suis revenue à moi dans la salle de réveil, sans avoir éprouvé aucune des *bonnes souffrances normales* d'un accouchement. Les médecins m'ont privée de ma souffrance en bloquant ma mémoire, c'est pourquoi j'ai eu une grave dépression nerveuse après la naissance de mon bébé. J'ai vécu et ressenti pleinement mes trois autres accouchements. J'ai toujours fait l'expérience qu'une souffrance non ressentie se transforme en dépression.

Pour moi la dépression postérieure à l'accouchement n'existe pas ; ma dépression a été provoquée par des drogues qui m'ont empêchée de sentir. Car à cause de ces drogues je n'ai pas connu ni ressenti la douleur de mon travail : c'est pourquoi j'ai eu cette grave dépression. Je me sentais déjà très proche de ma souffrance au début de ma grossesse, car l'enfant d'une amie très chère avait été tué et elle éprouvait une grande douleur. A force de la voir et d'être avec elle je sentis que ma propre souffrance avait resurgi, et était près d'éclater. Être privée de mon travail m'a alors donné une surcharge de souffrance non ressentie et j'ai sombré dans la dépression.

CHAPITRE IV

LE PRIMAL DE NAISSANCE

Ce que nous savons en thérapie primale sur la relation entre les traumatismes de la naissance et des névroses ultérieures, provient de l'observation, de l'enregistrement et du tournage de nombreux primals de naissance[1]. Un patient peut être en train de revivre une expérience d'impuissance survenue à l'école quand il avait sept ans et avoir brusquement un primal de naissance à propos de ce même sentiment. Ce primal précoce nous en dit long sur ses réactions ultérieures aux situations, et sur leur qualité névrotique. Les primals de naissance ne laissent guère de doute quant au puissant effet d'un traumatisme physique précoce sur le comportement général ultérieur. J'insiste à ce point sur le traumatisme de la naissance non parce qu'il suffit à « provoquer » la névrose, mais parce qu'en considérant le passé à partir du primal de naissance, il nous est possible de constater l'impact énorme de ces traumatismes sur la création de réserves de tension. Leur contribution à la névrose est bien plus importante que nous ne le pensions auparavant. Cette contribution n'est pas une « théorie » que j'ai inventée, mais elle est fondée sur le nombre de primals nécessaire pour résoudre cet unique traumatisme. De même, on peut déduire l'importance du blocage de l'organisme dans les traumatismes de naissance de l'observation des grands changements psychophysiques qui se produisent chez les patients une fois qu'ils ont terminé ces expériences en thérapie primale.

Otto Rank a élaboré tout un système théorique à partir du traumatisme de naissance, qu'il croyait universel.

1. Voir *Le cri primal* pour la description complète d'un primal.

D'une manière générale, on pensait que le phénomène de la naissance était traumatisant en soi parce que l'enfant était éjecté dans un environnement hostile. Le fait de quitter la sécurité du ventre maternel est, selon les théoriciens du traumatisme de la naissance, accablant en soi. La naissance est traumatisante quand elle l'est vraiment, mais seulement dans ce cas : si le bébé est étranglé par le cordon, s'il naît par le siège, ou après un temps de travail excessif. La naissance peut être nocive si l'on a appliqué une pression excessive avec le forceps. Ces traumatismes, conjugués avec les blessures physiques et psychologiques qui en découlent, finissent par produire une surcharge et provoquent une coupure ou une déconnexion. Peut-être le traumatisme de naissance le plus fréquent est-il dû à un temps de travail excessif. J'ai parlé du concept de déconnexion dans mes ouvrages précédents. A la base, une surcharge signifie qu'un sentiment est si douloureux qu'il ne peut être intégré sans heurt dans le système. Il y aura donc une déconnexion entre la conscience du sentiment et le sentiment lui-même. C'est-à-dire que la conscience est dédoublée et que la personne n'a plus connaissance de ses blessures.

Deux de nos mères primales ont accouché rapidement et facilement. Je ne peux que supposer que ce n'était pas un hasard mais un résultat normal chez une mère détendue qui, psychophysiologiquement, souhaitait la venue au monde de son enfant et ne l'obligeait pas à lutter. On peut imaginer le traumatisme subi par le système nerveux d'un nouveau-né qui s'est débattu pendant vingt ou trente heures pour pouvoir sortir. Mais nous n'avons même pas besoin de l'imaginer puisque nous avons vu nos patients se tordre, se plier en deux et se débattre dans ces primals qui durent parfois des heures. Ils sont complètement épuisés après cette expérience, et certains patients en arrivent à se sentir « vidés » et ils relient ce sentiment à celui d'être constamment épuisés dans la vie, et d'avoir rarement l'énergie nécessaire pour entreprendre une tâche difficile. Dans certains primals il s'agit de l'étranglement par le cordon, ou de la naissance par le siège[1].

Jusqu'ici, nous avons constaté que la névrose d'une

1. Pour une description complète du traumatisme de naissance tel qu'il est revécu pendant les primals de naissance, voir les descriptions des patients dans les appendices A et B.

mère est une calamité pour le fœtus. Rien que pour rester en vie, il doit la vaincre. Il est jeté dans la bataille avant même son premier souffle. Quel que soit le savoir de la mère, ou la qualité de sa préparation à l'accouchement, sa névrose précipite le fœtus dans cette lutte. Si une mère a bloqué et refoulé un certain nombre de ses traumatismes précoces, et si ce refoulement est véhiculé par une musculature tendue, celle-ci (dont l'utérus et le vagin font partie) se bloquera automatiquement quand la souffrance resurgit à l'occasion de l'accouchement. Cela est particulièrement vrai des femmes frigides dont la réponse sexuelle consiste à se « fermer ». J'ai observé que les femmes ayant eu des problèmes sexuels, et qui pendant un rapport sexuel se crispent automatiquement par réflexe de défense, ont des temps de travail plus longs.

Certaines mères primales croient qu'au moment où leur travail a commencé, leurs contractions rythmées ont déclenché les douleurs de leur propre naissance et le blocage consécutif survenu alors. Nous pourrions donc dire qu'une façon d'assurer à une femme enceinte un bon accouchement consiste dans le fait qu'elle soit née elle-même en de bonnes conditions. Si la mère a eu une naissance traumatisante, elle devra la revivre afin d'être assez libre pour réussir son accouchement à elle.

Un primal de naissance ne s'embarrasse jamais de mots. Seuls des gémissements et des grognements se font entendre, et enfin, à la naissance, la plainte de l'enfant. Le traumatisme de la naissance est ancré dans le système nerveux avant même le développement de ces zones du cerveau qui permettraient d'interpréter l'expérience. Il n'est donc pas étonnant que cette force reste inconsciente. Comment définir le traumatisme ? C'est la quantité de souffrance que le système ne peut intégrer normalement, et qui surcharge nos capacités d'intégration, provoquant une fragmentation et une désintégration. L'excès de souffrance qui ne peut être intégrée, devient une réserve de tension.

La tension est donc un sentiment déconnecté de la conscience. La conscience n'implique pas forcément la formation d'un concept (comme de dire « j'ai peur »). Ce peut être une expérience strictement physique dont nous avons conscience ; la sensation est présente à notre esprit. Quand cette sensation — comme la souffrance de la naissance — devient accablante, la conscience (ainsi que la sensation) s'émousse. C'est pourquoi nous disons que les névrosés ne sentent pas. Ils ne sentent que les degrés de tension. En réalité la « névrose » n'existe pas. C'est un terme, une interprétation que nous utilisons pour désigner des gens qui se sont coupés de tout sentiment de leurs premières expériences et ont par conséquent atteint un degré significatif de tension. Avec chaque sentiment non ressenti, le sujet est devenu un « névrosé » qui ressent moins. C'est-à-dire que chaque refoulement d'une expérience élargit le fossé entre le réel et l'étendue du comportement symbolique et irréel. Le degré de la névrose dépend de la quantité refoulée de souffrance réelle ; et cela se mesure par la somme de tension résiduelle dans le corps. Plus le degré de tension est élevé et plus il y a des sentiments refoulés.

La souffrance refoulée de la naissance s'exprime souvent très tôt dans la vie sous la forme d'agitation et d'irritabilité. Le petit enfant ne peut rester tranquille, ou bien il est la plupart du temps d'humeur grincheuse, sauf si on le calme en le berçant ou en le prenant constamment dans les bras. Mais, comme les tranquillisants, cet apaisement n'a qu'un effet améliorant. Il ne peut supprimer la souffrance première. Après avoir eu ses primals de naissance, le patient n'est plus automatiquement irritable. *Ce qu'il est important de savoir c'est que nous nous défendons des blessures pré-verbales et pré-conscientes de la même façon dont nous nous défendons contre celles dont nous nous souvenons. Les défenses sont automatiques et le fait de réflexes, et non choisies par nous.*

En vérité, d'un point de vue subjectif il y a très peu de différence entre la blessure physique pré-consciente que nous avons éprouvée et nos blessures psychologiques post-conscientes. Les souffrances sont ressenties de façon très similaire ; c'est-à-dire que l'*expérience* de la souffrance est véhiculée par les mêmes processus physiologiques et neurologiques. Que ce soit « papa, ne te fâche pas ! » ou « maman, pourquoi ne me prends-tu pas dans tes bras ? », l'enfant souffre de même. L'expérience subjective est identique, seules les étiquettes mentales changent. La blessure vient d'un besoin non satisfait et c'est ce qui provoque la souffrance.

Ce qui suit est la relation du cas d'un acteur qui est né trois semaines avant terme. C'est un compte rendu instructif quant aux effets profonds de l'accouchement prématuré sur les comportements sociaux les plus divers — de la carrière d'acteur qu'il a choisie (pour se fondre en un autre personnage) aux raisons de son impuissance (il n'était pas prêt à devenir adulte). Le fait d'avoir été arraché prématurément au ventre de sa mère l'a empêché « d'être prêt » pour la vie. Il était continuellement en train de déjouer, d'essayer de retourner dans cet « abri »... tentant une fois encore de « faire partie de ». Ce grand traumatisme lui a volé son identité dans le sens le plus existentiel du terme. Il était « elle », jamais pleinement lui. Il se réveillait en pleine nuit (quand il se trouvait sans défense), se sentant femme. Au début des séances de thérapie, il ne réussissait à sentir que lorsqu'il pouvait s'identifier aux sentiments d'une femme du groupe. Nous voyons ici les effets profonds qu'un traumatisme très précoce peut avoir sur la vie sexuelle. Il se sentait véritablement « impuissant » et sans défense depuis cette naissance, et cette impuissance se reflétait dans sa vie sociale, où il était un « perdant », et dans sa vie sexuelle où il faisait également preuve d'insuffisance.

Brian

Selon mes parents, je suis né trois semaines trop tôt.

Je me suis réveillé ce matin avec des douleurs dans le cou et les épaules. Ma main gauche était en partie paralysée ; je ne pouvais pas remuer les doigts. Étendu dans mon lit, j'entendais un bruit très aigu à l'intérieur de ma tête — comme si la pression y avait été trop forte. Peu à peu j'ai réussi à faire bouger mes doigts, mais je me sentais épuisé et j'avais légèrement mal au cœur. Je me sentais — comme depuis quelques mois maintenant — paralysé socialement et incapable de me laisser aller et de me plonger dans les sentiments de ma naissance.

J'ai marché de long en large, j'ai mangé quelque chose, je me suis assis et j'ai écouté de la musique, le « Plastic Ono Band » de John Lennon, que j'ai acheté il y a quelques jours. De temps en temps je m'étendais par terre dans la salle de séjour et j'essayais de me plonger dans les sentiments. Je me levai et j'allai dans ma petite chambre insonorisée. Je me mis à penser à une fille des séances de thérapie, avec laquelle j'ai souvent bataillé. J'eus l'impression d'entrer dans sa peau et je sentis qu'alors je voudrais avoir mes propres amis et ne pas devoir les partager avec sa (ma) fille Jean. Il fallait que je le dise à Lynda, qui était restée dans la salle de séjour. Quand je lui dis « J'ai eu l'impression que j'étais la fille du groupe », Lynda remarqua (comme elle l'a fait par le passé) qu'il m'était facile de me fondre dans d'autres êtres — de devenir une autre personne — en les imitant ou en vivant leurs sentiments. (Je suis acteur.) La pression dans mon cou et mes épaules augmenta, ainsi que la nausée. Je m'étendis sur le sol et je commençai à trembler ; puis mes mains et mes bras, mes pieds et mes jambes se mirent à s'agiter dans tous les sens de façon incontrôlable (comme si j'avais été une marionnette à fils). Mes membres ne pesaient presque plus. Je ne savais pas ce qui m'arrivait. Je plongeais de plus en plus profondément ; les spasmes et l'agitation augmentèrent. J'étais une minuscule petite chose encore informe, mais je bougeais, et j'étais ballotté sans merci. Je me sentis quelque peu soulagé car après des mois de paralysie je remuais enfin.

Au bout d'une heure environ je me relevai avec effort et j'allai en titubant dans la chambre primale. Je m'enfonçai plus profondément, plongeant encore plus loin dans le temps. Maintenant je me sentais plus petit encore, j'avais l'impression d'être un objet très primitif, comme sur les photos du fœtus de six ou sept mois que j'avais vues dans *A Child is Born.* J'étais presque aussi petit qu'un rat. Mais il se passa quelque chose. Il n'y avait plus de moi. Je sentais que j'étais *elle,* que ces tremblements et ces spasmes étaient en fait les siens et qu'elle essayait de me projeter de force dans l'existence. Mais moi je ne voulais pas ! Ça me faisait horreur ! Que de cris, et quelle épouvante ! Jusqu'alors je m'identifiais à elle. Tout au moins j'en étais là au moment où j'ai été pris de spasmes. A tel point que j'ai senti que je découvrais quelque chose de nouveau sur elle. Auparavant je ne l'avais connue que par ce tube qui me reliait à elle, et par son chaud liquide qui m'environnait. Maintenant il me fallait la connaître à partir de mes limites extérieures, mais malgré mon tremblement et mes spasmes j'étais incapable de me rendre compte où je m'arrêtais et où elle commençait et inversement. Mais pourquoi fallait-il que j'apprenne tout cela ? Pourquoi ? Je n'y tenais pas du tout ! Les spasmes et les soubresauts augmentèrent et je m'aperçus que pour survivre je devrais bientôt admettre et sentir qu'il s'agissait de *moi.* Elle m'obligeait à être moi alors que je m'y refusais. Très bien, si je dois être moi, il faut que je sorte d'ici. J'étais contraint d'être moi mais je ne le souhaitais pas. Tout en me débattant comme si j'étais sur une mer houleuse où l'on n'est pas maître de ses mouvements, je me sentais terrifié et impuissant. Je hurlais à n'en plus finir — cette fois-ci pour qu'elle me reconnaisse. Plus tard je criai à Lynda, qui était assise près de la porte, « Sais-tu ce qui m'arrive ? » « Je n'en ai pas la moindre idée », répondit-elle. « Vraiment, tu n'en as pas la moindre idée ! C'est incroyable ! » lui hurlai-je. Je fus submergé par l'impression que ma mère n'avait pas la moindre idée de ce qui se passait, ni de ce qui m'arrivait juste à ce moment-là. J'étais violemment ballotté et elle ne pouvait pas me sentir, sentir ce qui se passait. Incroyable ! Elle ne pouvait même pas sentir son propre corps. (On l'avait anesthésiée.) J'avais peur de mourir. Il fallait que je sois moi si je voulais rester en vie. Il était indispensable que je sorte et que désormais je sois indépendant. Maintenant c'était moi, vraiment moi qui sortais. Je hurlais sans arrêt. J'eus l'impression d'être pris à la gorge et j'étais toujours une chose minuscule, inachevée. Il y avait quelque chose autour de mon cou et je sentis que ma tête passait par une ouverture et émergeait dans le froid. Des liquides m'étouffaient et mon cou était encerclé par des mains. J'aspirai de l'air, puis j'éprouvai une terrible douleur dans ma poitrine, qui se mit à monter et à descendre ; et à chaque mouvement je ressentais cette horrible douleur. Je respirais avec mes poumons ! C'était épouvantable ! Je hurlais chaque fois que l'air entrait en moi. Je n'avais jamais voulu cela. Pourquoi devais-je le faire ? C'était si douloureux d'être dehors — de vivre, de respirer. J'eus l'impression que je n'avais pas la force de maintenir cette respiration. Arriverais-je jamais à aller au-delà de cette douleur de la respiration pour sentir où j'étais, ce qui m'arrivait ? Je restai longtemps étendu là, à crier et à respirer bruyamment, espérant réussir à supporter le passage de l'air dans mon corps, éprouvant une immense douleur dans les poumons à chaque respiration nouvelle. (Au bout d'un moment des pensées me traversèrent l'esprit : « Je suis sorti, je suis vivant. ») Pourtant j'avais encore la nostalgie de retourner là où était ma place.

Tandis que j'émergeais du primal je rêvais de contempler les fleurs et les arbres, de prendre l'air du soir afin de découvrir la terre pour la première fois. (Le primal avait commencé vers une heure et demie de l'après-midi, et maintenant il faisait déjà nuit.) Mon primal avait duré près de sept heures. Je téléphonai à Art, qui me répondit en personne. La douleur augmenta au fur et à mesure que ma respiration s'accélérait. J'éprouvais un mélange d'exaltation et de souffrance quand j'annonçai à Art que j'étais né. « On dirait que tu n'en as pas encore fini », répondit-il. Il avait raison (ou bien était-ce un avertissement de ma mère ?).

Je rentrai en titubant dans la chambre et je me remis à trembler et à avoir des spasmes. J'étais à nouveau en train de me débattre pour sortir. Puis, les mains sur mon cou, la sensation d'étranglement, le froid et (cette fois-ci) la lumière, le halètement et l'horrible souffrance causée par la respiration — (je me servis pour la première fois de mes poumons en me demandant avec angoisse : « Est-ce qu'ils tiendront le coup ? »). Je hurlai encore du fond de mes tripes. Ça me fit du bien. Je restai étendu là, sentant que je ne désirais rien sinon *m'habituer à respirer pour que la douleur s'arrête.* La seule chose qui me préoccupait c'était *juste d'essayer de faire fonctionner mon corps.* Plus tard, quand je sortis du primal, je plaisantai avec Lynda, disant que c'était vraiment idiot de respirer, d'être obligé de se servir de ses poumons (quelle étrange planète !). Je regardai les plantes dans l'appartement et je me sentis solidaire du combat de tout être vivant. Je me dis aussi « Comment ai-je pu manger de la viande toutes ces années ? »

Pendant des fragments de ce primal, les vibrations puissantes et obsédantes de la chanson de John Lennon — *Remember* — augmentèrent et se mêlèrent aux spasmes et au tremblement. Pour moi, ces premiers spasmes, qui me précipitaient dans le chaos et la confusion, ont marqué le commencement du temps — de ce temps pour lequel je n'étais pas prêt. Pour moi, la chanson de Lennon raconte comment tout a commencé. En sortant du ventre de ma mère, j'éprouvais moi aussi les sentiments de la chanson : « Ne regrette pas la façon dont cela s'est passé. Ne t'inquiète pas de ce que tu as fait. » Je regrettais, mais c'était bien comme ça que ça s'était passé ! Le 5 novembre — jour où la bombe a explosé — était en réalité le 6 mars, jour de mon anniversaire.

Bien que je sois sorti maintenant j'ai encore le désir de me trouver là où j'étais au moment du choc, où j'étais elle, où je faisais partie d'elle, où je la suçais avec mon cordon ombilical. Pendant les treize dernières années j'ai essayé de sentir mon corps (j'ai été impuissant la majeure partie du temps, sans éprouver de vrai sentiment sexuel), mais au fond je ne le désirais pas vraiment. Cela a provoqué la lutte que j'ai dû mener pendant ma thérapie — une lutte pour entrer dans mon propre corps.

Avant la thérapie je ne pouvais échapper à cette souffrance que par la masturbation (laborieuse), la pornographie (en spectateur), le voyeurisme (que j'ai pratiqué systématiquement jusqu'à l'âge de vingt-quatre ans), le tabac et le sommeil. J'ai énormément dormi ces dernières années, m'endormant souvent tout habillé dans mon studio en rentrant du travail. Tandis que je m'occupais d'enfants handicapés, déconnectés et incapables de quitter leur maison, je me perdais en eux, m'absorbant dans le rôle que je jouais. Je me surprenais souvent à m'endormir tandis que je me trouvais avec eux.

Au cours de ces dix dernières années, je n'ai cessé de me réveiller en pleine nuit, avec le sentiment que j'étais une femme avec des nénés et un con — j'étais horrifié. J'ai souvent craint de porter des vêtements trop féminins. Je pleure souvent quand je vois des films sentimentaux, à cause du chagrin et de la solitude des personnages féminins (c'est un insight récent). Le fait de me plonger dans des imitations de personnalités célèbres (Frank Sinatra ou John Kennedy) ou d'une personne de ma connaissance — devant les autres, ou pour moi tout seul — m'a souvent soulagé. Quand je jouais dans des pièces, je devenais le personnage, même en dehors de la scène. J'ai souvent rêvé d'être comme les autres, sinon d'être l'autre.

Chaque fois que quelqu'un qui me plaît se met à bien m'aimer, je trouve des raisons pour fuir. J'ai souvent réussi à me faire aimer et puis je déconnecte et je fais échouer la relation, ou je romps simplement pour être seul (j'ai peur aussi d'être honnête avec eux). Souvent je m'aperçois — c'est plus récent — que je me fonds dans leur rythme, dans leur personnalité, que j'adopte leur personnage. Avant la thérapie, le fait d'aller à une soirée ou à un rendez-vous amoureux me déconnectait. Souvent je dépensais beaucoup d'argent pour sortir des femmes, sans éprouver des sentiments. Je ne faisais qu'attendre avec impatience le moment où je me promènerais enfin seul dans les rues de New York à la recherche de prostituées ou de sex-shops, ou bien où je rentrerais chez moi pour fumer et dormir. Quand j'étais au lycée, même après avoir vu une petite amie, j'avais envie de regarder par les fenêtres.

Dans le groupe (de thérapie) il m'est souvent difficile

de m'absorber dans mes propres sentiments et dans mes primals (tout au moins il en est ainsi depuis quelques mois). Les sentiments ou les primals de quelqu'un d'autre m'éloignent de moi-même. Mes primals les plus importants se sont déroulés en présence d'une ou deux personnes qui n'étaient pas plongées dans leurs sentiments.

La plupart de mes batailles contre ma mère pendant ma petite enfance semblent être liées au fait que je n'étais pas prêt à faire le pas suivant, ni à faire ce qu'elle exigeait. J'ai refusé d'absorber toute nourriture solide jusqu'à l'âge de deux ans (et je ne l'ai fait qu'à la suite d'un dressage de dix jours dans un hôpital pour enfants). J'ai refusé d'apprendre à marcher jusqu'à l'âge de dix-huit mois. Cela non plus, je n'ai jamais demandé à le faire. De même, je n'ai jamais eu le sentiment que ma mère savait ce qui m'arrivait.

Même quand j'étais plongé dans des sentiments profonds pendant les primals, je ne croyais pas tout à fait que cela m'arrivait à moi, à mon corps *à moi.* Maintenant je commence vraîment à comprendre pourquoi. Pendant tout ce primal, *j'étais* mon sentiment.

LE TRAUMATISME PRIMAL PROTOTYPIQUE

Quelle est la signification du primal de naissance ? Il nous en dit long sur notre comportement futur face aux expériences de la vie. Le traumatisme de la naissance peut être un facteur significatif du développement de la névrose. Le combat de la naissance risque de constituer le prototype du mode de réaction que la personne adoptera plus tard face à une situation de menace. Cela ne se vérifie que si l'événement de la naissance a été effectivement traumatisant.

Le concept du traumatisme primal prototypique et de sa compagne omniprésente, la défense prototypique, est important pour la compréhension des réactions névrotiques futures au stress. Dans un autre ouvrage, *The Anatomy of Mental Illness,* j'ai fait remarquer que l'asphyxie provoquée par les liquides lors d'un travail et d'un accouchement prolongés peut entraîner le nouveau-né à resserrer automatiquement ses bronchioles pour rester en vie. Cette expérience se fige avec le temps (sous la forme d'un circuit primal de la mémoire) de telle sorte que par la suite tout stress mettant la vie en danger ou interprété comme une menace vitale — une violente discussion entre les parents, présage de leur divorce — déclenchera aussitôt le traumatisme prototypique accompagné de la réaction de défense, le resserrement des bronchioles. Le résultat peut être une crise d'asthme. Au lieu d'être sauvé par ce réflexe de défense, comme au moment de la naissance, l'organisme est mis en danger de mort par la crise. Ceci est, par essence, la névrose : une défense qui a survécu à sa fonction. L'asthme survient parce que la discussion des parents déclenche le traumatisme primal prototypique de la naissance.

Dans le cas de l'asthme, nous pouvons parler de guérison (dans cet exemple) seulement quand les traumatismes clés, subis à la naissance, qui déclenchent la défense de la constriction, sont revécus et résolus.

Jeff

J'ai eu de l'asthme toute ma vie. Juste avant de commencer la thérapie je me trouvais à l'hôpital des Anciens Combattants, où on me soignait avec une quantité de médicaments différents — on me faisait des piqûres d'adrénaline (de 3 cm^3) et on m'administrait de l'aminophylline (en intraveineuses et en suppositoires). Depuis que j'ai commencé la thérapie je prends du choledyl[1] et du Tédarol. Le soir je prends du Tédarol spécial. J'indique tout cela pour faire état des titres qui font de moi un expert dans ma matière — l'étouffement.

Le dernier jour de ma thérapie individuelle, qui a duré trois semaines, j'ai eu un primal. Je vais essayer de le décrire. J'avais pris mon médicament le matin avant de me rendre à l'Institut ; et quand j'y suis arrivé je n'avais pas de difficulté à respirer. Je m'étendis sur le sol et je commençai à raconter à mon thérapeute la conversation téléphonique que j'avais eue avec ma petite amie. Elle me manquait, je pensais à elle tout le temps, et j'étais terriblement impatient de la revoir. Je lui avais demandé si elle voulait sortir avec moi et elle avait accepté, et nous devions aller au spectacle. Mais je n'ai ni travail ni argent,

1. Le choledyl est un anti-asthmatique proche de l'aminophylline, sans équivalent français (N. d. T.).

et ce sont mes parents qui m'entretiennent. Quand j'ai commencé à parler de ma situation financière, Bob a dit « Pourquoi ne pas vendre votre camion ? » Dès qu'il eut dit cela je me crispai et je le dis. Il répondit : « Ouais, j'ai remarqué. » « J'ai pensé à m'acheter une vieille Volkswagen », ajoutai-je. « Elles coûtent trop cher. Pourquoi pas une vieille bagnole tout court ? » « Quelle importance ! C'est une telle barbe... Il vaut mieux quelque chose... » Je commençai vraiment à me sentir mal à l'aise. « Je ne veux rien... » (Je me mis à pleurer)... « Je veux quelque chose... C'est plus agréable d'avoir... » (Je pleurais de plus belle, maintenant j'avais du mal à respirer et j'avais l'impression d'être un petit enfant) « ... Je le veux... Ne prends pas mes camions... écoute, vieux... Ne perds pas mes jouets, sinon je n'aurai plus rien... »

Puis je pensai à papa. « Papa, papa... » Je m'imaginai dans mon berceau et mon papa se penchait au-dessus de moi et je voulus l'atteindre mais il se contenta de me rire au nez et il sortit de la pièce. (Ma respiration était devenue très pénible et j'avais commencé à transpirer et à tousser un peu.) « Je n'ai rien fait... Mon papa ne m'aime pas, il me déteste, il veut que je meure. » Puis je criai. Juste avant de hurler je commençai à étouffer, mais dès que je me mis à crier, la sensation d'étouffement disparut et je me sentis de nouveau à l'aise.

Le cri ressemblait à une piqûre d'adrénaline, en plus rapide. D'ordinaire l'adrénaline met entre deux et cinq minutes pour agir. L'effet du cri fut instantané.

Mes réactions à l'événement tout entier se concentrent moins sur le problème de la respiration que sur le cheminement de ma pensée — mon papa ne m'aime pas, il ne me veut pas, il veut que je meure. Instinctivement je combats cette sorte de sentiment infantile, c'est idiot, quelle phrase stupide, etc. Toute ma vie, ce genre de réaction a été jugé avec mépris, jusqu'au moment où j'ai « appris » que je ne pourrais m'en sortir qu'en essayant de devenir quelqu'un d'autre, d'acceptable, de plus raffiné, de plus adulte — tout sauf le petit garçon que j'étais.

Les traumatismes prototypiques peuvent être psychologiques aussi bien que physiques. Cependant, les traumatismes physiques sont essentiels parce que d'ordinaire ils surviennent très tôt dans la vie et qu'en vérité ils la mettent souvent en danger. Mais un patient qui avait eu une naissance normale découvrit un jour où il rentrait de l'école maternelle que ses parents ne s'entendaient pas. Cet après-midi-là ils lui témoignèrent une indifférence totale ; il avait quatre ans. Ce fut un choc terrible parce que d'ordinaire ils étaient heureux de le voir. Le traumatisme prototypique qui en résulta, le poussa à essayer pendant des années de rendre les gens heureux de le voir. Il devint ambulancier car cela le mit dans une situation telle que partout où il allait, les gens étaient contents de le voir.

Le fait de relier la profession d'ambulancier à cette expérience précoce peut sembler n'être qu'une extrapolation gratuite. Mais la connexion s'est faite au cours d'un primal à propos de l'école maternelle. Le primal fut déclenché par le mécontentement que lui manifesta quelqu'un lors d'une de ses courses en ambulance. Rappelons que le traumatisme précoce provoque une surcharge de tension qui l'empêche de s'intégrer dans l'organisme. Par la suite, l'organisme ne cesse d'essayer de maîtriser cette situation. Quand ce patient était plus jeune, il distribuait des journaux pour rendre les autres heureux de le voir. Ensuite, il devint ambulancier. La connexion entre ces deux décennies était un traumatisme primal mis sous vide.

Voici encore un exemple d'une réaction prototypique : un patient arriva un jour d'humeur rieuse. Juste avant de se plonger dans un sentiment douloureux il se mit à rire nerveusement. Ce fut seulement quand le thérapeute bloqua ces rires nerveux que leur énergie les transforma en sanglots. Au fur et à mesure que le patient s'enfonçait dans ses sentiments, il revivait des scènes de la première année de sa vie, où son père jouait avec lui en le lançant en l'air et en le rattrapant. Le bébé était terrifié, mais il ne pouvait pas le montrer ; aussi riait-il d'anxiété. Ce jeu-là se poursuivit pendant de nombreux mois et traumatisa le petit enfant, qui était impuissant à l'arrêter. Par la suite, toute peur déclenchait les rires nerveux. Quand surgissait un sentiment qui risquait d'être embarrassant, l'enfant riait au lieu de pleurer ou de montrer sa peur. Ce rire nerveux se transforma en réaction prototypique. Il dura jusqu'à l'âge d'adulte.

La semaine dernière j'ai vu deux primals qui ont provoqué des réactions prototypiques très diverses. Dans le premier, une patiente revivait les premiers jours de sa vie, où on ne s'était pas occupé d'elle, sauf pour lui donner le biberon. Elle « décida » de « leur montrer ».

Évidemment, ce ne fut pas une décision consciente, mais sa réaction physique fut de se comporter comme si elle n'avait besoin de rien ni de personne. Nous verrons dans un instant comment ce traumatisme précoce a déterminé une grande partie de sa vie.

Un autre patient revécut une scène dans le berceau. (Nous l'avons mis dans le berceau de notre Institut.) La thérapeute le laissa dans le noir et sortit de la pièce. Quand elle revint, il s'était endormi. Ce schéma se répéta plusieurs fois au cours des quelques séances primales suivantes, jusqu'à ce qu'enfin il pût supporter la souffrance et la ressentir, au lieu de se défendre par le sommeil. On le laissait crier tout seul dans son berceau et s'il pleurait on le giflait : c'était ce qu'il ressentait. Il devint « un gentil garçon », et cessa de crier pour exprimer ses besoins ; au lieu de cela il s'endormit. Quand il réussit à supporter la souffrance causée par ce sentiment, il prit conscience de ceci : sa réaction prototypique aux traumatismes ultérieurs — particulièrement le rejet — était de choisir la passivité. Elle lui convenait à la perfection. Il n'avait pratiquement pas d'alternative de comportement que le sommeil. Il fallut beaucoup de primals pour arriver à ce sentiment parce que le traumatisme était si ancien et si souvent répété que la souffrance était insupportable. Nous avons dû lui accorder l'usage de ses défenses et procéder avec lenteur.

Un autre exemple du traumatisme psychologique prototypique est illustré par le primal d'une ancienne call-girl. Elle revécut le moment où, alors qu'elle se trouvait encore au berceau, on lui avait donné des crayons qu'elle avait fourrés dans son vagin. Sa grand-mère l'avait giflée très fort et lui avait dit « vilaine fille ! ». Elle refoula ce souvenir jusqu'à ce qu'elle eût passé plus d'une année en thérapie primale. Elle se rendit compte après coup que le traumatisme avait provoqué une réaction persistante : elle se servait de son vagin pour être « vilaine ». Évidemment, ce ne fut pas le seul événement qui fit d'elle une call-girl par la suite. Mais cet incident, plus le fait qu'elle avait été importunée par son oncle quand elle avait cinq ans, plus l'atmosphère générale à la maison, où certaines parties du corps étaient jugées sales et honteuses, plus la froideur manifestée par son père à son égard, tout cela contribua à faire d'elle une prostituée. Cependant, l'usage de son vagin devint le signe d'une réaction prototypique chaque fois qu'elle se préparait à être « vilaine ».

De nombreux éléments participent aux réactions prototypiques : un type particulier de système nerveux (les réactions extrêmement rapides, par exemple), qui selon moi peut être héréditaire ; des expériences antérieures à l'événement, comme les incidents survenus pendant la vie intra-utérine, qui déterminent le comportement futur de l'individu ; et le genre d'alternatives offertes pendant le traumatisme prototypique lui-même. Mais une fois que la réaction s'est formée, elle se crée une force bien à elle, qui demeure et tend à s'installer et à s'affirmer.

Anita

Quand j'appris que ma mère subissait des électrochocs, je me sentis terriblement seule et abandonnée. Lorsque je commençai à ressentir cette solitude, je me rendis compte que mon père était mort et que ma mère l'était presque, ainsi je n'avais plus personne. Mon sentiment d'abandon remontait au moment de ma naissance, où ma mère n'était pas là pour me tenir dans ses bras et me rassurer, car elle ne voulait rien avoir à faire avec moi après « l'épreuve » qu'elle venait de traverser. Pendant cinq jours, je refusai de me laisser tenir par mon père, et comme il était le seul à savoir s'occuper de moi, je n'obtins rien pendant ces cinq jours. Je naquis à force de persévérance, en dépit de tout. J'appris en naissant qu'en poussant plus fort, je m'en sortirais. Donc, pendant ces cinq jours de privation, plutôt que de céder, je m'endurcis : c'est la leçon que j'ai apprise dans ma lutte pour naître.

Mon endurcissement s'est manifesté dans ma vie en de nombreuses occasions. J'ai toujours moi-même pris soin de moi et jamais je ne me suis adressée aux autres pour obtenir une aide quelconque. Je n'attends rien de personne, et je ne demande aucune sorte de faveur. Si je n'ai pas quelque chose dont j'ai envie, soit je l'obtiens moi-même, soit je m'en passe, mais jamais je n'attends d'une autre personne qu'elle me le fournisse. Je tiens à distance les gens que je ne connais pas et je reste froide et inapprochable si j'ai le sentiment qu'ils constituent une menace pour moi. Je ne deviens plus amicale et confiante que lorsque je me sens en sécurité avec quelqu'un. Je ne peux pas mentir parce que si je mens je suis dans mon tort, et je me trouve alors à la merci de l'autre personne qui peut me punir à sa guise. Pour cette même raison j'ai toujours fait très attention de ne jamais faire le moindre écart. Si je suis blessée, je ne laisse absolument pas voir à la personne responsable que ce qu'elle a fait ou dit a eu le moindre effet sur moi. Je n'ai jamais pleuré devant mes parents quand ils me grondaient ou me punissaient. Dans le même ordre d'idées, j'ai remarqué que quand Jodey m'engueulait pour une raison quelconque, je le laissais achever puis je changeais de sujet, poursuivant la conversation comme si de rien n'était. Je souffrais quand il n'était pas là, mais je ne pouvais lui laisser voir que je l'avais entendu. Jamais je n'ai montré à mon père que j'étais sensible à ses commentaires.

Mon père renforça mon comportement prototypique en me récompensant lorsque je n'abandonnais pas et en me châtiant lorsque je faisais preuve de faiblesse. Un jour je m'inscrivis à un cours d'initiation à la musique ; comme je n'ai pas d'oreille, j'eus énormément de difficultés et je travaillai deux fois plus que tous les autres. Il me vit me débattre avec mes leçons et il ne cessa de me répéter de ne pas les prendre tellement au sérieux, que ça ne valait pas la peine de tant souffrir. Pourtant, quand je lui rapportai mon carnet de notes et lui montrai le 18 que j'avais obtenu dans cette matière, son visage s'adoucit, s'éclaira et il dit : « Tu vois ce qui arrive quand on s'obstine et qu'on n'abandonne pas ! » Lui non plus il ne renonçait jamais ; il me récompensait d'avoir adopté son comportement à lui.

Une raison majeure de la permanence des défenses, la « personnalité caractéristique », est que l'organisme continue de se défendre contre les premières souffrances intériorisées. Ces souffrances le surchargent au moment du traumatisme et « déterminent » le comportement de la personne face au stress. Un enfant repoussé par ses camarades dans la cour de l'école risque donc d'avoir une crise d'asthme. Chacun de nous ressent différemment la pointe d'anxiété qui naît d'une perturbation. Certains ont des nœuds à l'estomac, d'autres ont une boule dans la gorge, ou une respiration difficile. Je suis convaincu que ces parties du corps ont une signification prototypique et indiquent où s'est situé le premier traumatisme majeur de notre vie. Par exemple, le fait d'avoir eu faim au berceau peut faire de l'estomac l'organe cible du stress futur ; de la même manière, si en naissant nous avons manqué d'étouffer, notre première angoisse se manifestera dans la gorge ou les voies respiratoires.

L'événement en surcharge devient le réservoir clé de tous les traumatismes analogues qui surviennent plus tard. Ils sont connectés neurologiquement et se trouvent entreposés tous ensemble en tant que circuits associés de la mémoire. Par exemple, le fait d'endurer un travail interminable et laborieux et de supporter la torture d'une longue attente avant de sortir du ventre maternel risque de resurgir plus tard, chaque fois que l'enfant devra attendre quelque chose — faire la queue, ou patienter en attendant son dîner, etc. Il manifestera une impatience et une anxiété sans rapport avec la situation du moment, parce que le processus du traumatisme prototypique aura été déclenché. Dès cet instant, *tout le bloc* des expériences d'attente resurgira lui aussi. C'est pourquoi le fait de ressentir le premier traumatisme prototypique déclenche toutes les associations ultérieures avec cet événement.

Il n'existe pas d'expérience prototypique unique. Il peut y avoir d'innombrables sortes de traumatismes précoces. Un traumatisme de naissance peut être suivi d'un allaitement inadéquat qui affame l'enfant pendant des semaines. En ce cas, le traumatisme se localise dans la région de la bouche, et peut être provoqué par le temps trop court accordé à la tétée. Le besoin de téter, auquel s'ajoute plus tard le manque de l'amour paternel, peut se transformer en homosexualité, et se manifester par le besoin de sucer un pénis. Bien sûr, je simplifie les milliers d'expériences quotidiennes qui contribuent également à créer ce problème, mais l'homosexualité d'une telle personne ne peut être combattue avant que le sujet n'ait éprouvé le grand besoin de son père et le lointain besoin de téter. Il est spécieux de croire qu'on pourrait le remettre dans le droit chemin sans qu'il ait ressenti ces expériences. De multiples aventures hétérosexuelles, ou l'assistance d'un « grand frère » ne feront pas non plus disparaître ces antécédents. Si un enfant devait se tromper lui-même et suivre la voie normale pour plaire à sa mère ou au thérapeute, il s'en trouverait doublement malade car il serait forcé de prétendre que ses besoins n'existent pas. Pour cette sorte d'homosexuel, sucer est un besoin primal prototypique. Aucune *analyse* de ce besoin ne peut le faire disparaître et c'est doublement vrai quand on essaie de supprimer cette habitude à coups de punitions.

Prenons un autre exemple de traumatisme prototypique : la circoncision. Celle-ci traumatise l'enfant dans la région des organes génitaux. Nous le savons pour avoir observé des douzaines de primals à ce sujet. La présence d'une mère tyrannique alliée à une circoncision pratiquée à l'âge d'un ou deux ans peut provoquer d'abord une anxiété relative aux organes génitaux, et ensuite, la peur de se servir de son sexe dans les relations avec les femmes. Ici encore, je simplifie pour bien faire comprendre la nature de l'expérience prototypique. La circoncision peut par la suite être interprétée comme une punition, de sorte que les désirs sexuels éveillent la peur et provoquent l'impuissance. Le traumatisme physique supplémentaire survenu à un âge très critique peut être un facteur essentiel s'il s'agit de déterminer pourquoi tel sujet ayant une mère tyrannique est devenu homosexuel, contrairement à tel autre se trouvant dans le même cas.

Examinons le cas d'un épileptique qui souffrait de convulsions depuis des années et a récemment commencé la thérapie. Pendant la première semaine de traitement il eut un primal de naissance pendant lequel il sentit que sa tête s'écrasait contre quelque chose. Deux heures après le commencement du primal, il commença à vagir comme un nouveau-né. Il expliqua plus tard qu'il était né en vagissant, comme le lui avait raconté sa mère, après un travail long et difficile. L'impact de la pression contre sa tête au moment de l'effort pour naître n'a peut-être pas été traumatisant sur le plan physiologique, mais ce fut certainement le foyer d'un traumatisme psychologique. Au bout de quelques mois, quand on le laissait seul dans son berceau sans le nourrir ni le prendre dans les bras, il se mit à se cogner la tête contre le bord du berceau. A partir de treize ans, il commença à avoir des convulsions.

Depuis le jour où il est entré en thérapie, il n'a pas eu une seule crise, bien qu'il ait cessé de prendre du solantyl dès le premier jour. Qu'est-ce que cela signifie ? Entre autres choses, que la tension provoquée par la naissance avait une importance déterminante et fournissait une contribution essentielle au degré de tension général ultérieur. Le haut degré de tension débordait dans le syndrome épileptique, concentré dans la région clé de son premier traumatisme, de la même manière que certains patients ont des éruptions de boutons sous l'effet du stress de la vie adulte — c'est-à-dire que le symptôme se manifeste dans la région du premier traumatisme (dans ce dernier cas, le traumatisme avait été causé par un manque de contacts physiques pendant les premiers mois de la vie) chaque fois que le stress apparaît.

Si l'épileptique avait eu une petite enfance convenable, il aurait pu subir un traumatisme à la naissance sans jamais souffrir de crises d'épilepsie. La *totalité* des traumatismes a créé la surcharge. J'ai observé, cependant, que la contribution fournie par les traumatismes de naissance au degré général de tension chronique est d'une importance primordiale. Cela est dû en partie à la nouveauté et à la fragilité de l'organisme quant à son aptitude à réagir au stress, et plus encore au fait que les traumatismes de naissance sont souvent des questions de vie ou de mort — un nouveau-né étranglé par le cordon ombilical mourra à moins d'une intervention. Cette bataille entre la vie et la mort se déroule chez nombre d'entre nous avant même que nous ne venions au monde.

La tension résultant d'un traumatisme de naissance peut être si catastrophique qu'un fonctionnement psychologique efficace n'est plus possible, comme dans le cas de l'autisme infantile. Le syndrome de l'enfant autistique a déconcerté les experts parce qu'ils n'ont trouvé ni des lésions organiques expliquant l'incapacité totale de l'enfant à établir un rapport avec ceux qui l'entourent, ni un environnement psychologique particulièrement nuisible qui puisse en être la cause majeure. Après tout, dans les familles avec des enfants autistiques, les frères et sœurs sont souvent très bien adaptés. On pourrait croire qu'un environnement familial horrible au point de provoquer l'autisme infantile risquerait de nuire aussi aux autres enfants.

Les experts ont peut-être négligé une expérience bouleversante de la naissance qui a enfermé le petit enfant dans la souffrance primale, le rendant incapable de fonctionner. C'est-à-dire que l'enfant éprouve continuellement une souffrance intense, mais qu'il ne dispose d'aucun moyen de la comprendre ou de l'interpréter à un niveau conceptuel. Il est trop profondément plongé dans son traumatisme pour pouvoir s'en sortir. Il devra revivre ce traumatisme à petites doses sous le contrôle d'un expert en thérapie primale.

Voici ce qu'un chercheur a écrit dans le *Journal of the American Medical Association :* « Les risques encourus par le fœtus atteignent leur point culminant pendant les heures du travail. La naissance est l'expérience la plus dangereuse à laquelle la plupart des individus soient jamais exposés. Le processus de la naissance, même si celle-ci se déroule en de parfaites conditions et sous une surveillance excellente, est un événement traumatisant qui peut porter un préjudice durable au fœtus[1]. » Et Towbin — le chercheur — poursuit : « Les lésions cérébrales apparentes au moment de la naissance se produisent fréquemment de façon imperceptible, souvent pendant la période précédant l'accouchement. » Selon lui de subtiles lésions cérébrales sont provoquées plus souvent qu'on ne le croit et sont dues à des processus de naissance périlleux (parce que névrotiques, à mon avis). Il croit qu'une des raisons essentielles de l'apparition de ces lésions est l'hypoxémie (ou approvisionnement insuffisant en oxygène).

A la suite de nombreuses autopsies, on a trouvé des lésions cachées dans les structures profondes du cerveau de nombreux prématurés. Towbin insiste sur le fait qu'une insuffisance d'oxygène peut avoir des effets subtils qui se manifesteront seulement plus tard sous l'action d'un stress supplémentaire ; et le genre d'effet produit dépendra de la nature des cellules du cerveau atteintes à la naissance. Cela peut se manifester plus tard dans le discours, dans l'instabilité émotionnelle ou l'incapacité d'avoir une pensée abstraite[2].

A la réunion de la Society for Neuroscience, en 1971, une psychologue de Los Angeles, Virginia Johnson, a fait un rapport sur ses recherches, qui comprenaient l'analyse de plus de vingt-cinq mille heures d'entretiens. Elle découvrit que les patients à qui on avait donné de la ritaline[3] étaient capables de se rappeler les expériences de leurs premières semaines d'existence. De tels souvenirs, dit-elle, avaient souvent un lien avec des symptômes névrotiques survenus par la suite. Elle est convaincue que certaines de ces expériences sont génératrices de schizophrénie — et constituent des facteurs de développement d'une psychose ultérieure. « Les expériences qui correspondaient le plus fréquemment à des symptômes schizophréniques tendaient à impliquer une transformation

1. Abraham Towbin, « Organic Causes of Minimal Brain Dysfunction », *Journal of the American Medical Association,* 217, nº 9 (30 août 1971), p. 1213.

2. Towbin écrit p. 1212 : « La conclusion inévitable est que les petites lésions hypoxémiques survenues pendant la période fœtale et néo-natale sont également responsables de l'apparition ultérieure de types mineurs d'infirmité clinique et d'anomalies subtiles et variées de la fonction du système nerveux central. »

3. La fabrication de ritaline est supprimée en France (N. d. T.).

profonde ou prolongée de l'état de conscience peu avant ou après la naissance[1]. »

Elle découvrit que des schémas spécifiques de comportement observés chez des schizophrènes étaient déterminés par la nature du traumatisme prototypique. « C'est, dit-elle, parce que la désorganisation éprouvée lors de l'un de ces événements est inscrite dans la mémoire, et donc susceptible de resurgir dans le souvenir quand les conditions s'y prêtent. » Je suis convaincu que ces conditions sont remplies par la thérapie primale. Mme Johnson fait ainsi remarquer qu'il existe de nombreuses sortes de traumatismes générateurs de schizophrénie et que ceux-ci déterminent ensuite le genre et la gravité de la psychose ; cela montre très justement que la psychose n'est pas une entité unique et monolithique mais peut prendre des formes diverses.

Le Dr Johnson pense que les hallucinations auditives, par exemple, proviennent de certaines expériences auditives prénatales du fœtus. Elle croit que le fœtus peut entendre pendant les dernières semaines de la grossesse et que ce qu'il entend peut s'intégrer dans le processus de la schizophrénie. Je pense que ce n'est possible que lorsque l'expérience auditive est traumatisante, comme le coup de feu tiré près de la femme enceinte dont j'ai parlé plus haut. Ce traumatisme de l'oreille (ajouté à bien d'autres par la suite) peut rester en attente et se mêler par la suite aux « voix » qu'entendent tant de schizophrènes.

Les effets subtils et durables du traumatisme de la naissance ont été exposés avec force documents dans l'*American Journal of Obstetrics and Gynecology* (1972). Un groupe de médecins chercheurs d'Indianapolis comparèrent les dossiers obstétricaux de 1 698 bébés avec leurs progrès scolaires, ainsi qu'avec d'autres informations sur leur adaptation physique et mentale à l'âge de neuf ans. Un quart des enfants nés par le siège avait redoublé au moins une classe à l'âge de neuf ans et un enfant sur cinq avait besoin de cours de rattrapage.

Un autre exemple. Récemment une femme est entrée en thérapie à cause des « maux de tête accablants » (selon son expression) dont elle avait souffert toute sa vie. Au cours de son deuxième mois de thérapie elle eut un primal de naissance que je supervisai. Pendant deux heures et

1. Virginia Johnson. « Does Schizophrenia Get Its Start Early in Life ? » *Science News*, 102, n° 17 (21 octobre 1972), p. 263.

demie elle resta recroquevillée en boule, crachant de la salive et se cognant la tête contre le mur (capitonné). Ce dernier processus était visiblement automatique et involontaire, et il est douteux que quiconque puisse se cogner la tête contre un mur pendant plus de deux heures sans tomber d'épuisement. Son cou se tordait et sa tête pivotait constamment. Elle expliqua par la suite qu'elle était en train « d'essayer de sortir ». Quelques jours plus tard, elle découvrit qu'elle avait dû subir un travail exceptionnellement long. Ce traumatisme devint le prototype d'un schéma spécifique de réaction ; c'est-à-dire que par la suite, le stress déclenchait toujours ce « mal de tête accablant ». Ni elle, ni moi n'aurions jamais pu deviner l'origine de ces maux de tête. Si nous avions dû essayer de comprendre son symptôme selon le mode conventionnel d'analyse, nous aurions peut-être décelé un sentiment de culpabilité vis-à-vis de sa mère malade qu'elle n'aidait pas suffisamment, et une colère rentrée contre son père, etc. — tout cela aurait pu être exact, mais n'aurait expliqué en rien comment la colère ou le sentiment de culpabilité s'était transformé en un mal de tête qui l'obligeait à garder le lit pendant des jours.

J'ai observé que la *sévérité* du symptôme est habituellement proportionnée à la sévérité du traumatisme. Quelques aspirines peuvent éventuellement apaiser en partie la colère ou le sentiment de culpabilité, mais seront impuissantes à diminuer la pression du traumatisme de naissance.

Il semblerait que pendant une naissance traumatisante, l'organisme se divise *à ce moment précis* (cessant de ressentir pleinement) de telle manière que les traumatismes psychologiques ultérieurs ne font que renforcer ce clivage. En d'autres termes, le terrain propice à la névrose existe dès la naissance pour ceux qui ont eu des traumatismes de naissance. Je pourrais ajouter que dans un monde névrosé avec des mères névrosées, il est difficile d'éviter les naissances traumatisantes. Quand l'organisme subit un clivage à la naissance, la personnalité de l'individu conserve par la suite une certaine qualité inerte, voire « inanimée ». Les patients les plus inertes sont souvent ceux qui ont un primal de naissance éprouvant pendant leur thérapie. La raison de cette inertie est qu'en ce monde le sujet n'a jamais connu de moment où il ait été totalement lui-même, capable de tout ressentir.

Cette question est importante car si nous considérons le

comportement d'un enfant et les symptômes qu'il présente, nous avons un point de référence — nous savons où en chercher les origines. Plus tard, le stress se concentre dans la région de la souffrance prototypique, comme si devant chaque agression le corps revenait à la première expérience catastrophique pour se remettre en état. C'est cela le miracle de l'existence humaine ! Le corps peut revenir cinquante ans en arrière pour réparer un traumatisme survenu alors. Réparer est le terme qui convient, car après avoir eu ces primals, non seulement les patients changent de comportement, mais leur organisme subit de profonds bouleversements — ainsi, par exemple, la sécrétion hormonale se modifie.

Revenons à l'exemple cité plus haut d'un accouchement prolongé, et voyons de quelle façon le fait d'être né en désaccord avec son propre rythme naturel influence le comportement ultérieur de l'individu. Tout d'abord, le traumatisme de naissance signifie que le nouveau-né a dû se soumettre ou « consentir » aux besoins de sa mère. Ce consentement *dans l'utérus* est une expérience de la vie — une relation humaine — exactement aussi significative que les gronderies futures de la mère qui oblige son enfant à bien se tenir. L'expérience fait dans le ventre maternel est le prototype du comportement consentant. Il existe également d'autres facteurs. Si le nouveau-né s'est débattu pour naître et s'est frayé un chemin agressivement au lieu de « renoncer » et de consentir, le prototype sera différent. C'est-à-dire, lorsque plus tard il se trouvera, en des conditions identiques, contrôlé par sa mère, il réagira par l'agressivité.

Il va de soi que le traumatisme de naissance et le comportement futur de l'enfant ne constituent pas une association directe et unique. De nombreuses expériences participent à l'élaboration du comportement. Mais si un enfant est né selon un processus non conforme à son rythme, et si des parents intellectuels insistent ensuite sur l'importance de la parole, le manque d'harmonie antérieur peut apparaître dans le domaine du langage et provoquer ainsi le bégaiement. En ce cas, le discours de l'enfant devient irrégulier, heurté, hésitant. Extrapolation gratuite ? Il ne faut pas oublier que chaque expérience est *conservée* et que ces expériences exercent sur nous un effet constant. Quand l'effet originel est important (comme celui du traumatisme de naissance) il aura un impact essentiel sur le comportement futur de l'individu. Cet effet n'est pas seulement quantitatif, mais aussi qualitatif. C'est-à-dire que son impact influence *dans une certaine mesure* le comportement futur de la personne, mais qu'il détermine aussi par sa qualité le type de comportement qui se produit — une naissance heurtée entraîne une parole heurtée, par exemple.

Le consentement pendant la naissance ne rend pas automatiquement l'enfant consentant pendant le reste de sa vie. Mais quand ses parents le contrôlent constamment et disent « Que vont penser les voisins ? » à son moindre geste, quand l'enfant doit se soumettre aux humeurs et aux caprices de son père, *alors* une force empirique se crée à partir de ces éléments et provoque un comportement consentant.

Il existe d'autres aspects de l'accouchement prolongé, et nombre de nos patients qui ont subi un temps de travail exceptionnellement long ont noté des similitudes entre certains aspects de leur personnalité. L'attente en est l'élément commun. Le fait d'avoir été contraint d'attendre si longtemps pendant l'accouchement a rendu beaucoup de ces patients incapables de tolérer toute attente. Généralement, les parents étaient du genre à ne pas céder aux désirs et aux demandes des enfants. Leur résistance et leur indécision — le « on verra plus tard » en réponse à toutes les requêtes de l'enfant — ont donné à ces enfants l'impression que s'ils n'obtenaient pas quelque chose « tout de suite » ils ne l'obtiendraient jamais. Ce qui a créé cette impatience démesurée a été l'attente entre la vie et la mort pendant quelque trente ou cinquante heures de travail, en plus des attitudes parentales ultérieures. Un patient déclara : « Dans ma vie j'ai toujours pris des décisions sur un coup de tête parce que je ne pouvais pas attendre — c'est-à-dire, je ne supportais pas de revivre cette première attente ; ainsi j'ai épousé la première fille que j'ai rencontrée, j'ai loué le premier appartement que j'ai trouvé, acheté la première voiture que j'ai examinée, tout cela parce que je ne supporte pas d'attendre. » Sa mère lui a fait attendre la vie, et, par la suite, toutes les choses agréables. Elle semblait penser que le fait de remettre les plaisirs à plus tard lui formait le caractère. En réalité, cela a formé un adulte impulsif et irréfléchi.

La raison pour laquelle j'insiste à ce point sur les traumatismes prototypiques est que ceux-ci façonnent les schémas de réaction chez l'enfant ; ils contribuent à former sa personnalité. Et parce qu'il commence par ne pas se conformer aux désirs du parent (il est peut-être agité ou inquiet ou trop faible et passif pour un père agressif), il se trouve rejeté très tôt dans la vie, ce qui ne fait qu'accentuer le problème. Quand d'autres enfants naissent, qui viennent au monde plus facilement (car les bébés suivants ont souvent un temps de travail moins prolongé) et qui commencent probablement leur existence avec moins de coliques, ils auront moins d'exigences et moins d'irritabilité, ils obtiendront plus de patience et de gentillesse de la part de leurs parents. Si, par exemple, un parent désire un enfant sportif, il sera déçu si une naissance traumatisante provoque une mauvaise coordination physique chez le petit enfant. Examinons cette question plus en détail.

Le fait d'être né en dehors d'un processus rythmé risque aussi de provoquer chez l'enfant des mouvements saccadés, non coordonnés, ou une démarche anormale. Cela peut se produire quand les parents insistent beaucoup pour que l'enfant marche et lance des objets très tôt. En d'autres termes, quand les parents *provoquent* à nouveau la formation d'un comportement non conforme au rythme de l'enfant en le forçant à avoir des activités physiques avant que les processus physiques et neurologiques naturels n'y soient prêts, ils réactivent le mécanisme originel de décalage rythmique, qui aboutit à une coordination physique médiocre. Une « drôle » de démarche n'est qu'une des expressions d'un organisme qui ne peut fonctionner harmonieusement — c'est-à-dire, qui n'a pas intégré sans heurts ses premières expériences. Une voix aiguë, un accent nasal, un bégaiement, sont autant de signes de cette absence d'unité physiologique. Les traits irréguliers du visage en sont encore un autre exemple, et finalement, cela se manifeste dans le manque d'unité du développement physique : le torse trop gros pour les jambes, ou les jambes trop longues pour le buste, etc. Le décalage rythmique est quelque chose qui s'apprend de la même façon que par la suite s'apprend tout le reste. Une naissance difficile « enseigne » à l'enfant que la vie est une lutte, que l'être humain est impuissant, que la vie est dangereuse, etc. Ces connaissances constituent des éléments de repère, la matrice des leçons à venir ; ainsi, lorsqu'une personne adopte par la suite une philosophie prônant la nécessité de la lutte comme la condition *sine qua non* de l'existence, nous comprenons qu'il existe des facteurs complexes remontant très loin dans son histoire qui ont participé à la création de cette idéologie. Dans ce cas, convaincre quelqu'un de renoncer à une idée « irrationnelle », c'est vouloir le persuader d'oublier son histoire.

Je veux citer encore certains effets du traumatisme prototypique de la naissance afin d'indiquer ses nombreuses ramifications et de faire remarquer son caractère définitif. J'ai tiré ces exemples des primals de mes patients, dont plusieurs furent retenus dans le ventre maternel parce que le médecin était en retard. L'un d'eux comprit grâce à son primal de naissance que pour échapper à la sensation de contrainte éprouvée alors il n'avait jamais cessé de s'affairer. Une patience ressentit finalement sa colère d'avoir été « retenue » et remarqua qu'au moment de sa naissance elle avait « renoncé » et s'était ensuite résignée aux contraintes. Après son primal de naissance elle put ressentir et exprimer sa rage, c'est-à-dire qu'elle fut enfin capable de transformer sa personnalité « passive » de façon décisive.

Une patiente me disait que depuis l'adolescence, le suicide était son « truc ». Sous l'effet du stress elle voulait se tuer comme d'autres ont envie de manger. Elle eut un primal de naissance pendant lequel elle souffrit atrocement durant de longues heures, et sentit qu'elle voulait mourir pour mettre fin à sa souffrance. Après son primal elle comprit que le stress réactivait son désir de mourir en naissant. L'idée du suicide lui venait à l'esprit quand elle se sentait perturbée car c'était une réaction prototypique qui remontait à sa naissance. Il se peut que le « désir de mort » dont Freud parlait, soit simplement ce désir de mourir exprimé par tant de névrosés quand ils se trouvent dans une situation qui les fait souffrir. Mais le désir de mort n'est pas inné ; c'est la réaction d'un petit enfant qui est totalement impuissant devant la souffrance intolérable éprouvée à sa naissance.

J'ai observé que certains patients introvertis pensent souvent à la mort sous l'effet du stress, tandis que d'autres ne sont jamais effleurés par cette idée. J'appellerai ces derniers les « actifs ». Ils se sont énergiquement débattus pour sortir du ventre maternel ; pour eux, s'arrêter c'est « mourir ». Leur activité est donc une défense contre ce désir de mort. Ils ont besoin de rester actifs, de poursuivre leur pensée. Ces sujets-là ont tendance à « jouer les durs » sous l'effet du stress, enfouissant ces peurs originelles au plus profond d'eux-mêmes. Face à une situation effrayante, ils adoptent un comportement contre-phobique : ils foncent la tête la première, montrant leur courage, niant la peur.

Avec l'expérience de la vie, ces défenses s'enchevêtrent, se ramifient, et gagnent en complexité. Par exemple, après un primal de naissance un patient a découvert pourquoi il ne pouvait jamais faire de compromis ni « céder ». Il venait d'une famille où personne ne lui avait jamais cédé, où l'on ne changeait jamais rien aux ordres donnés ni aux demandes formulées d'une manière péremptoire. Mais ces expériences reposaient sur un traumatisme de naissance qui lui avait enseigné inconsciemment que s'il abandonnait la lutte, il mourrait.. Il devait foncer la tête la première, maintenir sa position, pour ainsi dire, et ne jamais abandonner.

Quand, au cours de la thérapie primale, un patient approche de ces premiers sentiments de mort, il a besoin d'une aide particulière, car pour les éloigner il utilisera toutes les défenses possibles — l'activité, le refus d'admettre leur existence, etc. C'est une période dangereuse pour le patient, car pendant la montée de ces terribles souffrances il a l'impression de devenir fou... ce qui signifie que l'esprit n'est pas en mesure d'intégrer une pareille masse de sentiments qui surgissent. Les personnes non primales qui prennent de la marijuana ou du LSD — qui ouvrent les portes de la douleur et permettent prématurément aux souffrances de la naissance de resurgir en dehors de leur rythme naturel — deviennent en effet souvent folles. La souffrance fait éclater leur esprit, leur pensée devient décousue et incohérente. Nous devons comprendre que les défenses prototypiques qui enveloppent le traumatisme de naissance cimentent la personnalité. Il faut les démonter avec soin et non les détruire sommairement. Nous comprenons alors que la pensée décousue est une défense nécessaire... Elle est courante chez ceux qui ont fait beaucoup de trips à l'acide. Ils ne doivent pas « tout comprendre » car une compréhension et une connaissance totales veulent dire souffrance.

Il existe donc certains traumatismes pré-verbaux, qui constituent un courant inconscient permanent, et un comportement ultérieur fondé sur ces expériences précoces, irrationnel, car il ne repose pas sur la réalité actuelle, mais sur le passé. Donc, quand une personne est obstinée et refuse de faire des compromis, même quand la situation l'exige, elle a un comportement névrosé, car son esprit pense « je suis quelqu'un qui a des principes » alors que ce sont des événements très différents qui constituent la vraie raison de son attitude. En bref, l'esprit invente des concepts pour rationaliser ce que le corps ne peut pas ressentir.

Plus tard, les névrosés recommencent la lutte de la naissance afin de la dominer, tout au moins symboliquement. Par exemple, beaucoup d'entre nous ne peuvent fonctionner que sous pression. Afin d'être productifs, nous devons nous imposer une « date limite ». Certains patients se sont rendu compte pendant leurs primals qu'en travaillant sous pression ils recréaient en quelque sorte le traumatisme de leur naissance — la terrible nécessité de sortir — où il fallait lutter pour vivre. Ensuite ils extériorisent cette pression, et feignent d'être débordés, afin d'en venir à bout. Ils s'inventent des milliers de choses à faire à la fois pour maintenir inconsciemment cet état de pression ancienne. Ne disposant d'aucun moyen de comprendre d'où vient ce sentiment d'être « sous pression », ils sont forcés de croire qu'il est imposé de l'extérieur.

D'autres sujets qui ont eu des traumatismes de naissance très similaires ne peuvent supporter la moindre pression, sous peine de s'écrouler. Peut-être le combat de la naissance ne servait-il à rien parce que finalement leur mère avait été anesthésiée (et avec elle, indirectement, le bébé), et ils avaient dû lui être arrachés de force. Ils « apprirent » ainsi qu'il ne sert à rien de lutter. La « pression » était trop forte pour être combattue. Ainsi quand cet enfant commence des études il perd la tête dès qu'il doit remettre deux devoirs en même temps. Ici encore, ce ne sont pas seulement les circonstances de la naissance qui provoquent cette réaction, mais elles *conditionnent* le comportement futur. Les parents qui insistent constamment auprès de leurs enfants pour qu'ils rangent leurs affaires, fassent leurs devoirs, sachent de bonnes réponses, etc., alourdissent la pression du traumatisme de naissance. Par la suite, l'adulte ne tolère pas la pression car il en supporte déjà trop.

Il en est de même pour les mères pressées d'expulser leur fœtus. Elles demandent à leur médecin de provoquer le travail prématurément parce que quelqu'un leur a dit qu'elles devraient accoucher tel ou tel jour ; la mère devient anxieuse car ce jour passe et le bébé est toujours dans son ventre. De nombreux patients primals ont revécu ce traumatisme d'avoir été poussés trop tôt dans le monde et ils savent après leur primal pourquoi ils n'ont jamais supporté d'être brusqués. Pendant leur enfance, dès que leur mère les appelait pour le dîner, ils trouvaient des raisons pour la faire attendre un peu. On les avait bousculés à la naissance et cela n'allait pas leur arriver une seconde fois.

Nous recréons aussi continuellement nos traumatismes de naissance dans nos rêves. Un rêve d'étouffement qui revient souvent peut survenir parce que les sensations traumatisantes non résolues de la naissance se disputent sans cesse l'accès à la conscience. Toute la vie ces sensations et les symboles qui en dérivent restent « figés » dans l'organisme. Un patient rêvait constamment qu'il se trouvait dans une prison *rose* et que son uniforme trop serré l'étranglait ; ce cauchemar disparut quand il ressentit le vrai cauchemar — sa naissance. Les rêves répétés éclairent la nature de la névrose, car ils nous permettent de voir comment l'expérience passée s'encastre de façon permanente dans notre système nerveux, nous contraignant constamment à symboliser toujours à nouveau ces souffrances enfouies : c'est cela la névrose — un comportement symbolique et inadéquat où l'organisme réagit à son passé et non à son présent.

Voici ce que dit un patient primal à propos de son traumatisme de naissance — étranglement par le cordon — et de ses conséquences ultérieures :

« Autant que je sois capable de m'en rendre compte aujourd'hui, je déjoue mon traumatisme de naissance par la peur, l'impuissance et l'inertie. J'ai toujours eu tendance à être anxieux, en particulier dans mes rapports avec les gens, et je pense maintenant que l'origine fondamentale de cette anxiété est la terreur que j'ai éprouvée lorsque j'étais étranglé dans l'utérus. Il y a eu des époques où j'ai pu réprimer cette peur pendant un certain temps.

« Mon primal de naissance le plus fréquent consiste à rentrer mes épaules de façon à rapprocher le plus possible ma tête de mon corps tandis que mon dos se cambre au maximum, s'arc-boutant en arrière. Ainsi s'exerce une forte pression sur la région lombaire et la tête. En réalité, c'est un pré-primal, car je suis encore conscient de mon environnement. Ma tête se tourne vers la gauche. Mon dos reste dans cette position arc-boutée jusqu'à ce que je manque d'oxygène. Pendant tout le mouvement, ma bouche reste hermétiquement fermée et se tord en une grimace.

« Récemment, j'ai eu des primals de naissance où je gargouillais. A ce moment-là, mes épaules sont rentrées, mais mon dos n'est pas cambré. Dans ce primal, je parais essayer d'ouvrir la bouche, sans beaucoup de succès.

« Quelquefois, pendant les sanglots qui entrecoupent ces primals, j'expulse de l'air par la gorge comme pour tenter d'ouvrir la bouche, mais cela s'arrête là.

« Pendant mes précédents primals de naissance je suis resté étendu sur le dos en position fœtale, les bras repliés sur moi, hoquetant, tremblant de peur. Ces primals ont duré six mois et sont devenus de plus en plus intenses. Il m'est aussi arrivé de rester simplement étendu sur le dos, les muscles raidis, et de vibrer. Les vibrations commençaient dans mes mâchoires et dans mon cou et gagnaient peu à peu le reste de mon corps. Je rapprochais aussi autant que possible ma tête de mon corps. Ces primals ont continué pendant cinq mois.

« Je crois que les primals de peur et les primals de raidissement musculaire faisaient partie d'un système de défense tenace qui fut finalement entamé : cela me permit de trouver les mouvements réels que provoque l'étranglement par le cordon. Je suis encore loin d'avoir ressenti tout cela dans toute son intensité.

« J'ai aussi toujours eu tendance à être timide et à me laisser manipuler aisément (ma mère en a profité largement). Cette inclination à l'impuissance, qui vient de mon incapacité de résister à la pression du cordon, que j'ai refoulée et combattue, se manifeste entre autres par une tendance à me taire, surtout quand j'ai un peu peur. La difficulté que j'ai éprouvée à ouvrir la bouche en groupe post-thérapeutique et ailleurs remonte probablement à la difficulté — voire l'incapacité — d'ouvrir la bouche et de crier au moment où le cordon m'étranglait.

« J'ai aussi souffert de cette inertie sous-jacente, de cette absence de réactions émotionnelles, qui vient de la répression de tout sentiment à laquelle m'a obligé le traumatisme de naissance. Les trois premières semaines de thérapie primale individuelle ont affaibli mes défenses comme jamais auparavant, et mon inertie s'est alors manifestée plus nettement que jamais.

« En fait, presque toutes les anomalies de mon comportement peuvent en grande partie être attribuées à mon traumatisme de naissance. Ainsi mon approche hyper-intellectuelle de la vie, beaucoup plus marquée autrefois, était due au blocage de mes émotions dans l'utérus. Il en est de même pour les difficultés que j'éprouve à établir un rapport avec les autres et pour mon comportement sexuel, superficiel et instable.

« J'ai toujours eu peur de nager sous l'eau et, il y a quelques années, j'ai ressenti une telle angoisse en essayant de faire de la plongée sous-marine que j'ai dû y renoncer. Cela vient évidemment de ce que j'ai été pris au piège et étouffé en naissant. J'ai aussi peur de m'aventurer trop loin dans les grottes, surtout quand elles sont mal éclairées. Les relations proches m'effrayaient, car je craignais de me faire avoir et de perdre ma liberté. Cela s'explique en partie par la façon dont ma mère m'a manipulé et dominé, mais ce qui m'est arrivé dans l'utérus constitue le prototype de toutes ces expériences.

« Récemment, j'ai aussi pris conscience, en courbant le dos pendant un primal, de l'origine de mes douleurs lombaires : elles viennent de mon traumatisme de naissance. Alors que cette faiblesse ne me cause habituellement aucun problème, elle se manifeste quand je dois me pencher en avant pendant un certain temps. Par exemple, lorsque je faisais du hockey sur glace au lycée — dans ce sport il faut beaucoup se pencher pour maintenir la crosse en contact avec la glace — mon dos me causa de tels ennuis que je dus porter une sorte de corset à armatures pour le renforcer. Je me suis toujours mal tenu, avec les reins trop cambrés et les fesses trop saillantes. Cette déformation s'accentue pendant le primal où je m'arc-boute et vient évidemment de ce mouvement dans l'utérus.

« Je pense également que même mes mauvaises dents sont probablement une conséquence de mon traumatisme de naissance, qui a raidi les muscles de mes mâchoires, empêchant ainsi la contraction et le fonctionnement normal des mâchoires et de la bouche. »

Pour certains patients, la naissance peut être la situation originale de « l'angoisse de séparation » telle que la décrit Otto Rank. Elle se transforme en traumatisme de séparation quand l'enfant n'est pas serré dans les bras et gardé au chaud juste après la naissance ; il est traumatisant d'être projeté dans le monde, où l'on est seul, effrayé et où l'on ne reçoit pas de réconfort. Par la suite, les séparations d'avec les êtres chers risquent de provoquer l'angoisse classique — initiale — de séparation.

L'une des raisons pour laquelle beaucoup de névrosés ne supportent pas d'être seuls est que leur venue au monde a été marquée par cette solitude désastreuse juste après la naissance : à ce moment-là on les a séparés de leur mère et mis dans un berceau, seuls et inconsolés. Toute forme de solitude risque donc de réactiver cette souffrance prototypique.

Quelques patients ont remarqué que la nuit ils sont facilement réveillés par le bruit ; d'autres le sont par la lumière. Certains se plaignent d'être extrêmement sensibles aux changements de température et d'autres croient qu'ils s'éveillent très vite quand le taux d'oxyde de carbone se modifie à cause des fenêtres fermées. Nous sommes en train de découvrir que ces réactions résultent peut-être du traumatisme prototypique. Si, en naissant, un nouveau-né a eu du mal à trouver son souffle, plus tard il aura tendance à se réveiller rapidement dans une pièce non aérée. Il se réveillera par réflexe de survie (pour aller ouvrir la fenêtre) plus tôt que d'autres parce que les légers changements du taux de dioxyde de carbone déclenchent à nouveau le signal d'alarme prototypique. Si à la naissance le premier choc a été lumineux, la personne risque de devenir plus vulnérable à la lumière qui la surprend pendant son sommeil. Ce qui est important, c'est que ces réactions sont pour la plupart *inconscientes*. Le fait d'être très sensible aux changements de température dans la pièce où l'on dort est le résultat d'une histoire qui s'est déposée en nous et qui a déterminé la constitution et le métabolisme de l'individu. Il n'y a pas de différence entre ce phénomène et le fait d'être inconsciemment sensible à certaines choses qui, en état de veille, déclenchent de vieilles souffrances.

Un patient, né par césarienne, eut l'impression, après un primal de naissance, qu'il ne pouvait rien commencer parce qu'il n'avait pas participé à ses débuts dans la vie. Il attendait que les choses lui arrivent, ou que d'autres les fassent pour lui.

Les fortes pressions ressenties à la naissance sont la première manipulation « physique » de l'enfant par la mère. Si les contractions de l'accouchement sont faibles en raison du « demi-sommeil provoqué », les processus corporels sont insuffisamment stimulés et la respiration profonde et énergique qui permet d'activer l'organisme ne se produit pas. Si nous ajoutons à cela l'absence de stimulation physique de l'enfant par la mère, nous avons les éléments d'une prédisposition éventuelle à des troubles respiratoires. Je considère que les systèmes du corps sont comparables aux muscles — faute d'un usage total et approprié, ils s'affaiblissent.

Les traumatismes ont donc des effets différents selon l'organisme et ses réactions. Voici un dernier exemple pour indiquer l'influence des traumatismes prototypiques sur le comportement ultérieur : un patient homosexuel qui avait eu des primals pendant des mois continuait d'être attiré par les hommes. Puis il eut un primal de naissance et ressentit l'énorme effort qui lui était nécessaire pour sortir. Son sentiment résiduel s'exprima ainsi : « Maman n'était pas là pour moi. Elle n'allait pas m'aider. » Ce sentiment obscur se précisa plus tard, quand sa mère, fidèle à son comportement névrotique, ne fut effectivement jamais là pour lui. Il avait un père passif, qui le laissa vainement espérer tirer quelque chose de lui. Il fonda alors ses espoirs sur les hommes, et déjoua ce comportement par l'homosexualité.

Je ne veux pas dire par là que les traumatismes de naissance *créent* l'homosexualité. Mais le traumatisme de naissance de cet homme a ajouté un impact considérable à l'absence ultérieure de sa mère, qui avait même refusé de l'aider à naître. Il dut s'en sortir tout seul. Il est possible d'évaluer l'importance de cet impact de façon objective et subjective. Après les primals de naissance, la température du corps baisse considérablement — c'est le signe objectif qu'une tension énorme a été résolue. D'autre part, signe subjectif, le patient peut finalement avoir perdu le désir de déjouer par l'homosexualité. Nous pouvons donc conclure que la grande force qui poussait cet homme au déjouement, était en partie constituée par le traumatisme de naissance, qui contribuait largement à la charge résiduelle de tension. Une patiente primale lesbienne eut une expérience similaire. Elle se sentit naître assez normalement mais ensuite on la laissa terrifiée et privée de contact physique pendant des heures. Dans ses contacts homosexuels, elle voulait toujours se pelotonner et se blottir contre une femme. Pendant son primal, elle ressentit quelle en était la vraie raison : elle avait besoin de retourner dans le ventre de sa mère, seul endroit protégé qu'elle eût jamais connu. J'admets que ces exemples peuvent paraître quelque peu tirés par les cheveux. Mais n'oublions pas qu'ils proviennent de l'expérience revécue par les patients, et non des fantasmes de quelque thérapeute. Tout cela signifie en réalité que si un enfant commence bien sa vie, ce fait l'aide à résister à presque tous les traumatismes futurs. Au contraire, un mauvais début le rend extrêmement sensible et vulnérable à des événements ordinairement considérés comme mineurs. S'il n'a pas été traumatisé à l'origine, l'enfant peut être rejeté par sa mère sans accumuler pour autant une tension résiduelle qui le conduise à l'homosexualité.

Pour souligner ces propos, je tiens à signaler l'étude remarquable de Sarnoff A. Mednick, directeur de l'Institut de psychologie de Copenhague. Dans *Psychology Today,* il a publié les résultats de l'observation de deux mille Danois de sexe masculin, nés à Copenhague en 1936. Des seize hommes qui commirent des crimes de violence, « quinze avaient eu des conditions de naissance particulièrement horribles ;... la mère du seizième était épileptique [1] ». Le Dr Mednick conclut ainsi : « Il est très possible que nous soyons en voie de découvrir des conditions qui favorisent la criminalité impulsive. » Je ne souhaite en aucune manière atténuer l'influence énorme qu'exercent les relations entre parents et enfants sur la création d'un comportement névrotique. Je veux simplement indiquer des facteurs que nous avons peut-être négligés.

L'équipe de recherche du Dr Mednick a aussi fait une enquête approfondie sur des enfants schizophrènes. Il a observé encore une fois que les complications de grossesse et d'accouchement peuvent contribuer considérablement à l'apparition de troubles mentaux. Il a étudié des enfants normaux et schizophrènes. Les deux groupes ont été soumis à de nombreux examens physiologiques, comprenant la fréquence cardiaque, le tonus musculaire, la respiration, et la réponse électrodermale. Sur chaque enfant il y avait un rapport de la sage-femme — rapport d'accouchement légalement exigé au Danemark. Soixante-dix pour cent des enfants perturbés avaient connu des complications importantes pendant la grossesse ou l'accouchement : l'anoxémie, la prématurité, le travail prolongé, l'étranglement par le cordon, la naissance par le siège, etc. Le Dr Mednick conclut : « Cela nous permet de supposer que les complications de la grossesse ou de

1. *Psychology Today,* 4, n° 11 (avril 1971), p. 49.

l'accouchement altèrent la capacité du corps de régler les mécanismes des réponses au stress[1]. » L'une des structures du cerveau les plus vulnérables à une insuffisance d'oxygène au moment de la naissance semble être l'hippocampe. Il se peut que ce manque d'oxygène affecte son aptitude à bloquer la souffrance[2]. En conséquence, l'enfant risque d'être très tôt submergé par la souffrance physique et psychologique, et de ne pas pouvoir la réprimer convenablement. C'est un problème terriblement important car il se peut que les structures du cerveau qui permettent cette répression soient particulièrement sensibles à la privation d'oxygène au moment de la naissance, et soient dans ce cas définitivement endommagées. Cela signifie que par la suite, le jeune enfant est constamment surchargé de traumatismes que ses camarades sont en mesure de réprimer. L'enfant autistique en est un exemple.

Un hippocampe légèrement détérioré peut faire de l'enfant un être troublé, qui est facilement bouleversé et accablé, et dont l'esprit est distrait car il ne peut se concentrer longtemps sur une seule chose. C'est-à-dire qu'il ne peut écarter les stimuli mineurs et prêter attention à un sujet essentiel[3].

La névrose se reconnaît par l'exagération des réactions. On peut réagir de manière excessive à une situation par une réponse trop modérée ; c'est-à-dire qu'on peut se pétrifier dans une situation qui ne devrait pas provoquer une attitude aussi extrême, ou bien avoir une crise d'hystérie. Mais souvent ces réactions disproportionnées — sur le plan physique ou émotionnel — peuvent être attribuées aux souffrances primales. Ainsi, une personne peut avoir une réaction violente en entrant dans une pièce froide ou être saisie d'une allergie à cause du premier choc qu'elle a ressenti à la naissance au contact de l'air climatisé

1. *Op. cit.*, p. 49.

2. Ici encore, se reporter à *The Anatomy of Mental Illness* en ce qui concerne le rôle crucial de l'hippocampe dans la suppression de la souffrance.

3. C'est aussi l'opinion de Lowell Storms (citée dans la revue *Psychology Today*, octobre 1972, p. 72) : « Storms suggère qu'une déficience de l'aptitude à atténuer les réflexes nerveux provoque une hypergénéralisation de la pensée et de la perception qui entraîne le désordre mental particulier à la schizophrénie. » La théorie exposée par Mandell et collaborateurs indique que l'excitation des impulsions nerveuses ne peut être réprimée, en raison d'une déficience de la capacité d'adaptation des cellules nerveuses.

de la salle d'accouchement. Elle risque aussi d'être angoissée par un examen, de se sentir accablée et sans défense parce que ce stress a réveillé le sentiment initial d'impuissance ressenti pendant le travail prolongé. Ces réactions disproportionnées résultent de la double réponse au stress *actuel et passé* tout à la fois. Cette association provoque des réactions exagérées et peu réalistes. Le fond primal façonne les réactions, oriente les idées et aide à créer les symptômes. C'est pourquoi il est si important de comprendre les facteurs qui ont déterminé très tôt notre comportement. Les livres du genre *J'élève mon enfant* évitent ces complexités, ils nous indiquent le *résultat* de ces facteurs déterminants et nous amènent ainsi à continuer notre travail à la surface de phénomènes extrêmement profonds.

Voici une relation plutôt détaillée des ramifications innombrables du traumatisme de naissance. Elle montre que le comportement social est infiniment complexe, et que le premier traumatisme se mêle étroitement à la personnalité, au point de s'y intégrer. C'est pourquoi nous avons eu tant de mal jusqu'ici à essayer d'isoler de notre évolution des facteurs spécifiques qui déterminent le développement de la personnalité. Le problème était que les experts le faisaient à la place du patient. Je n'oserais pas faire la moitié des déclarations de ce patient sur les effets du traumatisme de naissance ; mais parce qu'il les ressentait et ne se lançait pas simplement dans des hypothèses, il a pu, à partir de ses primals, faire certaines déductions stupéfiantes. De plus, aucun de ces insights et de ces connexions ne lui a été « suggéré » ; il ne les a pas découverts sur quelque banc d'école, mais dans son propre corps. Le combat entre la vie et la mort s'était inscrit dans un organisme neuf, inexpérimenté, dont la première expérience sociale consistait à se sentir étranglé, étouffé, rejeté violemment dans l'oubli, et ainsi de suite.

Un patient subit un travail exceptionnellement long. Il sentit la menace de la mort (bien que cette terreur ne fût pas élevée au niveau de concept) parce qu'il manquait d'oxygène. Il « se démena » pour sortir et respirer enfin ; il y réussit et ses efforts furent récompensés ; l'air pénétrait dans ses poumons. Mais la notion de « travail » lui resta, au point d'imprégner son style de vie et sa philosophie. (« Il faut travailler dur pour obtenir quelque chose dans la vie. ») Après un primal, il se rendit compte que, pour lui, ne pas travailler signifiait la mort. L'anxiété qu'il ressentait quand il était inactif pendant un moment venait de l'ancienne angoisse primale où l'abandon de la lutte, ne fût-ce que pour une minute, aurait apporté la mort. Il saluait tout le monde en s'écriant : « Alors, vous travaillez dur ? Toujours au boulot ? », sans jamais savoir vraiment ce qu'il disait.

Kenneth

Le 28 octobre 1972.

Il y a un mois environ, j'ai appris que vous demandiez aux patients des observations quant aux sentiments attachés à leur naissance et leur influence sur leur existence. Bien que je ne sois pas encore sorti du ventre de ma mère (l'histoire de ma vie), même après avoir suivi quelque temps la thérapie primale, il me paraît important de vous raconter quelque chose sur moi-même. A une ou deux reprises, j'ai demandé à ma mère de me raconter, en fouillant dans sa mémoire du mieux qu'elle pouvait, ce qui lui était arrivé, à elle et à moi, pendant qu'elle m'attendait ; il me paraissait important de rassembler autant d'informations que possible alors qu'elle était encore en vie pour me les communiquer.

Tout d'abord, il semble que ce qui m'est arrivé dans le ventre de ma mère ait déterminé ma vie entière, que je ne recommencerais pour rien au monde, même si j'en avais l'occasion.

Après le primal d'hier soir, je me rends compte à présent que je n'ai pas d'amis (j'ai perdu mes amis névrosés, et je n'ai aucun ami primal, pas même une connaissance) parce que je ne peux trouver personne qui ait besoin de moi ; je ne peux établir des rapports avec des « amis » que s'*ils* ont besoin de *moi.* Jamais je n'ai pu demander de l'aide à quiconque, et la seule façon dont j'aie pu obtenir de l'aide, c'était d'avoir de sérieux ennuis. Alors, si les autres ne voyaient pas que j'avais besoin d'être secouru (et cela arrivait souvent) j'étais forcé de le leur dire. Mais à ce stade de mon besoin, le résultat était souvent inquiétant. Comme toutes les autres fois, je finissais par « employer les grands moyens » pour leur montrer que j'allais très mal et que je les appelais au secours. Comme les fois où, petit garçon, il me fallait faire sursauter ma mère par mes exigences, à tel point que mon vieux me rossait ; comme la première (des deux) fois où je me rendis chez mes parents dans le Middle West et où je fis des primals, pleurant et hurlant dans toute la maison, terrifiant tout le monde ; comme les fois où j'accablais ma femme en l'informant brusquement que différentes choses allaient fort mal ; comme la fois où je téléphonai à Arthur Janov à trois ou quatre heures du matin, en proie à la terreur, avec les yeux, le nez et la bouche qui coulaient, et comme la fois où j'arrachai ma mère à son sommeil au petit matin, pour la forcer à se rendre à l'hôpital, en faisant exploser ses entrailles, la transperçant d'une douleur aiguë, la pire qu'elle eût jamais ressentie, me dit-elle.

Puis il y a le sentiment de l'obscurité. J'ai toujours senti que je ne faisais pas vraiment partie de ce monde — que je n'avais pas de contact avec les autres ; j'étais solitaire, obscur, invisible — je pouvais mourir et cela ne ferait rien à personne. D'après mes derniers primals et mon expérience récente, je sais que cela vient de l'intérieur.

Je dois reconnaître qu'il est difficile de décrire ces sentiments comme s'ils étaient isolés les uns des autres. Il semble que chaque sentiment ne fasse qu'un avec les autres, et que lorsqu'on parle de l'un, on parle des facettes de tous les autres.

Je me sens perdu à présent, alors je vais parler du sentiment le plus important : celui qui demandera le plus de temps à être « évacué ». C'est le sentiment d'être incapable de m'éloigner de ma mère. Toute ma vie on m'a appelé « le petit garçon à sa maman ». Quand j'étais petit, je passais tout mon temps à la maison avec elle (sauf quand on me forçait à sortir). Adolescent, j'ai travaillé dans une ferme ; la souffrance de partir le matin (ou même de savoir que mon père avait fièrement dit à un fermier que je travaillerais pour lui — j'en eus la colique) était atroce ; pendant la journée, je pensais à ma maman, j'imaginais que je l'entendais m'appeler, et j'attendais impatiemment le soir, ou le jour, qui nous réunirait à nouveau. Je me rappelle un soir où je suis rentré à la maison, déprimé, moulu de fatigue, avec les mains pleines d'ampoules et le dos qui faisait mal ; elle savait que je ne me sentais pas bien, et elle me fit couler un bain pour que je me remette. Maintes fois — le lundi matin, le premier jour dans une nouvelle place, le premier jour d'université, pendant mon service militaire — j'ai souffert de cet horrible sentiment de ne pas vouloir m'en aller, tout en sachant qu'il le fallait (pour devenir un homme, ou quelque chose dans ce genre-là).

Après avoir été réveillée très tôt ce matin-là par cette douleur perçante, ma mère eut si froid qu'elle se mit à trembler comme une feuille ; elle dit que jamais de sa vie elle n'avait eu aussi froid. Pendant ma première semaine de thérapie (cela dura cinq jours environ) j'éprouvai un froid tel que je ne l'avais jamais connu ; c'était un froid chimique, pénétrant, humide, et tout le temps je respirais une odeur d'éther ou d'alcool — à l'Institut primal et dans ma chambre de motel. Je ne pouvais me défaire de ce froid — je me tournais et me retournais ; j'étais si petit que je ne pouvais pas remuer les bras en me servant de mes muscles. Je me tournais très lentement, et si mon mouvement allait assez loin, mes bras suivaient et retombaient. Mon front était la partie la plus froide, et j'essayais de pencher ma tête en arrière (avec le menton en l'air) pour éloigner le froid qui me glaçait le front. (C'est bizarre — tandis que je tape ces lignes, je sens ce froid sur mes cuisses.) J'ai toujours été frileux ; il ne fait jamais trop chaud pour moi. Et je suis encore comme ça, donc ce problème-là n'est toujours pas résolu. Mais revenons au froid que j'éprouvais à l'Institut. Au lit, je portais un collant, une chemise, un pull-over, un maillot de corps et ma veste sous deux couvertures, mais je ne pouvais pas me délivrer de ce froid parce que c'était un sentiment ancien.

Ma mère tremblait de froid. Toute cette première semaine de thérapie, où j'eus si froid, je tremblai. A deux reprises, j'eus de violents tremblements, et en l'une de ces occasions je vomis dans un coussin tandis que Paul courait chercher une cuvette.

Ma mère était hystérique, et pendant sa crise à l'hôpital elle mit ses bas en lambeaux. Elle prononça aussi une phrase, apparemment, qui suscita cette réflexion d'une infirmière à une autre : « Eh bien, si elle ne voulait pas de bébé, pourquoi donc s'en est-elle laissé faire un ? » Je sais aussi que maman avait si mal qu'elle souhaitait mourir avec son bébé. Et elle fut anesthésiée. Le médecin était en retard, et il dit qu'un quart d'heure de plus — et la mère et l'enfant mouraient.

Un autre facteur important : je ne suis pas très grand (je mesure 1,75 m, et je pèse environ 70 kilos) et ma mère est petite (1,50 m, 1,55 m). Elle se suralimenta pour faire un bébé grand et fort. Elle y réussit. Je pesais près de cinq kilos à la naissance.

Donc je ne m'en suis jamais vraiment sorti. Bien que j'aie passé presque la moitié de ma vie loin de ma mère (et, comme chaque fois, la séparation a été douloureuse), elle s'occupe encore de moi — par ses lettres, dans mes propres fantasmes, par l'intermédiaire de mes petites amies, de ma femme. Récemment, ma femme nous a fait vivre pendant deux ans et demi. J'ai finalement trouvé un emploi au bout d'une année de thérapie.

Je ne peux pas quitter ma mère. Elle m'enveloppe de partout. J'ai gardé pratiquement tous les biens (des choses sans aucune valeur pour la plupart) qui m'ont appartenu depuis toujours. J'ai toutes les lettres de ma mère, et j'ai même presque tous les vieux meubles et la vaisselle qui appartenaient à mes parents, mais dont ils ont dû se débarrasser. C'est ainsi que je garde ma mère auprès de moi.

Il y a beaucoup de raisons pour lesquelles je ne peux quitter ma mère (je veux dire la mère qui est en moi et non cette personne qui vit à trois mille kilomètres de moi). Cela la ferait souffrir. Quand je suis né, non seulement je l'ai fait souffrir atrocement, mais j'ai aussi déchiré une partie de ses tissus — je lui ai arraché les entrailles. C'est l'une des premières choses que je me rappelle avoir entendues de la bouche de ma mère. Ainsi, chaque fois que je m'arrache aux bras d'une épouse en larmes, ou que je quitte une mère affligée, je souffre parce que j'inflige une douleur déchirante à une personne dont je ne veux pas réellement me séparer.

Pourquoi ai-je eu le sentiment de ne pas vouloir quitter le ventre maternel ? Je ne sais pas. Peut-être cela semblait-il plus facile d'y rester — tellement plus facile. Mais c'est tout simplement impossible. Il faut que je sorte, mais je n'en ai pas vraiment envie parce que c'est si difficile — et si douloureux.

Comme je l'ai déjà dit, je ne suis jamais sorti. Je n'ai jamais rien réussi dans la vie. J'ai trouvé le moyen de faire un nombre insensé de choses, je me suis démené et j'ai travaillé comme un fou. Mais je n'ai jamais franchi cette barrière, qu'elle soit fragile ou épaisse comme une montagne (« si seulement je pouvais aller un petit peu plus loin... »). Je n'ai jamais rien réussi dans la vie ; ni à faire une carrière, ni à gagner de l'argent, ni à faire des études brillantes, ni à avoir un physique d'athlète. Mais surtout — à l'origine c'était extrêmement important pour moi — je n'ai jamais réussi à découvrir l'existence du Kenneth dont je sais qu'il existe quelque part. Cette quête a commencé quand j'avais quinze ans — il y a maintenant vingt-deux ans. J'avais vraiment peur d'être même incapable d'arriver jusqu'à l'Institut primal — parce que c'était tellement important pour moi.

Ma femme s'est installée dans le Middle West pour une durée indéterminée. Donc, en l'absence de cette autre maman, je me suis trouvé face à moi-même. Auparavant elle s'occupait de moi de différentes manières, entre autres en faisant de la thérapie avec moi. Mais elle n'est pas thérapeute, et elle a maintenant une dépression nerveuse. Mais je lui faisais tout de même écouter toutes mes conneries. Et je lui rendais la pareille (ce besoin de rendre service) et je l'aidais à cracher sa merde. Mais, il y a un mois environ, j'ai ressenti le besoin d'être secouru par un professionnel — quelqu'un qui sache vraiment ce qu'il fait — pour tirer Kenneth d'affaire. Ainsi j'ai passé trois séances de suite à l'Institut primal. J'ai ressenti le besoin irrésistible de « tout faire sauter ». Et je me suis cassé le cul à faire des primals — à essayer, encore et encore, à pleurer, à me tordre, à déverser toutes sortes de conneries pendant une ou deux bonnes semaines. Finalement, prétextant des problèmes d'argent, j'ai laissé tomber. L'urgence de mon besoin avait disparu, et je me trouvais momentanément satisfait. Mais je savais que je me heurtais à un mur de béton ; je m'écrasais contre une barrière que je n'avais encore jamais enfoncée. J'ajouterai quelque chose à ce sujet à la fin de ce rapport.

La musique a toujours été l'un des éléments essentiels de ma vie. Elle a été à la fois mon papa et ma maman, et ma guitare a été ma compagne (ma mère). Cet instrument a toujours eu le dessus sur toutes mes compagnes réelles. La musique a été mon thérapeute. C'est presque comme si je rejouais la musique qui s'est accumulée en moi tout au long de ma vie ; et à ce moment-là, je revis beaucoup de mes sentiments. Mais pendant deux périodes de thérapie, j'ai fait l'expérience d'un étrange phénomène. Je me rendis compte seulement la seconde fois qu'une certaine musique me plongeait immédiatement dans les sentiments de ma naissance. Cette fois-là, je traversais ma période violente. Selon la musique je ressens différents sentiments. Cette musique particulière avait une basse très rythmée (des morceaux de Quincy Jones, par exemple). Elle me donnait une sorte de sentiment « d'espoir » (on va y arriver, mon petit) — quand on espère, on lève la tête — et je levais la tête. Je sentais ce rythme de basse, mon menton se levait, ma tête se renversait en arrière, et en quelques secondes je fus sur le lit, en position fœtale, me frayant en cadence un chemin vers l'endroit que je voulais atteindre. Je suppose qu'une partie de notre musique et de notre langage décrit de façon symbolique nos sentiments de naissance. (La tête contre le mur de béton ; impossible de pratiquer une percée ; l'impasse ; une forte pression ; *descente* vers le réel ; lumière du jour ; je ne peux pas démarrer ; comment me sortir de ce chaos ; où me diriger ; et ainsi de suite, à l'infini.)

Récemment, j'ai plusieurs fois eu le sentiment de traverser toute cette merde (la souffrance, les primals, etc.) sans que personne ne le sache vraiment. (Si seulement ils savaient ce que j'endure.) Et toute ma vie je me suis débattu dans un tas de merde (la souffrance, un travail très dur, la solitude, toutes les fois où je l'ai échappé belle, etc., etc.) et personne ne savait vraiment, ni ne pouvait savoir ce que j'endurais. En thérapie, je pense que Art Janov ne sait pas vraiment combien cette thérapie compte pour moi et le mal que je me donne — et ce que je traverse. C'est un mauvais sentiment qui se traduit ainsi : MAMAN, TU NE SAIS PAS A QUEL POINT JE ME DÉBATS ICI ; TU NE VOIS PAS CE QUI SE PASSE POUR MOI. COMBIEN JE TRAVAILLE DUR, COMBIEN JE M'EFFORCE, COMBIEN JE ME BATS (pour sortir) — ET COMBIEN J'AI MAL — ET CE QUE JE VAUX VRAIMENT ! Toute ma vie, j'ai eu des difficultés à travailler dur pour quelqu'un s'il ne s'en apercevait pas, ou n'en tenait pas compte. Si on me regardait je pouvais me défoncer le cul ; mais sinon, à quoi bon ?

Pendant cette semaine intensive (trois séances) de thérapie le mois dernier, j'ai eu un sentiment qui décrit ma vie. Je me sentais pressé par le thérapeute, à un moment où je devais faire quelque chose, mais je ne savais quoi. Je plongeai dans mon sentiment d'impuissance JE NE PEUX RIEN FAIRE, JE NE PEUX RIEN FAIRE, et en même temps, je me débattais comme un fou. Il n'était pas difficile de voir que j'en faisais énormément. Et c'est ainsi que se définit toute ma vie, je m'étais débattu comme tous les diables, convaincu que je n'arriverais à rien. Comme dans le ventre de ma mère.

J'eus aussi des difficultés à quitter les entrailles de ma mère parce que j'avais le sentiment de n'être pas désiré. Tant que je restais à l'intérieur, maman pouvait encore montrer ce désir. Mais après, il serait trop tard. Toute ma vie j'ai déjoué ce sentiment : j'avais du mal à quitter maman et ses substituts ; je m'enfermais pendant des jours et des week-ends entiers dans mon appartement solitaire et obscur, sans ouvrir la porte quand des amis sonnaient (rarement). Il fallait que je reste là (entre nous) car c'était là qu'il se passait quelque chose. A ce moment-là venait ce sentiment d'obscurité et de solitude. Je restais là tout le week-end sans manger, m'endormant tout habillé sur le divan. Il n'y avait que moi et ma musique. J'avais l'impression de mourir.

J'avais aussi peur en naissant que maman ne m'empêche d'être moi (de naître) parce que j'étais méchant ; j'étais un petit merdeux, un sale môme batailleur. Chaque fois que je m'affirmais ou m'exprimais, elle se crispait et me réprimait. Je crains donc de montrer ce moi, car personne ne m'aimera et je me trouverai en difficulté. Et pourtant ce moi existe ; exactement comme dans le ventre de ma mère.

Voici ce que je voulais ajouter. Après environ une année de thérapie, j'ai éprouvé un sentiment qui s'est finalement avéré être le suivant : JE ME SENS BIEN. Simplement cela. Je suis en train de découvrir que c'est vraiment très important pour moi. Il y a deux ou trois semaines, Helen m'a dit quelque chose de gentil, et cela a fait remonter plein de choses. Hier soir elle était en train de m'aider et tout en pleurant, je dis « C'est très ennuyeux que tu sois là avec moi. » « Pourquoi ? » demanda-t-elle. « Parce que grâce à toi, je me sens bien. » Cela aussi c'est l'histoire de ma vie. Je faisais des progrès, par exemple sur le plan social ; et je commençais à me sentir bien. Alors je me crispais, je paniquais à mort, et je devenais hypertendu. Et je faisais finalement tout éclater. Hier soir, après le départ d'Helen, je suis passé du sentiment de bien-être qui se prolongeait à un sentiment de naissance. Et pendant une fraction de seconde, le temps d'un éclair, je sentis une « ouverture ». Et je sentis aussi que l'avenir s'annonçait plein de bons sentiments. Pour la première fois, j'ai senti que j'allais « m'en sortir » (en thérapie) et réussir à franchir ma barrière. Et ces sentiments de bien-être ne viendraient pas tous en même temps, mais seraient négociés les uns après les autres.

Je ne suis donc pas encore sorti. J'ai encore un long chemin à faire pour y arriver ; et je suppose qu'il me faudra encore plus longtemps pour guérir. C'est merveilleux d'être envahi par des sentiments agréables, de les ressentir... Ce ne seront pas des obstacles sur ma route. Quand je les aurai ressentis, je serai détendu à nouveau, prêt à accueillir le sentiment suivant, qu'il soit agréable ou non. (En réalité, même les mauvais sentiments sont agréables.)

Je pourrais donc me résumer ainsi : je n'ai pas réussi à sortir du ventre de ma mère par mes propres moyens, et je me suis débattu comme tous les diables. Depuis, j'ai toujours échoué dans la vie, et je n'ai cessé de me battre furieusement.

Ce doit être un merveilleux sentiment pour un bébé de descendre le canal vaginal, poussé par le « désir » cadencé de sa mère. J'ai été privé de ces sentiments. Au bout du compte je me suis retrouvé avec une vie faite de néant et de gaspillage. En essayant d'achever le voyage de ma naissance, j'ai dû éprouver un début de plaisir — très léger. Mais le plaisir a pris fin brutalement avec la souffrance de ma mère (ma culpabilité) et j'étais destiné à passer ma vie sans le moindre sentiment agréable, dans la solitude, et à la poursuite de ce sentiment de bien-être, mon espoir.

Dans la vie, chaque fois que je commençais à éprouver une sensation agréable (de plaisir, ou de bien-être) la culpabilité se mettait entre nous (c'est-à-dire entre moi et le sentiment agréable). Par exemple , je commençais à éprouver du plaisir en faisant l'amour avec ma femme ; brusquement je pensais à une ancienne petite amie que Kenneth avait rejetée, qui avait besoin de Kenneth, qui était toute triste, abandonnée dans son appartement, privée d'amour. Jamais je ne pouvais m'amuser, car il y avait toujours quelqu'un d'autre qui souffrait.

Et pourtant je *m'efforçais* d'avoir du plaisir ; *j'essayais* de profiter de la vie — je luttais de toutes mes forces pour atteindre l'essence des choses dites « agréables », cherchant à l'absorber, à la capter tout entière. Mais elle semblait toujours m'échapper ; et, quelque temps plus tard, j'éprouvais une terrible nostalgie de cette sensation — autre sentiment très mauvais pour moi (JE VEUX LE RAVOIR).

Donc le plaisir a toujours été mauvais ; le bien était le mal. Comme dans le ventre maternel, je ressentais la souffrance et je me mettais en mouvement ; à ce moment-là je commençais à me sentir bien. Mais je ressentais alors que j'allais à l'encontre de la souffrance de ma mère et de sa résistance, et ma culpabilité m'empêchait de connaître ce sentiment de bien-être. Le corps impénétrable de ma mère, ses tissus déchirés, sa souffrance, MA CULPABILITÉ — c'était cela ma barrière.

Je ne veux pas que maman se ferme et me retienne (un sentiment horrible) ; et je ne veux pas la blesser parce que cela me fait souffrir.

Mais maintenant que j'ai percé le mur, mes sentiments sont de moins en moins empreints de culpabilité et de plus en plus agréables. (Je ne trouve qu'un seul adjectif pour les décrire : ils sont « bons ».)

Affectueusement,
Kenneth.

CONCLUSIONS

Les médecins doivent se rappeler qu'ils mettent au monde un être vivant et sensible, et non pas un morceau de protoplasme. Ils devraient savoir que leurs interventions pendant l'accouchement risquent d'influer sur une névrose future de l'enfant. Une manipulation douce est une condition *sine qua non* de l'accouchement. Il est mauvais de retarder le travail jusqu'à l'arrivée du médecin. Laisser un travail se prolonger est contraire aux meilleurs intérêts de l'enfant. Donner à la mère une trop forte dose de médicaments risque d'avoir un effet sur le fœtus. L'accouchement naturel devrait être conseillé, peut-être associé à une anesthésie locale, si c'est indispensable. Peut-être faudrait-il donner plus d'oxygène à certaines mères dont le travail est difficile, pour s'assurer que le bébé ne souffre pas d'asphyxie. Les mères doivent participer activement au processus de l'accouchement, et ne pas simplement se conformer aux ordres du médecin. Elles doivent « aider » le bébé à venir au monde, mais elles ne peuvent le faire en étant à demi inconscientes. Bien sûr, la meilleure garantie pour un accouchement naturel qui permette à la mère de tolérer toute douleur sans bloquer son organisme est de s'assurer qu'elle a éliminé toutes ses souffrances anciennes en faisant des primals. Cela signifie que la souffrance de l'accouchement ne s'ajoutera pas à toutes les autres, rendant l'expérience entière douloureuse au point d'être intolérable.

L'éducation des enfants commence dans le ventre maternel, avec le début de la vie. Dans une société orientée vers la parole, nous avons eu des difficultés à comprendre cette idée, parce que ce sont là des expériences qu'on ne peut expliquer ou se rappeler verbalement — on ne peut que les faire. Les formes thérapeutiques conventionnelles ont négligé cet aspect très précoce de la vie car elles sont verbales. Jusqu'à l'apparition des primals de naissance nous ne disposions d'aucun moyen d'étayer cette évidence par des documents. Tout ce que certains ont pu faire, c'est avancer des théories. Bien entendu, jusqu'à présent nous n'étions pas en mesure d'évaluer le poids de ces expériences en fonction de leurs effets sur le comportement ultérieur. Maintenant nous pouvons faire des études comparées du degré de tension, de l'activité électrique cérébrale, etc. avant et après les primals, et juger des effets apportés par la résolution de ces situations. Nous pouvons observer les changements de comportement (l'arrêt des convulsions épileptiques, par exemple) après les primals de naissance et évaluer la force des pressions exercées sur l'organisme par les premiers traumatismes. Nous voyons à quel point le traumatisme précoce a affecté l'équilibre hormonal quand celui-ci se transforme après les primals de naissance. Enfin, nous disposons d'un instrument pour évaluer les effets de l'expérience précoce sur des problèmes ultérieurs — comme par exemple la difficulté d'apprendre. Nous savons finalement qu'être un bon parent ne se définit pas par ce qu'on fait mais par ce qu'on est.

CHAPITRE V

APRÈS LA NAISSANCE

La vie sociale commence dès l'instant où nous venons au monde. Ce qui arrive alors peut avoir des conséquences pour toute notre vie, surtout si nous considérons que le nouveau-né est un organisme grand ouvert qui ressent, entièrement sensible à tous les stimuli. Il est incapable de rationaliser ses blessures ; il peut soit les ressentir soit les réprimer. Il commence par naître dans une pièce. Celle-ci est-elle à la température de l'utérus ? Ou bien est-elle climatisée à la convenance du médecin ? Cette pièce est-elle éclairée par des néons aveuglants ? Ou la lumière est-elle diffuse et éloignée des yeux du nouveau-né ? Voici l'effet de ces deux facteurs, formulé par un patient : « Après mon troisième primal de naissance, je suis venu un jour en thérapie et j'ai été extrêmement sensible à la lumière de la pièce. C'était quelque chose que je n'avais jamais remarqué auparavant. Ça me faisait vraiment mal et je me mis à loucher. Tout d'un coup, me voilà en train de revivre la séquence de ma naissance, mais cette fois-ci, en sortant, je suis ébloui par une forte lumière qui me fait mal. Je ne peux rien faire pour l'arrêter. En même temps, j'ai froid, terriblement froid. Je suis gelé et, encore une fois, incapable de faire cesser cette souffrance [1]. »

1. La température moyenne des salles d'accouchement est de 22° C. Celle de l'utérus est d'environ 37° C. Le petit enfant qui naît subit donc le choc d'une baisse de température d'une quinzaine de degrés. L'un des effets de la naissance est la stimulation des mécanismes du cerveau contrôlant la température. Il se peut fort bien qu'une naissance difficile, en plus du choc occasionné par la baisse de température à la naissance, endommage définitivement le fonctionnement convenable des mécanismes du contrôle de température, de telle manière que par la suite le sujet a toujours trop chaud ou trop froid.

Nous avons observé ce phénomène des douzaines de fois, assez pour savoir que la salle d'accouchement doit être éclairée avec précaution, et maintenue à une température bien supérieure à celle que nous avons jugée bonne jusqu'à présent. Beaucoup de patients « sensibles à la lumière », qui souffrent beaucoup du soleil, ont fait remonter cette réaction — à la salle de travail. D'autres patients, nombreux eux aussi, ont raconté qu'ils avaient toujours été plus frileux que les gens de leur entourage, éprouvant le besoin de se recroqueviller tandis que leurs compagnons se trouvaient tout à fait à l'aise. Eux aussi ont découvert que le froid désastreux de la salle d'accouchement en était la cause. Un patient qui avait revécu ce choc glacial sortit de son primal avec l'insight suivant : « Toute ma vie j'ai été allergique aux changements de température, et maintenant je sens que cela a commencé quand je suis passé brutalement de la chaleur de l'utérus à une pièce froide. Mon corps ne s'est jamais remis de ce choc. » Après le primal, il s'aperçut que le fait de passer d'une pièce chaude dans une pièce froide ne faisait plus couler son nez, comme cela avait été le cas auparavant.

Où mettre le nouveau-né ? Sur le corps tiède et vibrant de sa mère ? Ou dans un berceau stérile et froid ? Évidemment on devrait le poser immédiatement auprès de sa mère. Il doit être traumatisant d'être manipulé rudement par des étrangers, puis isolé dans un berceau en plastique, et mis dans une nursery avec d'autres bébés qui hurlent. Il n'a aucun moyen de comprendre ce qui lui arrive ; mais il entend le signal de détresse le plus primitif, c'est-à-dire le cri. Une douzaine de bébés qui pleurent suffisent à bouleverser le nourrisson, qui se met à pleurer lui aussi (par peur). Il est courant de voir dans une nursery des bébés crier en chœur : un ou deux nourrissons ont peut-être donné le signal, car ils avaient faim. Mais le bruit en soi devient une menace pour les autres bébés. Ce n'est pas si difficile à comprendre ; les bébés qui pleurent dérangent même les adultes, qui deviennent tendus et irritables à cause de leurs gémissements incessants.

Une étude récente montre ce qui arrive aux bébés selon que, tout de suite après leur naissance, ils se trouvent auprès de leur mère, ou non. Le Dr A. W. Liley, de l'université d'Auckland, a déclaré que les hôpitaux de l'endroit ont choisi il y a peu de temps de laisser les nouveau-nés « partager » la chambre de leur mère au lieu de les mettre dans une nursery collective.

Les bébés vivant dans la chambre de leur mère prirent du poids plus rapidement, pleurèrent moins et furent plus faciles à nourrir au sein. Le Dr Liley dit : « Nous amenions les bébés à leurs mères pour la tétée cinq fois par jour, mais nous pensons qu'il vaut mieux les nourrir à la demande plutôt que de leur imposer un horaire unique. » Parlant de sa récente visite dans un hôpital de Bangkok où quatre cents mères se trouvaient dans de grandes salles auprès de leurs bébés, il a dit : « C'est le seul hôpital où je me sois jamais trouvé avec quatre cents bébés sans entendre pleurer un seul d'entre eux[1]. »

Il y a manifestement d'autres facteurs que la relation parent-enfant qui contribuent à la création de la névrose. L'organisation hospitalière nous contraint parfois à commencer notre vie dans la souffrance. La raison évidente de cette souffrance est que la relation naturelle entre la mère et l'enfant se trouve perturbée. Le simple acte d'enlever un nouveau-né à sa mère peut être un élément déterminant dans le développement d'une névrose.

Quelles sont les autres conditions nuisibles à l'enfant et susceptibles de créer chez lui une tension résiduelle ? Je ne vais pas me perdre en spéculations. Mes informations viennent de l'observation de plusieurs centaines de primals infantiles.

Peu de temps après la naissance, le petit enfant est souvent circoncis. Je suis d'avis que cette circoncision systématique doit disparaître, car elle est traumatisante. Au lieu de cela je suggère qu'on attende que l'enfant soit assez grand pour décider et qu'on donne à cette intervention un caractère sélectif. Ce serait certainement moins traumatisant pour lui s'il décidait de le faire faire en comprenant exactement ce qui lui arrive. Imaginez ce que ressent un bébé qui a mal au pénis sans savoir pourquoi.

Il est nécessaire d'éviter les pièces bruyantes, les bruits d'aspirateurs, et d'éloigner les gens aux voix perçantes et criardes. L'excès de bruit traumatise le petit enfant. Surtout pendant ces premiers jours où il ne peut pas voir, mais seulement entendre. Il ne faut pas effrayer le bébé. Ni, bien sûr, le manipuler brutalement. Une patiente a eu un primal où elle se sentait rudoyée par une infirmière qui la portait pour l'emmener à la nursery, peu après sa

1. *Los Angeles Times,* 22 février 1971.

naissance. Une autre eut un primal où elle sentait que sa tête était insuffisamment soutenue pendant les premiers jours de sa vie.

La tension dans le corps de la mère est bientôt transmise à son bébé, qui n'est guère plus qu'une machine géante à ressentir. Il nous est difficile (à nous autres adultes refoulés) de comprendre pleinement ce que cela signifie d'être grand ouvert et entièrement livré aux stimuli. Seuls les patients primals avancés peuvent commencer à saisir ce que le petit enfant subit, parce qu'ils sont littéralement revenus à cet état : ils se sont ouverts encore une fois à ces traumatismes qui ont lentement provoqué leur blocage. Une mère aux mouvements saccadés et désordonnés communiquera à son enfant un sentiment d'insécurité. Ses connaissances des « règles » de l'éducation, quelles qu'elles soient, ne lui serviront pas à grand-chose si elle n'est pas détendue physiquement avec son bébé, ou si elle parle trop vite ou trop fort.

Je ne peux pas comprendre non plus qu'on mette aux bébés des pyjamas avec des manches qui recouvrent les mains et les emprisonnent. On prétend que cela empêche le nourrisson de s'écorcher. Mais le traumatisme démesuré que provoque le sentiment d'une impuissance totale rend cette pratique barbare.

Le bébé peut être traumatisé si l'on ne le change pas assez souvent et s'il a constamment les fesses irritées. Le fait de border trop serré les nourrissons dans leur berceau (pour des raisons de sécurité) est une cause fréquente de primals. Cela provoque chez eux un sentiment d'impuissance et d'insécurité. La température de la pièce est encore un autre facteur. Nous ne savons pas encore avec certitude quelle est la température requise pour un bébé, mais celui-ci semble avoir besoin de plus de chaleur qu'un adulte. Ce n'est pas forcément à cause d'une différence de constitution entre l'enfant et l'adulte, mais parce que des grandes personnes bloquées sont souvent incapables de sentir le froid. Peut-être leur « moteur » tourne-t-il si vite qu'ils ne peuvent imaginer que le bébé n'a pas chaud lui aussi.

Il faut prendre les bébés dans les bras quand ils pleurent. Les larmes sont un signal de détresse. Quelquefois, nous ne pouvons mettre le doigt sur ce désarroi, mais nous devons savoir qu'ils ont besoin d'aide. Il faut les nourrir à la demande, et non selon quelque horaire arbitraire, et leur donner le sein. Combien de temps ? Il faut écouter la nature. Jusqu'à ce qu'ils aient des dents, ou préfèrent d'autres nourritures. La poussée des dents est un message de la nature ; de la même façon, les grossesses multiples sont des événements exceptionnels, indiquant que nous ne pouvons réellement nous occuper que d'un enfant à la fois.

Généralement, les bébés ont plusieurs dents vers leur neuvième ou dixième mois seulement. C'est une période d'allaitement convenable. Cependant certains enfants ont besoin d'être nourris plus ou moins longtemps. Nous devons faire attention à ne pas imposer à l'enfant les besoins de la mère, afin de ne pas prolonger l'allaitement, qui renforce en fait le réflexe de succion et crée des fixations orales définitives (celles-ci surviennent aussi quand l'enfant est insuffisamment nourri). Nous avons vu des mères qui, essayant de paraître libérées et à la mode, ont continué de donner le sein à leur enfant bien après qu'il en eut perdu l'envie.

Il est difficile de prendre les enfants dans les bras chaque fois qu'ils se mettent à pleurer, et de les nourrir à la demande au lieu de se conformer à un horaire plus commode, mais élever des enfants est une tâche herculéenne que ne devraient jamais entreprendre des adultes qui sont eux-mêmes des bébés. Le parent doit être préparé au besoin constant que représente un bébé. L'irritabilité parentale tient en grande partie au fait que les parents n'ont pas prévu que l'éducation d'un enfant était une tâche considérable.

La relation des trois cas suivants indique la subtilité du processus de la névrose. La vie familiale de ces deux jeunes gens et de cette jeune femme n'avait apparemment rien de malsain. Aucun père ivrogne ne battait les enfants, aucun divorce ne se profilait à l'horizon ; ils n'étaient ni constamment tournés en ridicule, ni critiqués. Mais des subtilités quotidiennes les dépouillèrent peu à peu de leur propre moi. Leurs névroses sont les plus difficiles à traiter en thérapie primale parce que leur système de défense est si compliqué. L'origine de leur maladie est loin d'être flagrante. Ils ont été dépouillés d'eux-mêmes si subtilement qu'ils se rendaient à peine compte de leur souffrance. Nous voyons à quel point il aurait été inutile de conseiller leurs parents, qui à leur tour ne se rendaient pas compte de ce qu'ils faisaient à leurs enfants et déjouaient simplement leur propre souffrance au détriment de leurs enfants. Leur comportement semblait tiré d'un ouvrage sur l'éducation : en apparence, il était parfait ; il n'y manquait qu'un peu d'humanité.

Fred

Mes parents étaient des experts du coup bas subtil. Voici un dialogue type :

MOI. — Maman, ça ne va pas.

MAMAN (anxieuse, le débit rapide) — Tu as pensé à jouer au ballon ?

MOI. — Oui, mais...

MAMAN. — Tu as parlé à tes amis ?

MOI. — Non, je n'ai pas vraiment...

MAMAN. — Tu veux écrire quelque chose ?

Il m'a toujours semblé qu'elle était si secourable. Mais pourtant ça n'allait toujours pas et jamais je n'ai eu la possibilité de savoir pourquoi. Me rendre compte qu'elle se faisait toutes ces suggestions à elle-même parce qu'elle ne supportait absolument pas de me voir souffrir, et pour sentir qu'elle était bonne pour moi — c'était une prise de conscience beaucoup trop douloureuse. Aussi je dus considérer qu'elle était secourable et que d'une certaine manière je n'étais pas normal, puisque malgré tous ses conseils, ça n'allait pas. Dans ma vie adulte, j'ai toujours détesté que les gens me posent des tas de questions, parce que je commence par croire que cela leur importe, puis je me rends compte avec amertume, d'après la vitesse et la cadence des questions, qu'indirectement, ils exigent quelque chose. Aussi, la peur de la souffrance était-elle si grande chez ma mère que j'en arrivai à me surveiller constamment pour être sûr de ne dire que les choses qu'il fallait. Je ne fus jamais ouvertement puni parce que je la faisais souffrir, mais son expression me suffisait. Et cela me donnait le sentiment affreux d'avoir commis une faute et de ne jamais pouvoir l'effacer parce que nous n'en parlions jamais. Pas une fois elle ne fut reconnue et j'en étais malade tant je me sentais impuissant à y changer quoi que ce fût. Par la suite, j'en vins à douter de mes propres sentiments. Finalement, à partir de l'âge de six ans, j'intégrai ma mère à mon propre être, sous la forme d'une entité que je nommai « conscience », qui me parlait dans ma tête et appuyait automatiquement sur les boutons : cela me dispensait de pleurer, de m'inquiéter, etc. Ma mère avait alors beau jeu de dire que je ne devais rien faire pour elle, par exemple aller à l'université, que je le faisais « pour moi ». Cela a été le pire coup bas de tous : de me rendre compte qu'elle faisait littéralement partie de moi, de découvrir ce sentiment. Mon système de défense prit la place de ma mère : comme elle, il m'éloigna de moi-même.

Mon père est beaucoup plus réel que ma mère, mais il en a fait pas mal lui aussi. Il ne disait jamais ce qu'il ressentait, même quand il allait horriblement mal. Pour me protéger. Ainsi j'ai fini par penser que toute sa souffrance et ses expressions de douleur étaient de ma faute. Jamais il ne m'indiqua la réalité de ses propres sentiments. Il voulait que je sois moi, et par conséquent il essaya de ne rien me dire, il avait si peur de « m'influencer ». Le résultat c'est que maintenant je crie « Papa, dis-moi ce que je dois faire ! » Il est fier de nos conversations « d'homme à homme » quand j'avais quatre ans. Mes deux parents se sont unis pour bloquer mes sentiments de la façon suivante : il y avait d'un côté la grande peur de souffrir de ma mère ; de l'autre le stoïcisme stupide de mon père quand il tomba malade ; ce stoïcisme me faisait sentir que si l'on n'était pas mourant, il valait mieux se taire. Ma mère se donna beaucoup de mal pour me protéger de la souffrance, mais quand j'étais malade physiquement, je n'avais pas le choix. Je ne pouvais m'empêcher de me sentir mal et toute la souffrance remontait d'un seul coup. Aussi étais-je terrifié à l'idée d'avoir mal au ventre. A tel point que je trouvais le moyen de l'éviter. Et quand j'avais mal, je faisais comme mon père : j'étais incapable de demander de l'aide. Alors je gardais le lit, j'avais la nausée pendant des heures, envahi d'une terreur noire, et je tenais bon. Une fois je passai quatre jours à l'hôpital avec une crise de nausées provoquée par un accident de voiture où je m'étais grièvement blessé la main. Je fus sur le bord d'un primal. Je commençai à hyperventiler, à me sentir oppressé, etc. Mais il y a surtout ce fossé qui sépare ce que je considère normalement comme un sentiment et cette horreur indicible. Il m'a été très difficile d'arriver à croire que les autres sentiments, les autres souffrances, « comptent » aussi. Cela fait partie de mon manque de confiance en moi.

Mes parents sont considérés comme des êtres étonnamment chaleureux, doux, prévenants, etc. Ils ne m'ont pas battu, ni usé de violence, et n'ont jamais agi de façon directe. Mais c'est là tout le problème. Ils étaient parfaits dans leur névrose : jamais ils ne se disputaient, ni ne m'offraient la moindre prise. Ils m'enlevèrent à moi-même de la façon la plus discrète possible. J'ai toujours ressenti cela sur un certain plan : j'ai été fasciné par l'hypnotisme et par les suggestions faites à la personne hypnotisée, qui ne se rend jamais compte que sa personnalité est abolie. La subtilité est presque le crime parfait.

Ronald

Autant que je m'en souvienne, mes parents et ma famille ont toujours paru être quelque chose de spécial et de merveilleux. Nous avions tout, et nous comptions les uns sur les autres. Nous étions brillants, en bonne santé, athlétiques, doués, beaux, avec des talents variés, « proches », et nous réussissions. Autant que je sache, c'était tout, et c'est pourquoi ce qu'ils ont fait pour me démolir était si subtil. Jamais je n'ai pu mettre le doigt sur quelque chose et dire « Attendez une minute, tout cela n'est que mensonge ». Les apparences étaient si solides qu'il était presque impossible, surtout pour un petit garçon, de leur opposer la réalité. Ils semblaient lire un scénario, et faire ou dire toutes les choses que des parents bons et aimants font et disent, mais ils n'en croyaient pas un mot et je n'étais que le miroir de leur jeu. Mon père a un cœur de pierre et ne sent simplement rien. Maman joue aux sentiments et elle les utilise comme des leviers. Ils sont morts tous les deux. Voici quelques exemples de leur façon de procéder :

La première chose que j'aie sue à un âge très tendre c'était que je devais prouver que j'étais malade (en ayant de la fièvre, des vomissements, ou une mine affreuse, et en décrivant les symptômes correspondants) pour qu'on s'occupe de moi, ou, plus tard, pour ne pas aller à l'école. Une fois qu'on me croyait, ma mère prenait soin de moi comme si elle m'aimait, mais d'après le visage que je lui ai vu dans les primals ça lui faisait horreur, et elle me détestait, et tout en elle disait « *meurs* ». Même à ce moment-là, je savais ce qui se passait — que cela faisait plus mal de lui demander de se soucier de moi que d'être malade — aussi je cessai d'être malade. En six années de lycée, j'ai manqué quatre jours de classe. En même temps, je devins prédisposé aux accidents corporels. J'ai un long passé de blessures physiques dont j'étais la plupart du temps responsable d'une façon ou d'une autre, et chaque fois j'espérais un instant que maintenant peut-être ils allaient m'aimer. Et chaque fois, je m'apercevais presque tout de suite que ça ne marcherait pas, aussi je minimisais la blessure et je souffrais seul ; finalement le besoin et l'espoir me faisaient toujours souffrir, mais alors je ne pouvais même plus le leur dire, tellement étaient grandes la peur et la souffrance.

Quand j'étais petit, j'avais des difficultés à respirer par le nez ; c'est pourquoi je respirais par la bouche, que je devais donc garder ouverte. Cela ne devait pas être d'un bel effet, et je me rappelle que dès que je compris le sens des mots, on me répéta de fermer la bouche. On me disait que sinon, un oiseau viendrait me picorer le fond de la gorge, ce qui me flanqua la frousse. Ainsi je fermai la bouche et j'essayai de dormir sans l'ouvrir, et j'eus toutes sortes de difficultés pour respirer. Mon sentiment était « ils ne veulent pas que je respire », c'est-à-dire, « que je vive ». Manger fut un autre chapitre. Je faisais spontanément beaucoup de choses de la main gauche. Quand j'eus douze ans, ils m'annoncèrent un jour qu'ils avaient décidé que désormais je mangerais avec la main droite puisque tout le monde le faisait, et que cela vaudrait mieux pour moi. Je ne compris pas et refusai. Ils me dirent alors que je mangerais avec la main droite ou pas du tout. Aussi je ne mangeai pas pendant plusieurs jours. Finalement, nous arrivâmes à un compromis. On m'enseigna aussi à avaler sans faire de bruit, à mâcher sans que ça se voie — à manger sans être là. A mourir. On m'interdit de roter, de péter ou de cracher — même quand j'étais seul ; et on m'ordonna de tirer la chasse en pissant pour que le bruit ne porte pas. Essuie-toi bien, lave-toi bien, tue ton corps ! Et en même temps on me vantait les qualités physiques (sportives) de notre famille — fierté du corps et tout le reste. Mais ne jamais le toucher ni le sentir — surtout son propre corps.

J'ai entendu des millions de fois « Fais ce que tu veux » ou « Nous n'exerçons aucune pression sur toi » et chaque fois ce n'était pas seulement un mensonge mais un indice me signalant que bientôt ils allaient me demander de faire quelque chose pour eux. Mon père venait me voir, disant qu'il voulait me parler, et cela me faisait trembler intérieurement car je savais qu'il était sur le point de me donner quelque subtile directive — quelque chose allait changer pour moi, mais non à cause d'un changement en moi. Avant d'entamer la conversation, il disait quelque chose pour me rassurer, du genre « Fais ce que tu veux », et ensuite, employant le même ton pour exprimer sa satisfaction et sa déception (fréquente), il abordait le sujet. Invariablement, cela allait changer quelque chose. J'allais faire pour lui un peu plus de ceci ou de cela. C'était une barrière de plus entre moi et cet être qui était moi plus eux — ce second moi.

On nous enseigna des valeurs — ou des semblants de valeurs. A douze ans, être honnête signifie qu'on ne va pas voir les films interdits aux moins de douze ans. Mais jamais les valeurs n'étaient liées aux sentiments. Je passai toute mon enfance à être honnête, sans jamais me sentir honnête au fond de moi-même. Ma vie était un mensonge, j'étais honnête et je ne savais pas pourquoi. Par ailleurs il existait constamment une rupture entre le réel apparent et le réel en moi. Et à cause de mes besoins insatisfaits je devais vivre le réel apparent et tuer — ou dissimuler — le réel en moi.

Ce n'est pas tout, bien sûr ; je sens que je pourrais écrire à l'infini. J'ai aussi l'impression que la souffrance en moi a été distillée et diluée par l'écriture. Cette souffrance m'envahit tout entier et il me faut des heures et des mois de primals pour la ressentir et établir les connexions, tandis que le texte écrit paraît si net et définitif. Il me semble injuste de la décrire de cette manière. Mais l'un des résultats principaux que mes parents ont obtenu est de me faire douter presque totalement de mes perceptions, de mes sentiments, de mes intuitions et de mes sensations. Cette scission signifiait que je vivais en dernier lieu pour moi. Je ne peux pas être moi, mon moi ne peut être réel. C'est comme quand mon papa rentrait de voyage et que, petit garçon, je restais éveillé tard le soir, pour m'asseoir en haut de l'escalier et entendre les exclamations de bienvenue de ma mère ; puis je courais me mettre au lit avant qu'il ne monte, de crainte d'être surpris. Quand il venait dans ma chambre, je feignais de dormir : à la place de la joie, de la chaleur des embrassades, de l'amour, il y avait la peur, le mensonge et la contrainte. Je me trouvais dans des situations impossibles que je devais rendre cohérentes : c'était cela ma névrose. Il me fallait donc équilibrer les sentiments et la dinguerie, et vivre dans la tension mortelle qui en résulte, et rien que de le dire me dégoûte et me fait mal. Putain de machine à écrire. Mes sentiments n'en changent pas pour autant.

J'ai un fils qui aura sept ans en mai. Bien que je n'aie pas gâché son existence en vivant avec lui (il a été adopté dès sa naissance) j'ai été responsable d'un mauvais départ qui — je le sais à présent — le marquera même en mon absence. Je n'aimais pas sa mère ; il fut conçu à cause d'une négligence. Ce fut l'aventure d'un été, l'union de nos besoins névrotiques ; nous n'échangeâmes aucun sentiment réel, mais seulement des fragments de nos corps absents et un peu de tension. Notre dernière rencontre date de cet été-là. J'avais vingt ans. Je l'ai su par une lettre de son avocat. Mon père appela cela une « erreur » et il me dit qu'il ne mettrait pas ma mère au courant car cela la tuerait. Mais quand il le fit elle n'en mourut point. Ils m'interdirent de voir Mary et de lui parler. Je recevais tout le temps des lettres d'elle me disant qu'elle voulait seulement me parler, que sa famille l'avait complètement rejetée, que je ne devais pas avoir peur, etc. Mais j'avais plus besoin de papa et maman que d'elle, aussi me conduisis-je en bon fils. Et depuis ce soir-là, je n'ai pas revu Mary. Je n'ai jamais vu mon fils, qui n'était pas désiré ; sa mère ne se sentait ni aimée ni soutenue, et en ce moment il vit quelque part avec cette souffrance, et toutes celles qui se sont accumulées depuis. Ses premiers sentiments sont le rejet et la souffrance. On s'est « débarrassé » de lui « pour le mieux » : les avocats et les parents ont réglé proprement cette affaire, avec le maximum d'économie.

Louise

Des tas de gens qui suivent cette thérapie ont été victimes de privations manifestes, ils ont eu des parents brutaux et sadiques, ou pas de parents du tout, etc., mais je suis de ceux qui se sont fait avoir subtilement. Pour commencer, je fus un « accident » survenu en des circonstances très défavorables : née pendant la dépression, d'un père chômeur et d'une mère de trente-sept ans dont la famille « planifiée » était déjà à moitié élevée (deux sœurs de onze et treize ans, et un frère de douze). Pendant plusieurs années après ma naissance, ma mère dut faire vivre la famille en faisant de la couture ; elle travaillait donc toute la journée et elle s'occupait des essayages des clientes le soir après le dîner. Elle m'allaitait entre-temps — cela jusqu'à l'âge de huit mois — et se trouvait toujours là pour m'habiller et me nourrir, mais c'étaient mes sœurs qui s'occupaient de moi le plus souvent, quand elles n'étaient pas à l'école. Le reste du temps j'étais livrée à moi-même parce que maman n'était pour ainsi dire pas « là ».

Quant à mes sœurs, elles jouaient avec moi comme avec un jouet quand elles en avaient envie mais lorsqu'elles allaient jouer avec des amis elles devaient m'emmener avec elles (souvent à tour de rôle). On me laissait alors toute seule dans ma poussette, à les regarder ; je me sentais horriblement seule et je n'avais qu'une envie, celle de rentrer à la maison, car j'étais terrifiée à l'idée d'être abandonnée là. Même quand je rentrais effectivement à la maison, cela ne servait à rien parce que ma mère ne s'y trouvait pas pour s'occuper de moi. Elle était absorbée par sa couture et les autres gosses et elle s'apercevait à peine de mes besoins. Mon père ne savait comment s'y prendre avec un tout petit enfant ; il n'y avait donc en fait personne qui se souciât de mes besoins ou de mes désirs. Aussi je me bloquai très tôt de façon à ne pas me permettre de savoir que je voulais quelque chose. Je « prenais soin de moi-même ».

Jusqu'à ce que j'entre en thérapie primale, où je commençai à ressentir tout cela, je ne savais jamais pourquoi j'avais mal, car je ne pouvais en apparence rien discerner de mauvais dans ma famille. Maintenant que je sais pourquoi je souffre, je commence aussi à voir ce que j'ai fait — et qu'il m'arrive encore de faire — à ma fille, Lisa. Lisa a deux ans maintenant et elle avait juste huit mois quand j'ai commencé la thérapie. La plupart du temps elle paraît tout à fait réelle. Mais souvent je sens qu'elle se comporte « trop bien ». Si je n'en savais pas autant sur le sentiment, je penserais que j'ai vraiment de la chance, parce qu'elle ne semble jamais être vraiment bouleversée à propos de quoi que ce soit. Cela m'a préoccupée et au cours de ces deux mois je me suis rendu compte qu'elle semble avoir si peu de sentiments douloureux pour la raison suivante : dès qu'elle commence à pleurer pour une broutille (quand par exemple je change de chaîne à la fin de l'émission de télé), toute ma souffrance de ne jamais avoir eu ce dont j'avais besoin revient et je lui donne ce qu'elle semble désirer, puis je m'arrange pour changer de chaîne quand elle pense à autre chose. Je crois qu'à ces moments-là, elle pourrait ressentir d'anciens sentiments si je faisais ce que je veux en la laissant pleurer. Je découvre que plus je ressens ce sentiment de privation, et plus il m'est facile de la laisser pleurer à ces moments-là.

Je fais encore autre chose dont je sens que c'est mauvais pour Lisa, bien que cela ne cause pas de problème pour l'instant. J'essaie d'être là pour elle à des moments où je suis tellement plongée dans ma propre souffrance que ce n'est tout bonnement pas possible. Je fais extérieurement tout ce qu'il faut, me disant que si je m'occupe d'elle seulement quand cela correspond à un comportement réel, cette enfant aurait rarement une maman. Cela crée pour moi un véritable conflit, mais je sais aussi que nombre de mes efforts viennent du manque de présence dont j'ai souffert moi-même. Je sens à ces moments-là que je ne peux vraiment pas lui faire ressentir cette solitude, mais je suis certaine qu'il s'agit de ma propre souffrance, et d'ailleurs, en agissant ainsi, je ne me comporte pas comme une mère réelle. Je fais aussi ces efforts parce que Lisa est souvent une mère pour moi, et je ressens le besoin d'être aimée par elle. Je crains alors que si je suis une mauvaise mère elle m'aime moins que son père, qui semble être là pour elle plus souvent que moi. Maintenant que j'y réfléchis, je me rends compte que j'ai utilisé des tas de moyens pour l'empêcher de ressentir ses souffrances. Par exemple, si nous sommes en train de rentrer à la maison en voiture, et si elle réclame un biberon, je réagis souvent en « hyper-raisonneuse » (selon l'expression de Vivian Janov) : je lui dis que je n'ai pas apporté de biberon, mais que nous sommes presque arrivés, et qu'à ce moment-là, etc. ; tout cela pour qu'elle s'arrête de pleurer, et le pire, c'est que ça marche. Bien sûr, j'agis ainsi parce que ses pleurs éveillent ma propre souffrance.

Bien que les circonstances soient très différentes de celles que j'ai connues, je découvre que je gâche la vie de Lisa avec la subtilité dont j'ai moi-même été victime.

EUX ET MOI

Tu seras Roger toute ta vie
  Ont-ils dit

Prends soin de n'y rien changer
Marche, parle, lave-toi
Et ne cesse jamais de jouer notre jeu.
  Je suis moi, je m'appelle Roger,
  Ai-je dit à des yeux égoïstes
  J'ai besoin d'être aimé de vous pour ce que je suis
  Et d'être tenu dans vos bras quand je pleure
Ne manque pas de dire la vérité
Ont-ils dit
Et fais de ton mieux ;
Le monde est plein de resquilleurs
Mais tu dois être un homme.
  Laissez-moi d'abord être un enfant
  Ai-je répondu
  Perdant tout espoir
  Ne m'emmenez pas là où je ne peux exister
  Pour me forcer ensuite à m'en sortir
Il est temps d'aller à l'école
Ont-ils dit
Pour apprendre les pourquoi des comment
Car ton talent est grand
Et ton avenir brillant
Tu ne peux pas nous décevoir *maintenant.*
  Je ferai de mon mieux
  Ai-je répondu
  Et je refermai la porte derrière moi
  Le combat irréel avait commencé
  Pour atteindre l'impossible
Nous pensons que tu t'en sors très bien
Ont-ils dit
Un jour tu seras satisfait
Surtout ne fais que ce que tu désires,
C'est ce que nous avons toujours voulu.
  Mais c'était un affreux mensonge
  Et je souffrais
  Et la vie commença à s'écouler
  Comme l'argile sous la pluie battante
Tu as quitté les sentiers battus
Ont-ils dit
Tiens bon et garde le cap
L'homme doit travailler pour occuper son temps
Et renoncer à la lutte intérieure.
  C'est trop tard, je ne vous entends plus
  Ai-je répliqué

Et je me détournai pour vivre mes lendemains engourdis
Dans la souffrance d'hier.
Tu nous en fais voir de dures
Ont-ils dit
Nous t'avons aimé autrefois tu sais
Et maintenant il semble que tu nous as quittés
Mais tu n'as nulle part où aller.
J'ai découvert un moyen de me retrouver
Ai-je dit à des oreilles qui ne voulaient pas m'écouter
En ressentant la colère, la peur et la souffrance
La mort de tant d'années.
Fais-le donc tout seul
Ont-ils dit
Il est temps que tu sois indépendant
Nous avons pris ce dont nous avions besoin
Et nous avons fait de toi un adulte.
Vous n'avez rien su me donner,
Ai-je dit, et j'essayai de pleurer
Maintenant je suis seul et je découvre
Que vivre ce n'est pas mourir.
Nous voilà séparés maintenant
Nous n'avons plus rien à nous dire
Je leur ai acheté une vie de mensonges
Et l'espoir incapable de prier
Je leur ai volé ma chance de vivre
Et j'ai l'impression d'être le jour qui naît.

CHAPITRE VI

L'ALLAITEMENT AU SEIN

L'un des premiers traumatismes est causé par l'allaitement insuffisant de l'enfant — qui se trouve affamé. Ou bien les seins de la mère ne suffisent pas à satisfaire le besoin d'une stimulation péri-buccale chez l'enfant. La quantité de lait maternel est intimement liée au centre « émotionnel » — l'hypothalamus. Et le volume du sein peut aussi dépendre de la qualité de l'équilibre hormonal. Une importante fonction de l'allaitement au sein est la stimulation péri-buccale qu'il fournit. Une mère osseuse aux seins plats ne peut procurer la sensation de douceur et de chaleur que dispense une femme à la poitrine épanouie. En bref, la sensation cutanée est différente pour le bébé. Nous voyons souvent des gens se frotter la bouche quand ils sont préoccupés ou réfléchissent en accomplissant une tâche, et je ne peux m'empêcher de me demander si ces gens ne doivent pas toute leur vie durant stimuler eux-mêmes cette partie de leur visage parce que leur mère les a mal allaités, ou les a nourris exclusivement au biberon. La stimulation est le mot clé, car, comme nous le verrons dans un instant, le développement physique du cerveau dépend de la stimulation qu'il reçoit.

J'ai indiqué dans *Le cri primal* que les seins de certaines patientes primales se sont développés après la thérapie. Les patientes sont littéralement devenues d'autres personnes, sans que cela ait rien à voir avec leur comportement dans le monde. Ce changement affectera leurs bébés dès la naissance, car il leur procurera la stimulation physique indispensable au développement de leur cerveau et tout cela à cause d'un changement survenu dans la structure du corps.

L'allaitement au sein est essentiel à cause du mouvement des lèvres, du contact physique, de la chaleur, et du bercement. Des expériences pratiquées sur les singes montrent que ce bercement contribue à les satisfaire et à les détendre pendant l'allaitement. Trop souvent, l'allaitement artificiel est simplement un processus qui consiste à mettre un biberon dans la bouche du bébé qui, couché dans son berceau, est obligé de se débrouiller tout seul. Cela élimine la chaleur, le contact physique, le bercement, c'est-à-dire à peu près tous les éléments nécessaires à la satisfaction et à la détente de l'enfant. L'alimentation au biberon est, au mieux, artificielle, et ne peut jamais se substituer pleinement au processus naturel de l'allaitement au sein.

Une mère névrosée qui éprouve des difficultés à avoir du lait risque aussi de manipuler son nouveau-né avec des gestes brusques, saccadés, précipités ; ainsi la tétée n'est pas toujours une expérience agréable pour le nourrisson. Les enfants, surtout les bébés qui ont un sens aigu du toucher, peuvent sentir la souffrance et la tension de leur mère pendant la tétée et réagir d'abord à *cette* sensation, en se crispant au lieu de se détendre. Évidemment, une seule manipulation un peu brusque et hâtive ne va pas provoquer une névrose. Mais si elle se reproduit pendant des mois et des années, et s'ajoute à d'autres facteurs de traumatisme, elle peut créer une pression insoutenable. Plus loin je parlerai plus en détail de la manipulation et du toucher, me référant, le moment venu, à des expériences faites sur des animaux.

L'importance de l'allaitement au sein a été étudiée de manière très approfondie. Ashley Montagu cite une bonne partie des recherches qui ont été faites [1]. Les bébés nourris au sein sont mieux immunisés parce que le colostrum sécrété par la mère pendant les premiers jours de la vie de l'enfant possède quantité d'anticorps qui aident le bébé à combattre l'infection. Montagu a démontré, documents à l'appui, les bienfaits nutritifs du lait maternel. Les bébés nourris au biberon sont beaucoup plus facilement sujets aux maladies respiratoires, à la diarrhée, à l'eczéma et à l'asthme. L'allaitement au sein est essentiel pour le développement convenable des structures faciales et dentaires. Et si le bébé peut téter

1. Ashley Montagu, *Touching* (New York, Columbia University Press, 1971).

comme il faut, il lui est possible d'acquérir une respiration profonde et complète. Et plus il respire profondément, moins le risque est grand de le voir réprimer ses sentiments. En d'autres termes, chez les névrosés, tout fait partie du système de défense, y compris la musculature et le mode de respiration, qui *façonne* le comportement. Quand les enfants doivent réprimer leurs sentiments, leur respiration risque de devenir superficielle et oppressée.

L'un des facteurs les plus importants de l'allaitement au sein est le contact physique avec la mère. Ce contact tend à augmenter le taux d'oxygène dans le sang, et, ainsi que l'a montré Barron chez les animaux, « l'excitabilité du centre respiratoire augmente, ce qui approfondit l'effort respiratoire, fait monter le taux d'oxygénation du sang, et accroît ainsi la capacité et la force musculaires [1] ».

J'ai déjà cité l'importance des battements du cœur, faisant remarquer que le sentiment de sécurité procuré par un battement de cœur régulier peut marquer l'enfant qui se trouve encore dans le ventre de sa mère.

En résumé, la tension du bébé peut provenir d'un nombre de facteurs indéterminé. La plupart du temps, cette tension est imperceptible. Mais chaque facteur contribue à grossir le courant sous-jacent de tension qui déborde finalement en produisant des symptômes tels que la colique, l'eczéma, la diarrhée, ou simplement des pleurs continus et inexplicables — première défense qui permet à l'enfant de signaler qu'il se trouve en difficulté. Le choix du symptôme n'est pas « délibéré ». Il résulte plutôt de l'accumulation des expériences créatrices de tension, et survient à l'endroit où se concentre la privation. Par exemple, un enfant insuffisamment caressé, ou manipulé avec brusquerie, risque d'avoir des problèmes de peau. Celui qui a souffert d'un allaitement inadéquat mettra peut-être constamment des objets dans sa bouche ou ne cessera de babiller. L'enfant à qui on interdit de pleurer en le punissant aura le nez qui coule.

De façon générale, le symptôme se concentre dans la région du besoin. C'est cet endroit-là qui a besoin d'un « traitement » particulier, car c'est là qu'il y a surcharge. Ainsi, l'enfant contraint de devenir propre avant d'y être prêt risque de souffrir plus tard d'énurésie et d'avoir par la suite des rapports sexuels nombreux et fortuits. Autre-

1. *Ibid.*, p. 61.

ment dit, il se servira de son pénis pour soulager sa tension à l'endroit exact où le traumatisme s'est manifesté pour la première fois. Cela se complique, bien entendu, parce que la surcharge ne se compose peut-être pas d'un seul stress. Un enfant peut être mal sevré, dressé trop tôt à être propre, et nourri selon un horaire imposé. L'exutoire qu'il choisira dépendra des circonstances de sa vie, de son environnement culturel, et de ce que ses parents lui permettront. Dans une famille religieuse, la masturbation (pour soulager un dressage trop précoce), sera probablement hors de question parce que l'enfant est terrorisé. Il trouvera donc un autre exutoire — il passera son temps à prier, par exemple. Une fois que l'exutoire est défini, il permet à lui seul d'évacuer *toute* la tension généralisée [1]. Ainsi, un tic du visage ou de la bouche apparaîtra régulièrement pendant toute une vie, et deviendra le déversoir d'une tension aux origines multiples.

Le corps ne fait pas la différence. Il réagit seulement à la surcharge à sa manière habituelle. Au fur et à mesure que nous grandissons, le besoin-souffrance reste identique à lui-même parce qu'il représente notre vérité physiologique, et la vérité ne connaît pas les limites du temps. Ce qui change, c'est la défense, ou l'exutoire. Elle devient plus compliquée : celui qui suçait son pouce se met à fumer, la masturbation remplace le pipi au lit, et la réprimande cinglante succède aux coups de poing du petit garçon. Quelquefois la défense ne change jamais. Les rêves répétés en sont un bon exemple. Les tics, l'asthme, les ulcères, et les problèmes de peau en sont d'autres. De toute façon, les symptômes annoncent le clivage. Le début d'un symptôme — une allergie, un bégaiement — indique le commencement du clivage. Quelquefois celui-ci ne s'accompagne pas d'un symptôme dramatique ; la

1. H. B. Miller rapporte dans *Science Digest* (juillet 1970) : « Je soupçonne que le cancer est en réalité un trouble généralisé, la tumeur elle-même étant une manifestation locale du processus tout entier. » Il explique de quelle façon la tension affecte l'hypophyse et l'hypothalamus, qui produisent alors des sécrétions qui affectent finalement les cellules du corps. Il attribue l'éventualité du développement d'une tumeur à des troubles métaboliques (d'origine émotionnelle) qui stimulent de façon excessive les tissus et les cellules jusqu'à la désorganisation des structures. Il envisage l'inversion de la croissance de la tumeur grâce à des traitements émotionnels. J'ai souvent pensé que le cancer était « la folie de la cellule » ; des cellules qui ont échappé à tout contrôle à cause de la pression primale. Cette pression doit finalement nous affecter sur le plan cellulaire.

personnalité se « fige » simplement. Cela indique que l'enfant, séparé de sa souffrance, a trouvé un moyen sûr de contrôler la surcharge : le petit garçon trouve peut-être un immense plaisir à porter les vêtements de sa mère, ou bien la petite fille devient pâle et souffreteuse, sage et polie.

Même si les souffrances primales ont des origines différentes, dont certaines sont physiques (comme la circoncision) et d'autres psychologiques (le rejet), les processus qui permettent au corps de contrôler la souffrance sont les mêmes. C'est parce que la souffrance provoquée psychologiquement est encore véhiculée par l'organisme ; la névrose est physique. Les enfants se trouvant dans un environnement institutionnel hostile peuvent mourir à cause de ce qu'on appelle le stress psychologique.

Parce que les symptômes sont les prolongements du besoin, l'entonnoir dans lequel se déverse le besoin-souffrance, ils nous permettent d'en apprendre beaucoup sur un enfant et ses problèmes cachés. En thérapie primale, une analyse quotidienne des changements de symptômes chez le patient nous renseigne sur la souffrance qui affleure. Par exemple, si un enfant s'invente un ami qui reste près de lui et joue avec lui, qui lui parle, et si cette illusion dure pendant des mois, elle correspond peut-être à l'hallucination d'un adulte qui se prend pour un « fils de Dieu », un Dieu toujours présent et vigilant. Ces deux idées irréelles peuvent être les symptômes résultant d'un blocage provoqué par un sentiment de solitude et d'abandon. Ce sont les mauvaises connexions causées par une surcharge de sentiment, et leur contenu nous indique la nature du sentiment dévié. La quantité de la surcharge se mesure à la bizarrerie de l'idée. Plus une idée s'éloigne de la réalité, plus elle est bizarre. C'est le degré de souffrance qui provoque cette généralisation. La souffrance est la force qui éloigne les idées de leurs points de référence. Ainsi un enfant peut s'inventer un compagnon imaginaire parce que sa famille le rejette, mais finalement il risque aussi de se convaincre que cet ami lui parle et dirige ses actes. Cela peut plus tard se concrétiser sous la forme d'une illusion : il en arrive à croire qu'une force cachée (maintenant extérieure) le pousse à agir, et c'est la vérité — cette force est la souffrance primale. Voyant l'unité des symptômes et leurs causes, nous devons prendre soin de ne pas considérer les symptômes comme des entités abstraites et autonomes.

Quand un enfant est conduit chez le médecin pour le traitement de ses symptômes, ce dernier traite le *résultat* de toutes les forces que j'ai mentionnées jusqu'à présent : le traumatisme de la naissance, la circoncision, les bruits perçus au berceau, le lait maternel insuffisant, les tétées trop courtes, etc. Peu importe qu'il s'agisse d'un médecin « de la tête » qui traite le vol ou les phobies, ou d'un médecin « du corps » qui soigne les allergies et les colites. Ils se trouvent confrontés avec la fin d'un processus historique. D'habitude le médecin ne peut désigner aucun facteur unique comme étant la « cause » de ce qu'il voit. A moins qu'il ne soit prêt à se plonger dans le fleuve sous-jacent de la tension et à extirper les diverses causes qui ont contribué à la formation du symptôme, il peut, au mieux, traiter « la tête du monstre » et espérer. Son traitement n'aboutira jamais à une guérison.

Voici un bon exemple du primal que je définis comme une expérience ramassée — cette compression des souffrances successives, symbolisées par un événement unique. Le patient ne hurle pas de terreur à cause du seul événement qu'il est en train de revivre : cet événement résume et représente des centaines de situations similaires, produisant toutes le même genre de souffrance.

Evelyn

Au cours de ma sixième semaine de thérapie, j'ai ressenti pendant deux jours une véritable surcharge, de terreur surtout. Dans le groupe, même après avoir sangloté et crié pendant quarante minutes comme une possédée, mon corps était encore traumatisé. Même quand je ressentais et me laissais complètement aller, j'avais encore l'impression que les cellules individuelles de mon corps étaient brûlées et déchiquetées. Finalement je demandai des tranquillisants ; au bout de deux jours et demi de ces sensations, mon corps était comme une loque et la terreur ne cessait de resurgir.

Ce soir-là, comme j'allais prendre un comprimé de thorazine [1], un ami vint me voir. Nous parlâmes un peu, il me fit un merveilleux massage crânien qui agit comme un

1. Il n'existe pas d'équivalent français (N. d. T.).

tranquillisant naturel, et je pus dormir six heures sans interruption. Cette nuit-là, il dormit sur mon plancher.

Le matin, un peu reposée, je m'étendis par terre sur le dos pendant que mon ami préparait le petit déjeuner. Je me sentais encore faible, et j'avais un peu le vertige. Quand je me redressais, ma tête commençait à tourner, et je devais la baisser et m'appuyer sur quelque chose. Ça allait un peu mieux avec la tête baissée. Je remarquai que plus je baissais la tête, plus le « malaise » diminuait ; il était donc plus confortable d'être étendue sur le dos.

Le petit déjeuner était prêt et je m'assis à table. Je regardai la nourriture. Je me sentais agitée, et l'idée de manger me rendit malade. Mon ami dit « Qu'y a-t-il ? », et mon bras droit se leva brusquement au-dessus de ma tête en un geste de défense entièrement involontaire, et je regardai en l'air, horrifiée, comme si quelque chose allait me frapper. L'assiette de petits pois ! C'était l'assiette de petits pois que ma mère m'avait cassée sur la tête parce que je ne voulais pas manger !

Je me sentis extrêmement désorientée ; je m'éloignai, horrifiée, de l'assiette de nourriture et je pus à peine adresser la parole à mon ami. Je lui demandai finalement de mettre l'assiette dans un sac en papier et de le porter pour moi à l'Institut. Il avait promis de rester avec moi. En marchant en direction de l'Institut. Il avait promis de rester avec moi. En marchant en direction de l'Institut, j'étais fiévreuse, désorientée, malade de peur et d'anxiété. Je n'arrivai à destination que grâce à son soutien.

Nous obtînmes une chambre, et pendant une heure je fus entièrement plongée dans cet incident survenu dix-huit ans plus tôt, n'émergeant de temps à autre que pendant de très courts instants. Dès que je pénétrai dans la pièce, je me jetai à terre, me protégeant la tête avec les bras, hurlant « ma tête, ma tête, ma tête, ma tête... ». Cela paraît étrange de dire « je » me jetai, parce que j'eus l'impression d'être projetée au sol par quelque chose d'autre — une force intérieure avait pris le commandement. Il n'y avait aucune volonté consciente, aucune décision, aucun contrôle, et pourtant « je » le faisais.

Comment décrire le gouffre dans lequel je suis tombée ce jour-là ? Je hurlai de terreur pendant environ vingt minutes, me jetant dans diverses positions élémentaires de défense — sur le dos, les bras en l'air, hurlant « non, non, non... » ; accroupie dans un coin, hurlant ; ramassée en boule, la tête rentrée dans la poitrine, les bras couvrant la tête, hurlant toujours. Puis je fus envahie par un nouveau sentiment d'horreur, encore plus étrange, et je me tus, les yeux grands ouverts. Je regardai à ma droite. Mon père, cet homme bon, merveilleux, mais qui avait peur, lui aussi, se trouvait assis là, à la table du dîner, après que l'assiette eut été cassée.

Je savais que je voulais l'appeler à l'aide, mais aucun mot ne vint. Je tendis la main droite vers lui. Je le sentis assis près de moi, et mes lèvres formèrent silencieusement la syllabe « pa- » ; j'avais l'impression de l'appeler de l'autre bout d'un désert, comme si, au moment de l'incident, son nom avait à peine été articulé dans un abîme indiciblement profond qui existait en moi, et maintenant, cette syllabe émergeait lentement du fond de ce gouffre et je dis encore « pa- ». Toujours pas de mot.

Pendant dix minutes je ne prononçai que cette syllabe muette en tendant le bras vers lui. Finalement j'émis péniblement le son « pa- », et finalement « pa-pa... pa-pa... ». Je continuai de répéter « pa-pa », laborieusement, « mon papa, mon papa, mon papa, mon papa, mon papa... » et de crier crier crier crier en contournant cette table fantôme pour me rapprocher de lui. Je regardai son visage et je criai en sanglotant « Papa, dis-lui, dis-lui (hurlements) que je ne peux pas-je ne peux pas-les manger-je ne peux pas les manger ! »

Puis je hurlai et je sanglotai pendant encore quinze ou vingt minutes, mais j'avais atteint le point culminant en prononçant la syllabe « pa- » et bien que mes pleurs fussent encore provoqués par ma souffrance, la peur était secondaire à présent. Je pleurais de soulagement, et surtout à cause de mon père que je venais de retrouver au bout de vingt ans de séparation. Il n'existe pas de mots pour décrire cette découverte de mon propre père.

Toute mon enfance j'ai été terrorisée par ma mère ; elle me battait presque tous les jours, sans jamais me faire vraiment mal, mais son visage tout entier disait : « Je te déteste et je vais te tuer. » Puis elle me pourchassait.

Le processus qui me sépara de mon père sur le plan émotionnel prit environ deux ans, entre l'âge de cinq et sept ans.

Mais bien que ces deux traumatismes aient été étalés dans le temps, ma plongée dans cette horreur du passé brisa en quelque sorte le noyau de ces deux souffrances à la fois : une grande partie de la terreur que m'inspirait ma mère semblait s'être concentrée dans cette assiette de porcelaine cassée sur ma tête ; de même, la souffrance causée par le lent détachement affectif de mon père, que j'adorais et chérissais, se concentra dans cet instant où je n'avais pas réussi à l'appeler au secours. Ainsi quand je sentis l'assiette se briser et quand je prononçai « pa- » d'une voix étranglée, une sorte d'envoûtement fut rompu.

Je dois dire en passant que quand cet incident s'est vraiment produit pendant mon enfance je suis restée entièrement silencieuse, je n'ai pas pleuré, ni regardé mes parents. Dès que je compris ce qui s'était passé (elle vint par-derrière et sans prévenir elle me cassa l'assiette sur la tête), je devins étrangement calme, je finis de manger en silence, et j'allai dans ma chambre. J'avais sept ans.

CHAPITRE VII

LES BESOINS

LE BESOIN ORAL

Freud croyait qu'il existait des étapes essentielles dans l'existence du petit enfant. Ainsi, celui-ci traversait d'abord le stade oral, puis le stade anal, et atteignait finalement le stade génital (la maturité). Les fixations survenues pendant ces phases devaient déterminer la personnalité future — orale et dépendante, sadique et anale, etc. Le manque de satisfaction ressenti à n'importe quel stade bloquait définitivement l'évolution de l'enfant à ce moment précis.

En un sens, Freud avait raison. L'insatisfaction provoque en effet la fixation, cette tentative continuelle pour combler le manque. Mais la fixation ne comporte aucun « stade ». Tant de besoins précoces coexistent et se rejoignent qu'il est impossible de caractériser les périodes en fonction d'un unique besoin. Par exemple, un bébé privé de mouvement, emmailloté ou constamment soumis à des restrictions, est traumatisé ou fait une « fixation ». Cela peut fort bien arriver pendant le stade oral décrit par Freud. Si cet enfant n'est pas tenu dans les bras pendant cette période, il souffre encore. Peut-être devra-t-il par la suite toucher des objets tout le temps. Il est impossible de compartimenter le développement parce que nous évoluons en tant qu'êtres humains complets, avec une diversité de besoins qui doivent être *tous* satisfaits au fur et à mesure. A l'époque de Freud, ce qui était important, était de manger. Le besoin d'un contact physique était pratiquement inconnu ; à Vienne en particulier, il était peu courant d'exprimer son affection par des gestes, et il n'est donc pas surprenant que ce besoin-là ait été minimisé par rapport aux besoins oraux.

Considérons certains des besoins ressentis par les bébés et les enfants et voyons à quel point ils sont essentiels. A l'appui de mes propres observations, je citerai de nombreuses recherches publiées dans le récent ouvrage de Newton et Levine [1].

Seitz observa des chats dont certains avaient été sevrés tôt, d'autres tard, et d'autres encore à une époque normale. Voici les résultats : 1) Les chats sevrés trop tôt montraient de la ténacité — mais un manque d'organisation — en cherchant à se nourrir. 2) Ils étaient les moins déterminés à atteindre leur but, les moins enclins à partager leur nourriture, et plus méfiants, plus craintifs et plus agressifs à l'égard des autres chats. 3) Ils étaient les plus anxieux face aux situations nouvelles [2]. Tout cela peut être attribué à un unique foyer de traumatisme. Il est clair que la privation précoce ressentie dans une partie spécifique du corps crée un comportement névrotique *généralisé* car elle provoque une tension généralisée — et non simplement dans la région de la bouche. Les besoins de l'organisme tout entier, non seulement ceux de la cavité buccale, restent insatisfaits. Nous le comprendrons mieux, peut-être, si nous remarquons à quel point nous sommes tendus au bout d'une période de privation sexuelle. Ce n'est pas seulement le fait que la pulsion sexuelle reste insatisfaite, et que les organes génitaux ne soient pas stimulés, l'organisme lui-même est privé de cette libération. Il est possible que la peau se couvre de boutons, que des maux de tête se déclarent, qu'une certaine irritabilité se manifeste. La privation de rapports sexuels crée une tension généralisée. Nous pouvons voir ici la dialectique à l'œuvre : les insuffisances spécifiques créent un comportement généralisé et la tension généralisée provoque des actes névrotiques spécifiques. L'élément spécifique fait toujours partie de l'ensemble, de telle sorte qu'il se trouve toujours contenu dans le comportement général. En résolvant le problème spécifique, on modifie l'ensemble. Cela va plus loin que la sémantique,

1. Grant Newton et Seymour Levine, *Early Experience and Behavior*. Springfield, Illinois ; Charles Thomas, 1969.

2. P. F. D. Seitz, « Infantile Experience and Adult Behavior in Animal Subjects », *Psychosomatic Medicine*, 21 (1959), pp. 353-378.

car le fait de résoudre des origines spécifiques de la tension névrotique diffuse élimine cette tension, et c'est la *seule* manière de l'éliminer. Si l'on se préoccupe du comportement général, ouvertement névrotique, les origines spécifiques restent toujours intactes. Les observations sur les chats sont importantes pour deux raisons : 1. Elles montrent que la privation spécifique peut créer un comportement généralisé. 2. Elles indiquent que les effets de la privation précoce durent très longtemps.

Voici ce que disent Newton et Levine sur les animaux privés d'un allaitement normal : « Ils agissent de la même façon stéréotypée, quelles que soient les différences de leur expérience sociale. Ainsi, des animaux élevés à la maison, ceux qui sont élevés individuellement dans des cages ouvertes ou dans un isolement complet, peuvent tous arriver à sucer leurs extrémités et à développer des tics[1]. » Cependant nous ne devons pas en conclure automatiquement qu'un enfant suce tout le temps parce qu'il a été sevré trop tôt. Sucer est l'un des rares moyens dont un bébé dispose pour libérer sa tension — *quelle qu'en soit* l'origine : c'est la tétine que fournit l'instinct.

En thérapie primale, nous assistons souvent à des primals où le patient suce violemment son pouce ; cet acte involontaire peut durer une ou deux heures. Habituellement le patient raconte ensuite qu'il lui a semblé que des mois s'étaient accumulés en ces deux heures de primal et souvent il déclare qu'il a perdu toute envie de fumer. La séquence revécue contient le besoin tout entier, inscrit dans l'histoire de l'organisme, littéralement codifié dans la physiologie du patient. Ainsi, un homosexuel peut passer sa vie à sucer des pénis et ne jamais assouvir ce besoin, puis avoir un primal de deux heures où il le revit dans *le contexte de sa petite enfance,* et le résout. C'est-à-dire que le besoin est ressenti en tant que tel ; il ne peut disparaître avant cet instant, quel que soit le temps pendant lequel il a été déjoué symboliquement. Bien sûr, chez les humains, le besoin de sucer est recouvert par beaucoup d'autres besoins ; si quelqu'un suce des pénis, c'est aussi par besoin de chaleur humaine.

Il est donc important de comprendre qu'une seule erreur du parent ne nuit pas à l'enfant de façon irréversible. Laisser un certain jour pleurer le bébé trop longtemps ou ne pas le changer assez vite, n'est pas catastro-

1. *Op. cit.*, p. 448.

phique. Un patient déclara : « C'est comme si mon organisme essayait de combler un besoin inhérent à mon développement. C'est comme si mon corps réclamait et réclame à grands cris un sein qui ne s'était jamais offert à moi quand j'en avais besoin. Rien de ce que je pouvais faire alors n'était capable d'apaiser ce besoin ; je trouvai alors une compensation et je commençai à me cogner la tête ; je suppose que ce n'est pas sans rapport avec le fait qu'aujourd'hui, j'ai tant de fantasmes masochistes. »

La complexité du symptôme névrotique est illustrée par le cas d'un patient qui bégayait. Dans ses premiers primals, il apparut qu'on l'avait forcé à dire des choses avant même qu'il ne pût articuler les mots. « Dis grand-maman ! » Quand il avait presque réussi à prononcer un mot au prix d'un effort énorme, son « public » l'applaudissait bruyamment. Il fut traumatisé et le traumatisme se localisa dans la région de la bouche. Mais pourquoi ce bégaiement ? Mise à part une prédisposition neurologique éventuelle, quelle pouvait en être la raison ? Dans son cas, ce primal, qui concernait la contrainte d'avoir à parler avant d'y être prêt, le conduisit à revivre une vague anxiété ressentie au berceau, et jusqu'ici entièrement oubliée. Il savait seulement qu'il avait peur, comme quand il était incapable de prononcer les mots que sa grand-mère voulait lui faire dire. Dans l'obscurité de son berceau, il se rappela avoir eu peur et avoir pleuré ; brusquement on lui fourra un biberon dans la bouche, et il fut vraiment terrifié. Il ne fut ni caressé ni tenu dans les bras, ni réconforté par de douces paroles ; il n'y eut que ce biberon planté dans sa bouche par une mère pressée et impatiente. Non seulement ce biberon ne réussit pas à le calmer, mais il traumatisa également la région de sa bouche : ce nouveau facteur contribue à l'explication de l'origine de son bégaiement. L'histoire du biberon ne fut pas un incident isolé. Il se reproduisit de nombreuses fois, jusqu'à ce que finalement le petit garçon cessât de pleurer afin de l'*éviter*. Cependant sa peur lui resta. Il bégaya, et en plus il eut peur du noir toute sa vie ; cette frayeur avait commencé avec un incident — ou une série d'incidents — survenu avant le stade du souvenir.

Les deux exemples suivants aideront peut-être à clarifier ce point. La boulimie et l'alcoolisme sont considérés par les théoriciens de l'analyse comme des habitudes névrotiques orales. Il y a des enfants qui, même s'ils passent une journée agréable, pensent immédiatement à manger dès qu'ils sont seuls. Il ne sert pas à grand-chose de les mettre au régime, car quand ils sont seuls ils revivent souvent l'époque lointaine de leur vie où ils étaient nourris à heures fixes, où ils avaient souvent faim entre les tétées et ne disposaient pas des facultés mentales nécessaires pour comprendre que leur mère serait là une ou deux heures plus tard. Ils se sentaient abandonnés et terrifiés. En vérité, nous sommes si nombreux à avoir été nourris à heures fixes pendant notre petite enfance que la boulimie est devenue un syndrome national [1], et le régime une idée fixe nationale. Le problème posé par le régime est qu'en un sens c'est l'enfant qui a de nouveau faim, ce qui crée cette angoisse originelle (et ce besoin désespéré de nourriture).

Si nous pouvions seulement nous mettre à la place du petit enfant, nous comprendrions mieux ces traumatismes. Les bébés ne sont pas en mesure de rationaliser. Ils ne peuvent imaginer ce que représente la durée d'une heure. Avoir faim et se trouver seul dans le noir à souffrir, signifie la mort. Car ils ne savent pas quand cette souffrance prendra fin, et sont donc incapables de la combattre d'une manière intellectuelle. Récemment nous avons vu un alcoolique qui buvait depuis vingt ans. Il utilisait l'alcool comme une tétine. Évidemment, l'alcool se déversait dans la cavité buccale. Mais pendant son primal il eut si terriblement soif qu'il tira la langue pendant deux heures. Il en sortit avec la bouche incroyablement sèche. Il n'avait pas de fixation orale comme le lui avait affirmé son analyste précédent ; il avait été traumatisé par la soif pendant les premières semaines de sa vie, et cela, associé à la froideur et à la rigueur de ses parents, provoqua son alcoolisme. Son usage de l'alcool-tétine était une défense prototypique contre le traumatisme prototypique. Si ce dernier est lié à la nourriture, *tout* sentiment pénible peut par la suite entraîner l'enfant à grignoter, car il réveille en lui un ancien malaise.

Il est important de comprendre qu'il n'est pas nécessaire de revivre chaque traumatisme pour éliminer la névrose. Chaque traumatisme est lié à un sentiment central, primordial, disons d'impuissance, et lorsque ce sentiment est revécu, il fait surgir une pléthore de souvenirs douloureux qui lui sont associés. Un seul primal peut donc soulager la souffrance ressentie à cause d'une

1. Il s'agit des États-Unis (N. d. T.).

expérience traumatisante qui s'est renouvelée plusieurs fois. Nous commençons à évaluer la complexité des nombreux incidents et traumatismes qui participent à la création d'un symptôme névrotique, et à voir à quel point il est inutile de vouloir traiter celui-ci comme une entité indépendante.

Disons pour conclure que nous devons prendre soin d'éviter de compartimenter le développement, parce que les êtres humains n'évoluent pas d'une manière compartimentée. Un enfant qui subit des contraintes et n'a pas le droit de bouger peut très bien être influencé par ce traumatisme et faire une « fixation ». Il risque d'éprouver de l'anxiété chaque fois qu'il se trouve enfermé, et de ressentir le besoin d'être libre et de se déplacer continuellement. Mais il n'est absolument pas nécessaire de donner à cette période de sa vie le nom de « stade kinesthésique ».

LE MOUVEMENT MENTAL ET PHYSIQUE

Le mouvement ne paraît pas être un besoin essentiel, mais, comme l'amour, il fait souffrir quand il est impossible. Le besoin de bouger et d'explorer n'est pas simplement psychologique, mais il est nécessaire à la stimulation du cerveau en cours de développement. C'est par le mouvement que nous acquérons une perception visuelle, un équilibre, une coordination convenables, et que nous apprenons à sentir nos propres gestes. Peut-être le besoin d'être bercé au début de la vie est-il le besoin primitif de bouger, que le nouveau-né ne peut satisfaire lui-même. De toute manière, je considère qu'il fait partie du besoin de stimulation. Burlington découvrit que « les mouvements rythmés comme le balancement (...) augmentent quand l'enfant reste trop longtemps enfermé dans sa voiture ou son berceau[1] ». D'autres chercheurs ont remarqué que les bébés qu'on ne laissait pas suffisamment bouger se balançaient et se cognaient la tête. Kulka

1. Dorothy Burlington, « Notes on Problems of Motor Restraint During Illness », dans *Drives, Affects, Behavior,* R. M. Lowenstein, New York, International University Press, 1953, vol. 1, pp. 169-175.

indique que cela vient peut-être « d'une tentative de satisfaire... des besoins kinesthésiques [1] ».

Il existe de multiples façons d'expliquer pourquoi les enfants se cognent la tête ou se balancent de façon compulsive. Le choix des symptômes et la notion de l'angoisse et de la défense prototypiques sont exposés en détail dans le chapitre sur la naissance. Il se peut qu'un enfant se cogne la tête parce qu'il s'est heurté le crâne contre l'os pubis pendant le processus de la naissance : c'est la région du traumatisme la plus ancienne. Tout stress ultérieur risque de réactiver ce traumatisme originel et de provoquer les cognements de tête. Le symptôme rappelle la présence du traumatisme qui s'est inscrit dans l'organisme de l'enfant.

Un enfant peut se balancer de manière compulsive dans son berceau parce qu'il a subi une contrainte physique excessive tout au début de sa vie — il a été bordé trop serré, ou bien il n'a pas été suffisamment bercé pendant les premières semaines de sa vie. L'enfant traumatisé essaie de « compenser » son premier traumatisme. C'est l'effet primal du « contrecoup ». Un enfant qui a dû porter des appareils orthopédiques pendant les premiers mois (où la contrainte avait un effet profond sur le développement du cerveau), deviendra peut-être une personne continuellement en mouvement et hyperactive. Ainsi chaque fois qu'il se trouvera enfermé (dans une salle de classe par exemple), sa première sensation de contrainte — causée par l'appareil — sera réactivée et créera l'angoisse et le besoin de bouger.

Plusieurs études indiquent que certains troubles visuels se manifestent chez des enfants qui n'ont pas été autorisés à ramper suffisamment (cette question est traitée dans l'ouvrage de Carl Delacato). L'effet de contrecoup semble durer toute la vie : l'enfant passe graduellement du balancement à l'hyperactivité — pendant la récréation ou en classe — et, devenu adulte, il est incapable de tenir en place. Toute situation contraignante — par exemple le fait de rester assis sans bouger dans une salle de conférence — risque de déclencher le premier traumatisme et de provoquer l'angoisse et un vague besoin de « sortir ». L'habitude de tambouriner avec les doigts ou de marteler

1. A. Kulka et collaborateurs, « Kinesthetic Needs in Infancy », *American Journal of Orthopsychiatry, 30 (1960), pp. 306-314.*

le sol du pied est une autre manifestation physique de cet effet de contrecoup. On ne peut que se demander quels effets désastreux engendre la pratique orientale consistant à emmailloter les bébés.

L'emprisonnement n'est pas seulement physique. Le plus souvent il est mental. L'enfant n'est autorisé qu'à exprimer des pensées « admises ». On lui met une camisole de force mentale presque dès le jour où il peut prononcer des mots. Il devra être religieux et avoir des pensées religieuses si tel est le désir de ses parents, ou ne dire que du bien des gens, sans jamais émettre la moindre critique. Ce genre d'emprisonnement peut provoquer une nouvelle sorte de défense : la fuite mentale, que l'on connaît sous les termes de fantasme et de rêve éveillé. Enfermé dans une salle de classe ennuyeuse, le sujet peut se perdre dans ses fantasmes : sa tête lui permet de s'échapper. Comme il a porté une camisole de force mentale, le contrecoup se situe sur le plan mental.

Bien sûr, l'idée d'une camisole de force purement « mentale » est erronée. Réprimer un sentiment et la pensée qui en découle crée une pression physique ; ainsi on peut se laisser emporter par l'imagination et taper du pied en même temps. Il est important de se rappeler que les pensées ne sont pas des entités autonomes qui flottent dans l'espace mental. Elles sont inséparables de notre corps et de nos sentiments, dont elles font partie, de telle sorte que leur répression supprime certains éléments neurophysiologiques. Cela signifie que sous certains aspects, la personnalité de l'enfant en train de grandir se déforme quand elle ne correspond pas à son « moi » profond. Le visage, la bouche, le corps, se tordent littéralement pour « leur » ressembler. Dans beaucoup de primals purement physiques, les patients, sans le vouloir se tordent et se déplient, en souffrant horriblement, tant ils sentent qu'ils ont été déformés par le carcan idéologique imposé par leurs parents. De plus, les patients ont senti la peur voûter leurs épaules, creuser leur poitrine, etc.

Combien de fois n'avons-nous pas entendu les parents dire « Maintenant assieds-toi et tiens-toi tranquille » ? Trop de parents oublient que les enfants ont une nature active et exubérante. Ceux qui se sont transformés en robots tendent à modeler leurs enfants à l'image de leur propre inertie. Ils ne comprennent pas qu'en limitant les mouvements de leurs enfants, ils restreignent leur expérience. Dans tout l'appareil musculaire se trouvent des récepteurs sensoriels qui donnent des informations au cerveau. En exerçant nos muscles spontanément, nous faisons aussi en un sens fonctionner notre cerveau. Le mouvement *est* une expérience. Il nous enseigne la spontanéité du sentiment. La privation de mouvement empêche l'expérience, et ce manque affecte à son tour la croissance du cerveau, particulièrement au début de la vie. On ne devrait pas considérer qu'accorder la liberté aux enfants est une « faveur » de parent « éclairé ». La liberté est une nécessité biologique !

Les enfants qui sont constamment grondés parce qu'ils courent partout pour explorer, se mettent vite à contrôler leurs mouvements et à se déplacer prudemment et d'une manière contrainte. Les enfants qui n'ont pas le droit de dire « J'ai un professeur horrible ; je ne peux pas la voir, l'école non plus d'ailleurs », apprennent bientôt à examiner chacune de leurs pensées comme le moindre de leurs mouvements. La prudence devient automatique et la spontanéité de *tout* sentiment et de *tout* mouvement est perdue. Plus tard, la petite fille peut devenir une femme frigide, non à cause d'une mauvaise éducation sexuelle, mais parce qu'elle n'a jamais eu le droit de ressentir et de montrer son excitation. Un patient revécut une scène où il s'excita beaucoup à propos de quelque chose survenu à l'âge de six ans. Il regarda ses parents dans les yeux et brusquement il se rendit compte qu'ils étaient tous deux sans vie. Il sut alors que pour s'en sortir il devait rester « mort ». Il ravala son exubérance et devint comme eux. Il aurait évidemment été bien inutile de l'encourager plus tard à se montrer plus vif.

Quand les pensées de l'enfant sont contraintes, elles ne disparaissent pas plus que les comportements physiques qui leur correspondent. Elles restent enfermées et exercent une pression qui entraîne l'esprit dans des voies détournées ; ainsi le sujet a des idées « névrotiques » et bizarres sur presque tout car il ne peut être réel sans ressentir la souffrance et la peur ; être réel devient un danger en soi. C'est pourquoi les personnes non réelles ont toujours une approche irréelle de la vie.

La même pression exercée par les sentiments réels provoque les rêves éveillés qui sont, eux aussi, des dérivatifs. Ce sont des histoires mentales, une idéation bizarre due à des pensées et des sentiments submergés. Pourquoi cette idéation bizarre est-elle irréelle ? Parce que si elle était réelle, la personne sentirait tout simplement ses sentiments. Il est clair que si les sentiments cachés peuvent créer un enchaînement irréel comme les rêves éveillés, ils peuvent aussi donner naissance à d'autres formes de pensée chimérique.

Voici un exemple de la pression souterraine exercée par la privation de mouvement : dans un primal récent un patient a revécu le moment où, en se battant avec son frère, il s'était trouvé maintenu au sol pendant un quart d'heure et avait été pris de panique. Le souvenir de cette expérience persista et ne fut pas résolu. Plus tard, chaque fois qu'il avait peur, il avait dans les bras des douleurs et des picotements inexplicables. Le fait de revivre ce sentiment *dans son contexte* y mit fin.

Une méthode presque universellement adoptée pour « contenir » les bébés est l'usage du parc, qui limite leur champ de mouvement. Peu de mères comprennent que c'est une forme de prison pour leurs jeunes enfants, qui sont censés accepter joyeusement cette réclusion. « Eh bien, répond la mère, je ne peux pas passer tout mon temps auprès de mon bébé, et s'il ne restait pas dans son parc, il pourrait se blesser en se promenant dans la maison. » Les parcs sont commodes, sans aucun doute. Mais nous devons trouver des moyens de construire des pièces et des cours qui permettent à l'enfant de ramper librement sans risquer de se blesser [1]. Cela signifie aussi que les mères vont devoir jouer leur rôle de mère et passer beaucoup de temps avec leurs enfants, au lieu de les enfermer dans leur parc afin de pouvoir se consacrer à leurs si importantes tâches ménagères. Cela s'applique également au père s'il est à la maison pendant que la mère travaille. Après le sevrage, peu importe que ce soit le père ou la mère qui reste à la maison ; ce qui compte, c'est que les parents se comportent en parents et qu'ils ne traitent pas leur enfant comme un objet qu'on met « en prison » et qu'on en sort pour des raisons de commodité.

Une anthropologue qui a étudié les chimpanzés en

1. Par exemple, on peut mettre de vieux matelas autour de la pièce pour que l'enfant soit libre de ramper où il veut. Nous avons à l'Institut primal une pièce de « défoulement » entièrement capitonnée, qui a deux mètres sur trois. Selon les patients, sa popularité tient en partie au fait qu'ils peuvent revivre des moments passés autrefois dans des parcs ou des pièces fermées où ils ne pouvaient pas se déplacer librement. Maintenant ils peuvent ramper, se débattre et se jeter dans tous les sens, sans courir le risque de se blesser ou d'être retenus.

Afrique a élevé son enfant comme ces animaux, sans parc ; elle lui a donné la jouissance d'un environnement sans obstacles, et a décrit son bonheur. Pendant des générations nous avons grandi dans cette prison infantile et nous avons constaté les résultats de cette éducation en thérapie primale. Des patients ont passé leur vie d'adulte à jouer à se sentir libre en voyageant constamment, en se chargeant de multiples obligations, et en ayant une vie sexuelle soi-disant « libérée ». Certains sont allés dans des « centres de week-end » et ont participé à des jeux qui leur permettaient de se libérer au sens propre du mot en s'échappant du groupe de gens qui les entourait. Mais, bien sûr, ce déjouement ne fait que garantir une restriction intérieure permanente, tandis qu'en ressentant les contraintes précoces (par exemple le parc) le patient atteint la vraie liberté intérieure.

Interdire à l'enfant de bouger librement est une forme de privation sensorielle. C'est-à-dire que l'enfant est insuffisamment stimulé de l'intérieur. Son cerveau reçoit une stimulation interne insuffisante. Et nous connaissons déjà les effets de cette privation sensorielle. L'une des structures clés du cerveau, qui participe à la différenciation du mouvement, est le cervelet, qui est très peu développé à la naissance et sensible au manque de stimulation. Ainsi, nous voyons à nouveau comment la croissance du cerveau dépend de la liberté (dans ce cas, de la liberté de mouvement). L'enfant hyperactif peut, à sa manière, réagir à un besoin de compenser le manque de liberté et de stimulation dont il a souffert au début de sa vie. Il a adopté une défense qui lui a peut-être sauvé la vie. Son organisme reconnaît son besoin de stimulation et de mouvement, mais ses parents continuent de le punir pour cela et l'emmènent chez des médecins qui essaient de le ralentir avec des médicaments.

Le besoin d'être libre de corps et d'esprit est essentiel sur le plan psychophysiologique. Les études sur les animaux le prouvent. Bernhaut a découvert que les animaux dont on restreint les mouvements deviennent engourdis et apathiques[1]. Il soutient que la contrainte précoce inhibe le centre d'alerte du cerveau, la substance

1. M. Bernhaut, E. Gellhorn, et A. T. Rasmussen, « Experimental Contribution to Problems of Consciousness », *Journal of Neurophysiology*, 16 (1953), pp. 21-35.

réticulaire, à tel point que la production du cerveau est déficiente. Il en résulte une lenteur et un engourdissement général. On peut conclure de ces études qu'il existe un taux de stimulation optimum (n'oublions pas que le mouvement est une auto-stimulation), nécessaire très tôt dans la vie pour le bon fonctionnement de la substance réticulaire.

Carpenter a découvert qu'une contrainte physique totale imposée à de jeunes rats, même un seul jour, a provoqué des troubles de comportement encore plus considérables que quand les rats furent, pendant le même laps de temps, privés à la fois de lumière et de bruit [1]. Plus important encore : des travaux réalisés à l'université de Californie du Sud indiquent que les animaux physiquement contraints sont davantage sujets aux tumeurs. Un jour nous découvrirons peut-être que la liberté est littéralement une affaire de vie et de mort si l'on considère les maladies dramatiques qui peuvent survenir en son absence.

Il devient évident que l'enfant éprouve très tôt le besoin essentiel de bouger. Des singes élevés avec seulement un pendule mobile dans leur cage (auquel ils pouvaient s'accrocher) se développèrent plus vite, grossirent davantage, et s'adaptèrent beaucoup mieux socialement que leurs compagnons dotés d'un pendule immobile. Les bébés singes qui ne pouvaient pas se balancer à un pendule étaient terrifiés par les humains, paraissaient moins aventureux et avaient en général du mal à s'adapter. Pourquoi ? Nous voyons qu'il n'est pas suffisant de permettre simplement à l'enfant de bouger : son mouvement doit être *rythmé*. En d'autres termes, les besoins essentiels qui apparaissent tout de suite après la naissance doivent être satisfaits dans les conditions les plus proches possible de celles de la vie intra-utérine Il faut un bruit régulier comme le battement du cœur, du mouvement, de la chaleur, et beaucoup de contacts physiques. S'il manque un seul élément, par exemple le balancement, le mouvement rythmé, le développement de l'enfant se trouve contrarié d'une manière ou d'une autre. Les expériences pratiquées sur les singes et les anthropoïdes nous permettent de définir certains besoins essentiels que

1. P. B. Carpenter, « The Effect of Sensory Deprivation on Behavior in the White Rat » (*Doctoral Dissertation,* Florida State University, 1959).

nous n'avons pas pris en considération jusqu'ici. Bien sûr, à présent nous disposons aussi d'études fort utiles portant sur les êtres humains. Des enfants prématurés se sont mieux développés physiquement et psychologiquement quand ils se trouvaient dans des incubateurs qui bougeaient et les berçaient. Les couveuses qui reproduisent les conditions de la vie intra-utérine offrent à l'enfant les meilleures chances de survie. Cela veut dire que la vie après la naissance est un prolongement, un développement de l'existence intra-utérine ; moins elle modifie le principe de ces conditions pré-natales et mieux cela vaut pour le bébé.

Être réel signifie être capable de se mouvoir en toute liberté. Cela ne veut pas dire qu'il faille courir sans cesse, poussé par la tension ; cela ne veut pas dire qu'il faille jouer à être libre en dansant et en galopant dans la maison comme un gorille. Cela veut dire qu'on a un corps fluide, détendu, parfaitement coordonné, de sorte qu'on réussit sans effort dans la plupart des sports, qu'on sait se servir pleinement de son corps pour danser. Je suis convaincu que les enfants normaux sont naturellement doués pour les sports. Cela ne veut pas dire que les athlètes ne soient jamais névrosés. Il peut arriver qu'un bon coureur n'ait pas *intégré* l'usage de son corps, ce qui permet de réagir à des stimuli émotifs comme la musique. Ou bien quelqu'un qui a le plein usage de ses facultés physiques peut exprimer sa névrose par des réactions mentales. Ce n'est pas une conclusion absolue, mais, toutes choses étant égales, une personne qui lance les objets avec maladresse, qui ne réussit pas à apprendre à nager, etc., montre des signes de névrose.

Je ne suis pas du tout certain que les primals puissent totalement remédier au manque de coordination physique des anciens névrosés. Une fois que la névrose s'est « installée » dans le corps et a provoqué ce manque de coordination qui dure des années, l'irréparable est en partie accompli. Le névrosé ne peut jamais devenir ce qu'il aurait été s'il avait grandi normalement et pratiqué régulièrement les sports. Néanmoins, nous avons constaté une amélioration notable de la coordination à la suite des primals.

LE BESOIN DE STIMULATION

Il existe un degré optimum de stimulation fondé sur les besoins de l'enfant. La souffrance primale peut survenir aussi bien lorsque l'enfant est stimulé de façon excessive, que lorsque la stimulation est insuffisante. Un enfant trop manipulé en raison de l'anxiété de ses parents peut souffrir, car il a envie qu'on le « laisse tranquille » et il est incapable d'intervenir, surtout quand il est très jeune. Plusieurs patients ont eu des primals où ils étaient constamment pincés, lancés en l'air, obligés de faire ceci ou cela, sans répit suffisant. Ce que faisaient les parents, les grands-parents et les amis n'avait aucun rapport avec les besoins de l'enfant. Répétons-le : les névrosés ne voient pas plus loin que leurs propres besoins. L'excès de stimulation prend diverses formes, par exemple celle d'un parent qui libère continuellement sa tension en parlant sans cesse. Il ne laisse pas à l'enfant le temps de penser pour lui-même, ni de réfléchir ou de sentir. Le parent qui caresse constamment son enfant le stimule trop, comme celui qui parle trop fort et provoque la souffrance de l'enfant à cause de cet excès de stimulation sensorielle. Comment arriver à trouver un équilibre entre l'excès et le manque ? Cela dépend du besoin de l'enfant, et si celui-ci est réel, il fait connaître ses besoins. Et un parent réel qui n'est pas poussé par sa propre tension, ne stimulera pas son enfant exagérément.

Pourtant l'excès de stimulation est habituellement un problème qui se pose moins. On remarque le plus souvent un manque de stimulation — autrement dit, un rejet. Nous savons que le cortex cérébral se développe et gagne en densité quand il est stimulé, de telle sorte qu'il existe un besoin d'expérience pour elle-même. Puisqu'on fait avant tout et toujours l'expérience du moi, plus on est ouvert à soi-même, et plus l'expérience de la vie est importante. C'est-à-dire : plus l'individu fait l'expérience des processus vivants du corps, et plus il acquiert l'expérience de la vie. Newton et Levine soulignent que « la restriction de l'expérience compromet le développement social des singes et des chimpanzés [1] ». Le manque de stimulation les a rendus plus excitables d'une manière

1. *Op. cit.*, p. 468.

diffuse, et aussi plus craintifs. De plus, leurs réactions sociales se sont fixées sur des objets peu appropriés, de sorte que leur activité sexuelle s'est dirigée vers ces objets, au lieu de se diriger vers leurs compagnons. Chez les humains, nous appelons cela du « fétichisme ». Nous concluons de l'observation des primates qu'un environnement restrictif qu'on subit tôt dans la vie, peut rendre l'organisme plus attaché aux choses qu'aux gens. C'est une variante de l'empreinte ; au lieu d'envelopper l'enfant de chaleur humaine, on lui donne un biberon ou un jouet, et il fait une fixation aux objets qui peut durer toute sa vie.

LE TOUCHER

Il semblerait que la quantité de chaque stimulation dont nous avons besoin, soit déterminée par le volume cérébral correspondant. La région du toucher, par exemple, est représentée très largement dans le cerveau. Je pense que ce fait neurologique est une preuve évolutionniste de l'importance réelle du toucher. Un petit enfant touché fréquemment ne souffre pas d'un manque de contact. Ainsi, il peut pleinement faire l'expérience du contact des autres parce qu'il peut pleinement faire l'expérience de lui-même. Un enfant rarement caressé en souffre, qu'il le sache ou non, car son besoin physiologique — aussi important que le besoin de manger — est négligé. La souffrance scelle l'expérience du toucher de telle sorte que plus tard l'enfant se bloque et n'est plus réceptif aux caresses et aux contacts physiques : il ne sent « rien ». Il peut être aussi douloureux d'être trop touché que pas assez, car une manipulation excessive risque de stimuler l'enfant au point de le bloquer : l'excès de stimulation ne correspond pas à un besoin, car il est fondé sur un besoin du parent et non sur celui de l'enfant.

A la naissance, le toucher est l'une des rares régions sensorielles pleinement développées. En fait, au bout de vingt semaines de développement fœtal, déjà, apparaît une sensation cutanée. C'est logique car la peau constitue l'organe sensoriel le plus étendu ; elle représente une vaste zone de besoin. Il semblerait que les parties du cerveau de l'enfant qui se développent le plus tôt correspondent au développement ontologique de l'homme. Ainsi la myélinisation de la région du toucher précède celle des zones de l'intelligence. La compréhension est un développement tardif dans l'évolution, son développement ontologique chez l'homme est donc également tardif. Pendant la croissance du cerveau, les besoins que nous partageons avec les animaux sont prioritaires. C'est peut-être pour cette raison que les études traitant de la privation de contact chez les animaux ont une importance particulière pour le comportement humain. Mais ces recherches sur les animaux ne peuvent pas nous faire parvenir à une compréhension totale de la névrose humaine, qui est inextricablement liée au langage, à la pensée, et à l'intelligence.

Spitz a observé des enfants de l'Assistance qui avaient rarement été tenus et il a constaté chez eux des cas d'eczéma plus fréquents [1]. D'autres ont découvert que la même privation a provoqué de la dermatite. Bakwin a constaté que les bébés nourris au biberon étaient davantage sujets à l'eczéma et aux maladies respiratoires [2].

Ashley Montagu décrit la guérison d'une jeune fille affligée d'acné, traitée au centre médical de l'université de Temple : « Elle suivit des séances de stimulation tactile dans un salon de beauté où un médecin perspicace l'avait envoyée après l'échec de tous les traitements médicaux orthodoxes [3]. » Ce praticien traita la région du traumatisme. Le toucher est le tranquillisant de la peau.

Il est donc évident que le corps devient malade s'il souffre de privations ; ce qui est moins évident, c'est le fait qu'il tombe malade de façon spécifique. Pourquoi les enfants qui n'ont pas été pris dans les bras ont-ils de l'eczéma ? Je pense que dans ce cas la peau est le lieu du besoin et de la privation, et donc le foyer de la souffrance. Bien sûr, il faut également tenir compte du rôle que peuvent jouer les prédispositions héréditaires dans la formation des symptômes.

Quand l'enfant est insuffisamment touché cela veut dire qu'il n'est pas aimé, même si ses parents assurent le contraire. La privation d'amour n'est pas seulement

1. R. A. Spitz, *La première année de la vie de l'enfant* (PUF, 1958).
2. H. Bakwin, « Feeding Programs for Infants », *Federation Proceedings*, 23, pp. 66-68.
3. Ashley Montagu, *Touching* (New York, Columbia University Press, 1971), p. 207.

psychologique, mais aussi physiologique. C'est vrai, en dépit des déclarations de l'enfant (« Ils m'aimaient mais ils étaient incapables de montrer leur affection »).

Harlow est l'un des pionniers de la recherche sur les primates privés de contacts physiques [1]. Il découvrit que les singes élevés sans vraie mère ressentaient toute leur vie les effets de ce manque. Ceux qui avaient eu pour « mères » des poupées de chiffons, s'en tiraient mieux que ceux dont les mères étaient faites de fil de fer et de longues pointes, ce qui éliminait toute possibilité de contact. Les singes « non touchés » devinrent plus craintifs et moins aventureux. Plus tard, Harlow améliora la mère de chiffons en chauffant une chaussette [2]. La chaleur fit une différence notable : les singes qui eurent pour mère une « chaussette » non chauffée s'en sortirent moins bien. Les autres furent plus enclins à s'accrocher à leur « mère » quand ils avaient peur. Ceux qui restèrent trop longtemps avec une « mère » froide, en subirent des conséquences durables ; le moindre contact les intimidait, même après l'introduction d'une « mère chaude ». Harlow écrit : « Apparemment, le fait d'avoir été élevé avec une mère froide a détourné le petit singe des mères en général, et même de celles qui diffusent une chaleur réconfortante [3]. » D'après ces observations, nous pouvons déclarer qu'un environnement chaleureux plus tard dans la vie ne fait pas disparaître les premiers traumatismes ; il ne fait que les atténuer. La présence d'une mère froide au début de son existence rend l'enfant craintif d'une manière définitive car il n'y avait personne auprès de qui il pouvait se réfugier pour calmer ses appréhensions. Ainsi, un enfant adopté à l'âge de huit mois aura des problèmes par la suite s'il a passé les premiers mois de sa vie dans un environnement froid et impersonnel (dans un établissement de l'Assistance par exemple).

L'absence d'une mère chaleureuse au début de la vie crée une surcharge de peur qui se transforme en angoisse latente. Si on demandait à l'enfant « De quoi as-tu peur ? » il serait bien incapable de répondre, car premièrement, aucune peur spécifique ne semble se détacher de son enfance, et deuxièmement, ces peurs datent de bien

1. Cette question est longuement exposée dans *Le cri primal* (A. Janov, Flammarion 1975) ; voir le chapitre intitulé « La nature de l'amour ».
2. H. Harlow, *American Psychologist,* février 1970.
3. *Ibid.,* p. 167.

avant l'époque où le petit enfant devint capable d'en concevoir la raison, ou même la réalité. Ce serait une erreur de dire à cet enfant, qui a maintenant peur des chiens, des hauteurs, des ascenseurs — autrement dit, d'objets « neutres » : « Il n'y a pas de quoi avoir peur. » Il réagit en fonction d'une histoire lointaine, oubliée à présent, mais toujours vivante. Si, au début de sa vie, il avait connu des contacts physiques, chaleureux de préférence, son état ne se serait jamais aggravé à ce point.

Le comportement humain confirme amplement les conclusions de Harlow. Les mères « froides » sont des femmes à tel point crispées par leur propre souffrance qu'elles sont en effet froides quand on les touche. L'afflux sanguin diminue pour résister à la souffrance, provoquant une mauvaise circulation, et donc le froid. Aucune conférence, aucun article sur l'affection maternelle ne transformera ce bloc de glace : la froideur de cette femme n'est pas simplement une attitude — c'est un phénomène organique.

LES PÉRIODES CRITIQUES

Il faut non seulement toucher les enfants très souvent, mais il est nécessaire de le faire à certains moments critiques pour que cela soit efficace. Un enfant de l'Assistance adopté à l'âge de dix-huit mois par une famille affectueuse, risque d'avoir déjà été traumatisé définitivement. L'absence de contact pendant les huit premiers mois de la vie, où le système nerveux est le plus réceptif et où les autres modalités sensorielles sont encore insuffisamment développées, peut provoquer l'irréparable. Les périodes critiques pendant lesquelles la stimulation est la plus efficace, sont appelées les périodes d'empreinte. Les canards auxquels on a présenté un objet mobile environ quinze heures après leur éclosion sont imprégnés par cet objet (un être humain, par exemple) et le suivent parfois toute leur vie. Mais si on pose un objet près d'un caneton de quatre jours, il n'en sera nullement affecté. Denenberg a découvert que les rats touchés pendant les cinq premiers jours de leur vie, ont survécu plus longtemps au stress que ceux qui n'ont été touchés que le sixième jour[1]. Le comportement que nous observons chez les adolescents et les adultes est probablement plus directement lié à ce qui est arrivé pendant les premiers mois de leur vie qu'à toute relation nuisible ultérieure avec leurs parents. Une petite enfance « convenable » peut déterminer le comportement de l'enfant face à l'adversité à venir, et expliquer sa réussite ou son échec.

Tapp et Markowitz ont découvert que le contact physique du bébé influence directement le développement de son cerveau[2]. Plus l'expérience est riche, et plus le cerveau est lourd. Ils ont aussi remarqué que dans ce cas, la croissance traversait des phases distinctes. Il existe aussi une relation directe entre la région stimulée et la partie correspondante du cerveau. Les rats aveuglés ont un cortex visuel mal développé. Si tout à fait au début de sa vie, un bébé est insuffisamment touché ou allaité, cela peut avoir des effets plus profonds sur son intelligence future que toute éducation conventionnelle. Les éducateurs devraient savoir que l'important n'est pas la façon dont nous remplissons la tête des enfants, mais la façon dont nous satisfaisons leurs besoins.

Il existe aujourd'hui des milliers d'études sur le toucher. On a constaté que les rats « maniés avec douceur » se sont montrés par la suite plus détendus et moins excitables[3]. Dans un autre cas, des rats isolés et non touchés furent terriblement excités la première fois qu'il se retrouvèrent « en société ». Quand on leur administra du largactyl, ils furent plus maniables[4].

1. V. H. Denenberg, « An Attempt to Isolate Critical Periods of Development in the Rat », *Journal of Comparative and Physiological Psychology*, 55 (1962), pp. 813-815.

2. J. T. Tapp et H. Markowitz, « Infant Handling : Effects on Avoidance, Learning, Brain Weight and Cholinesterase Activity », *Science*, 140 (mai 1963), pp. 486-487.

3. Lindsley avance la théorie que la privation précoce transforme l'équilibre du centre d'excitation du cerveau qui oriente le cortex vers une activité spécifique. Ainsi, avec une moindre organisation corticale, l'excitabilité est plus diffuse, s'exerçant plus au hasard. Chez l'homme on appelle cela l'angoisse « flottante ». Lindsley indique par là qu'un cerveau moins ramifié et moins organisé est plus susceptible d'être surchargé, même sous l'effet de stimuli normalement inoffensifs. (Voir l'ouvrage de Donald Lindsley sur les fonctions de la substance réticulaire activatrice du cerveau. Institut de neuropsychiatrie, Université de Californie à Los Angeles).

4. David Symmes, de l'Institut national de la santé mentale, a en effet découvert chez les singes élevés dans l'isolement un défaut de fonctionnement de la substance réticulaire, trop active de façon chronique. L'absence de sommeil lent, profond (et réparateur) en est un signe.

Je veux encore citer certaines autres études pour souligner à quel point le toucher est important. En 1965, Casler a choisi un groupe de bébés de l'Assistance et leur a accordé pendant dix semaines vingt minutes supplémentaires de contacts physiques quotidiens [1]. Les tests révélèrent que ces bébés s'adaptèrent mieux socialement que les nourrissons non traités, et eurent beaucoup moins tendance à avoir des régurgitations. Une autre étude, capitale du point de vue de la théorie primale, fut effectuée par Melzack et Scott [2]. Des chiens qu'on avait isolés n'eurent par la suite pas de réactions normales à la souffrance. Bowlby décrit cette apathie dans ses célèbres travaux sur les enfants de l'Assistance [3]. Je pense qu'un être très jeune souffre énormément si ses besoins restent insatisfaits, ou trop longtemps négligés, et je crois que l'organisme s'engourdit automatiquement pour se protéger de cette souffrance. Une stimulation considérable est donc nécessaire par la suite pour franchir la barrière de protection [4]. Tandis que les premiers traumatismes peuvent endormir la sensibilité à la souffrance, ils créent aussi une sorte de comportement agité qui rend l'organisme incapable de se concentrer très longtemps sur la souffrance.

Le névrosé a besoin d'engourdir une partie de plus en plus grande de lui-même pour ériger une barrière contre la souffrance. Il n'y a rien de surprenant à ce que les enfants de l'Assistance paraissent « inertes ». En fin de compte, c'est l'accumulation incessante de la souffrance

1. L. Casler, « The Effects of Extra Tactile Stimulation on a Group of Institutionalized Infants », *Genetic Psychology Monograph,* 71 (1965), pp. 137-175.

2. R. Melzack et W. R. Thompson, « The Effects of Early Experience on the Response to Pain », *Journal of Comparative and Physiological Psychology,* 50 (1957), pp. 155-161.

3. J. Bowlby, *Maternal Care and Mental Health,* World Health Organization Monograph Series, 2, 1951.

4. Voici ce que disent Newton et Levine à propos de cet état d'engourdissement : « Puisque les voies reliant la peau au système nerveux semblent fonctionner plus tôt que les autres nerfs sensoriels, la stimulation de la peau est la première à activer la substance réticulaire. » La stimulation réduite fait donc diminuer l'activité des centres d'excitation. Je me demande si ce n'est pas le contraire ; il me semble qu'une stimulation insuffisante provoque une réaction excessive du centre d'excitation afin d'*émousser* la souffrance causée par le besoin négligé. Le cerveau est alerté parce que la vie est en danger lorsqu'un besoin est négligé. (Pour obtenir de plus amples informations, voir J. C. Lilly, « Mental Effects of Reduction of Ordinary Levels of Physical Stimuli on Intact, Healthy Persons. *Psychiatric Research Reports,* 5 [1956] pp. 1-9.)

qui provoque plus tard la plupart des symptômes de maladie mentale : l'excitation maniaque, la catalepsie (allant jusqu'à la paralysie) et les subites envolées d'idées suscitées par la pression qu'exerce cette souffrance sur le corps et qui crée les illusions et les hallucinations, processus mental déclenché par un organisme en proie à la douleur.

Après avoir exposé l'ensemble de leurs recherches sur la non-satisfaction des besoins, Newton et Levine concluent ainsi : « Plus l'espèce gravit l'échelle de l'évolution, et plus les effets bouleversants de la privation de stimuli sont graves[1]. » Cela signifie que les hommes souffrent le plus d'une privation ressentie dans leur jeune âge.

1. *Op. cit.*, p. 710.

CHAPITRE VIII

L'ENVIRONNEMENT INTÉRIEUR

Ce chapitre sera peut-être difficile à comprendre. Dans ce cas, je conseille au lecteur de passer au suivant. Je suis profondément convaincu que l'intérieur de notre corps constitue un milieu et que cet « environnement » affecte notre esprit au même titre que notre entourage. L'équilibre chimique de notre corps est très fragile, car il dépend de la manière dont notre esprit l'intègre, et il affecte à son tour notre mode de pensée et nos attitudes. Sur le plan réel, aucun domaine psychologique n'est indépendant. Ce sont des phénomènes psychophysiologiques que nous devons comprendre en examinant le comportement individuel. Les traumatismes physiques et psychologiques de notre vie perturbent l'équilibre chimique interne qui, à son tour, altère l'équilibre mental. Plus le traumatisme est survenu tôt et plus l'individu risque de souffrir toute sa vie de déséquilibres chimiques.

D'ordinaire nous ne considérons pas l'intérieur de notre corps comme un « environnement », et pourtant les processus internes transmettent des messages au cerveau de la même façon que les événements extérieurs. Il existe en nous des récepteurs sensoriels qui alimentent les centres nerveux, les renseignant sur notre équilibre, notre position, la quantité et le lieu de la souffrance intérieure. Le corps et le cerveau constituent une unité aux liens inextricables. Pour maintenir son intégrité, le cerveau s'appuie sur l'information adéquate et le bon fonctionnement du corps. Les changements qui surviennent très tôt dans notre environnement intérieur peuvent avoir sur l'organisme des effets aussi durables que les premiers traumatismes extérieurs.

L'injection précoce d'hormones sexuelles peut précipiter chez les animaux la venue de la puberté. L'administration d'hormone thyroïdienne à des rats nouveau-nés supprime définitivement la fonction de la thyroïde.

Le traumatisme psychologique ou physique survenu très tôt dans notre vie peut perturber et déformer l'environnement intérieur et, par exemple, rendre inadéquates les fonctions thyroïdiennes. L'enfant légèrement hypothyroïdique peut alors aborder le monde d'une manière passive, apathique et léthargique, ce qui est une auto-suppression. Cela risque à son tour d'affecter et de supprimer la fonction thyroïdienne, de sorte qu'un cercle vicieux est créé où la cause et l'effet se confondent. La personnalité et la fonction physique sont imbriquées l'une dans l'autre et constituent une unité. Cela peut durer toute la vie. Pour son fonctionnement, le cerveau dépend de la production hormonale. Chez les ratons qui ont subi très tôt des injections d'hormone thyroïdienne, le développement du cerveau s'est fait prématurément (la myélinisation est survenue plus vite). Leurs yeux se sont ouverts plus tôt que prévu et ils ont montré un intérêt beaucoup plus vif pour leur entourage que les autres rats de leur âge. Cette observation signifie que les premières expériences (et les changements internes *sont* des expériences) ont des conséquences durables. Par la suite, les modifications de l'intelligence et de la maturation peuvent résulter d'altérations très précoces de la production hormonale, impossibles à déceler chimiquement. Certaines de nos patientes n'ont pas eu leurs règles avant 17 ou 18 ans ; quelques hommes n'ont eu ni barbe ni poils pubiens avant d'avoir dépassé l'âge de vingt ans. Beaucoup de nos patients n'ont jamais atteint la taille qu'ils auraient pu avoir, à cause de divers traumatismes primals qui ont affecté de manière imperceptible les hormones de croissance (j'y reviendrai plus tard en détail).

Voici ce qu'écrit Levine à propos des hormones et de l'intelligence : « On a supposé d'après ces découvertes que la stimulation infantile dotait l'organisme de la capacité de mieux distinguer les aspects pertinents de l'environnement, et de réagir au stress de façon appropriée[1]. » En un mot : de devenir plus « réel ». Levine indique que le taux des hormones a un effet direct sur le développement du cerveau lui-même. Il est convaincu

1. *Op. cit.*, p. 49.

que les corticostéroïdes sont au centre de ce phénomène : « Nous supposons que cette différence [de comportement entre les animaux manipulés et ceux qui ne le sont pas] est fonction d'une certaine action des corticostéroïdes pendant des périodes sensibles qui *modifient définitivement* (c'est moi qui souligne) l'organisation du système nerveux central[1]. »

Mon hypothèse est que tout traumatisme primal continu qui provoque le refoulement du sentiment, affecte l'équilibre hormonal parce que les hormones sont les médiateurs biochimiques des sentiments. Si les traumatismes sont graves, on peut fort bien s'attendre à l'apparition d'une maladie hormonale, souvent dite « psychosomatique ». C'est particulièrement vrai pour ceux qui ont des prédispositions héréditaires à ces maladies.

Newton et Levine discutent des expériences où l'environnement intérieur a été changé. « Ces événements et leurs effets déclenchés par la stimulation sensorielle durant ces périodes critiques, peuvent structurer le développement neural selon des schémas associés qui, une fois établis, deviennent relativement difficiles à réorienter[2]. » En deux mots, quand les dés sont jetés, il est presque impossible de changer. Les deux auteurs indiquent que les transformations de l'organisme affectent le cerveau où elles créent de nouveaux schémas associés, appelés les « mauvaises connexions » dans le contexte primal. Ces nouveaux sillons entraînent le cerveau à se détourner des connexions mentales normales, particulièrement sous l'effet du stress : cela provoque les erreurs de perception, la distorsion névrotique, et l'incapacité de comprendre ou de distinguer convenablement. Ces mauvaises connexions n'affectent pas seulement la pensée et la perception. Elles faussent aussi la production hormonale, la diminuant ou l'augmentant de façon exagérée. Une inhibition de la thyroïde, par exemple, fait que la pensée et l'action sont simultanément affectées. L'enfant peut décider que « ça ne sert à rien d'essayer » quand il doit faire face à une situation frustrante ou à un camarade de jeux particulièrement agressif, qui cherche à rivaliser avec lui. Il refuse de lutter, se sent vaincu, et en vient finalement à se sentir inférieur parce que « tout le monde réussit mieux que moi ».

1. *Op. cit.*, p. 51.
2. *Op. cit.*, p. 266.

Tandis que les voies habituelles du cerveau sont évitées à cause du traumatisme, un « sillon » se développe, ce qui augmente la probabilité que ce nouveau circuit sera à nouveau emprunté ; les erreurs de conception et de perception auront donc tendance à se matérialiser. Cela signifie que la structure du cerveau est moins ramifiée et il peut donc moins bien réagir au stress. Les réactions aux événements seront limitées et « fixées ». Le sujet deviendra rigide et dépendant des stimuli, il réagira toujours de la même manière à des situations similaires. Il disposera d'un nombre limité de choix. Sur le plan physique, l'enfant a moins de ressources auxquelles il peut faire appel. C'est particulièrement flagrant lorsqu'il a des difficultés à apprendre ; il ne pourra considérer les choses selon des perspectives différentes et de larges régions de sa pensée seront affectées par l'important degré de tension résiduelle créée par le traumatisme précoce. Ce degré de tension l'empêchera de réfléchir calmement et il aura peut-être plus tendance à bouger constamment qu'à pratiquer l'introspection. Ce n'est peut-être pas une subtile lésion cérébrale qui provoque cette hyperactivité, mais plutôt l'ancien traumatisme qui le rend tendu de façon chronique.

Diamond a démontré dans ses travaux la pertinence de mon point de vue. Il a choisi deux groupes de rats, a donné à l'un un environnement riche et a privé l'autre de stimulation. Chez les rats dotés d'une expérience enrichie l'afflux sanguin cortical a augmenté [1]. Cet accroissement de l'afflux garantit que toutes les substances nutritives nécessaires à un fonctionnement convenable parviendront au cortex. Inversement, nous pouvons supposer que lorsque la stimulation adéquate est absente, le fonctionnement du cerveau risque d'être perturbé. Les animaux qui, petits, ont eu un riche environnement ont une réaction hormonale plus rapide au stress. Ils peuvent réagir au danger d'une manière plus organisée et immédiate. Si jamais nous voulons parler de la « force de l'ego », nous devons savoir que cela implique la capacité de l'organisme *tout entier* de contrôler le stress et de survivre ; cette « force de l'ego » ne doit pas être une vague notion de la « force de l'esprit ».

1. M. C. Diamond, D. Krech et M. R. Rosenzweig. « The Effects of an Enriched Environment on the Histology of the Rat Cerebral Cortex », *Journal of Comparative Neurology*, 123 (1964), pp. 111-19.

L'interaction des glandes et de la stimulation précoce est signalée dans l'étude de Hamnett[1]. Il a opéré deux groupes de rats et leur a enlevé les glandes thyroïdes et parathyroïdes. Un seul groupe fut cajolé et manipulé fréquemment. En deux jours, quatre-vingts pour cent des rats non caressés moururent. Treize pour cent seulement des rats cajolés succombèrent. On peut en conclure que la bonne stimulation fournie au bon moment est capable de créer une résistance aux défauts de fonctionnement du système glandulaire. Le corps, semble-t-il, peut résister à presque n'importe quelle agression si ses besoins sont satisfaits. Il est clair que les troubles hormonaux ne surviennent pas dans le vide. Non seulement sont-ils peut-être dus à un traumatisme psychologique, mais l'étendue de leurs conséquences peut être déterminée par l'état psychologique de l'individu. La satisfaction primale peut apporter un contrepoids important aux déviations hormonales même congénitales.

Il existe un certain nombre de travaux sur la privation précoce, le traumatisme et les déficiences de la croissance. En 1947, on a examiné une centaine d'enfants anormalement petits pour leur âge. Dans la moitié des cas, aucune raison physique apparente ne justifiait ce phénomène. Cependant beaucoup de ces enfants avaient eu tout petits une vie perturbée, ayant été rejetés ouvertement par un parent — ou par les deux. Ils souffraient donc d'une déficience hypophysaire d'origine émotionnelle. Une étude sur des orphelinats allemands rejoint la même conclusion[2]. Les enfants qui avaient un encadrement agréable ont mieux grandi que ceux qui ont dû se soumettre à une discipline stricte. Il se peut que l'hypophyse soit un organe clé des troubles émotionnels et que beaucoup d'entre nous n'aient pas atteint le maximum de leur taille à cause d'une enfance chargée de traumatismes. Des patients primals âgés d'une vingtaine d'années indiquent qu'ils ont grandi de quelques centimètres. Dans une douzaine de cas, cela a été prouvé. Les recherches de Robert Blizzard ont donné les mêmes résultats[3].

1. F. S. Hamnett, « Studies in the Thyroid Apparatus », *Endocrinology*, 6 (1922), pp. 222-229.
2. L. I. Gardner, « Deprivation Dwarfism », *Scientific American*, juillet 1972.
3. Robert Blizzard est cité dans *Le cri primal* (p. 143). Patton et Gardner ont défini les voies physiologiques par lesquelles les troubles

Les effets des événements douloureux engrangés dans le cerveau exercent à la longue une influence sur le centre cérébral de la croissance. Je désire encore souligner que le fait d'avoir une poitrine plate ou d'être petit n'est peut-être pas important en soi, mais cela peut indiquer un blocage sérieux du système endocrinien, qui déclenchera sans doute plus tard une maladie fort grave.

Récemment, on a trouvé un lien entre la libération de l'hormone de croissance et notre façon de dormir. Des chercheurs de l'université d'Édimbourg ont découvert que les enfants sécrétaient beaucoup plus d'hormones de croissance pendant la nuit qu'au cours de la journée. Chez les adultes, cette libération hormonale se produit surtout durant les deux premières heures de sommeil. Si la personne reste éveillée, l'hormone de croissance n'est pas sécrétée. Honda et ses collaborateurs croient que l'activité du cortex cérébral inhibe en quelque sorte la sécrétion de l'hormone de croissance. Inversement, un sommeil profond et réparateur semble la provoquer [1].

Actuellement nous ne sommes pas certains que l'esprit hyperactif d'un enfant, qui ne permet pas un bon sommeil, contribue par la suite à l'empêcher de grandir, mais ce n'est pas impossible. Et là encore, si le sommeil ne vient pas, ce n'est pas simplement parce que la tension garde l'esprit éveillé, mais cette même tension affecte aussi le système endocrinien. De plus, l'esprit actif complique encore la situation en stimulant ou en supprimant la libération hormonale. Ainsi un traumatisme de la naissance peut avoir différents résultats : il laisse à l'enfant un important résidu de tension qui agite son esprit, et il modifie le fonctionnement normal de son système endocrinien. Le traumatisme originel ne suffit peut-être pas à transformer le processus de la croissance, mais quand il s'ajoute à une grave privation primale (le

---

émotionnels affectent le système endocrinien : « Les pulsions des centres supérieurs du cerveau circulent le long des voies nerveuses jusqu'à l'hypothalamus, et de là, grâce à des mécanismes neuro-humoraux, ils exercent une action sur l'hypophyse. Les recherches faites sur les " facteurs de stimulation hypothalamique ", qui sont à leur tour responsables de la sécrétion des diverses hormones trophiques par l'antehypophyse, ont montré que les centres hypothalamiques exercent une influence majeure sur cette glande voisine. » (*Scientific American, op. cit.,* p. 79). Ils font remarquer que presque tout le sang qui atteint l'hypophyse a déjà baigné l'éminence médiane de l'hypothalamus.

1. *Scientific American, op. cit.,* p. 81.

manque de caresses, de compréhension et de gentillesse) il peut aboutir à ce résultat.

J'ai indiqué que le stress et la tension contrarient le rythme nycthéméral de la sécrétion hormonale. Un névrosé qui produit d'habitude une grande quantité de cortisol le matin, ce qui lui permet d'affronter la journée, alors que la sécrétion baisse le soir, peut présenter une production qui reste constamment élevée jusque tard dans la nuit. Cette seule modification peut freiner la croissance ; les médecins ont constaté depuis longtemps que les enfants qui ont subi de longs traitements corticoïdes n'ont pas grandi convenablement. En plus de ce processus de blocage, le système d'immunité se trouve affecté de telle sorte que l'enfant est plus vulnérable à certaines maladies.

On peut voir à quel point la notion de « personnalité » se complique. Un petit enfant qui démarre dans la vie avec un taux de cortisol plus élevé risque d'être davantage sujet à des infections et donc de devenir « maladif ». L'enfant réclame plus, il épuise ses parents qui le considèrent alors plus comme un fardeau que comme un objet d'amour. Il se sent donc rejeté, ressent plus fort l'effet du stress, devient plus maladif et sujet aux infections, et ainsi de suite.

Les preuves ne manquent pas qui démontrent comment les systèmes du corps affectent la stimulation primale — ou son absence — et sont affectés par elle. Le fait de toucher les bébés profite à leur système d'immunité. Les rats manipulés ont après vaccination un nombre plus important d'anticorps sériques que les autres.

Il apparaît clairement que le système nerveux est un système organisé et intégré. Quand il y a traumatisme, l'intégration sans heurt du système est empêchée et cette interférence peut avoir des effets durables qui provoquent, entre autres, une désorganisation (un manque de coordination) du mode de pensée et du comportement. De légères modifications de la production hormonale, associées à des traumatismes survenus très tôt dans la vie, peuvent ne pas montrer leurs effets pendant des années. Mais elles créent une vulnérabilité, de telle sorte qu'après des années de stress, nous constatons des détériorations d'organes et des maladies d'origine hormonale.

A mon avis il est essentiel d'éliminer tous les traumatismes, tels que la circoncision, qui peut être évitée pendant les six ou neuf premiers mois quand le développement du cerveau est si important. Pendant les premiers mois de la vie, trop de fonctions sont en voie d'organisation pour qu'il soit désirable de changer brusquement de maison, de chambre, de berceau. Certaines souffrances, comme celles que cause une intervention chirurgicale mineure, sont mieux intégrées plus tard, quand l'enfant est capable de comprendre ce qui se passe. Nous connaissons le grave impact d'un traumatisme même mineur pendant les premiers mois de fragilité en comparant les effets d'une lésion cérébrale bénigne chez un nouveau-né et chez un adolescent. La même lésion qui risque d'affecter légèrement la pensée d'un adolescent, peut avoir un effet désastreux chez un bébé dont le cerveau est en cours d'intégration.

La mort soudaine des bébés au berceau, sans raison apparente, peut être due en partie à la terreur que ressent le nourrisson quand il se trouve avec une personne entièrement inconnue ou dans une pièce nouvelle. Je pense qu'il est traumatisant pour le bébé d'être nourri au biberon par une baby-sitter pendant que les parents partent en vacances. La mère doit être prête à rester constamment avec son enfant pendant les huit ou neuf premiers mois — qui sont cruciaux. C'est cela le sens de la maternité, et les femmes devraient y réfléchir à deux fois avant d'assumer ce rôle.

Voici les renseignements que m'a fournis un médecin légiste : « Vous n'ignorez certainement pas que ces morts surviennent chez des bébés apparemment normaux et en bonne santé, issus de toutes les couches sociales. Les autopsies ne révèlent aucun signe pathologique dans les tissus. Ces morts se produisent *seulement quand l'enfant est seul* (c'est moi qui souligne) pendant la sieste, ou au cours de la nuit. A notre connaissance, aucun bébé n'est mort dans son berceau en présence d'un parent. »

A mes yeux il est clair que l'enfant est submergé par la peur ; il ne peut que faire l'expérience de cette terreur, et ne réussit pas à se bloquer pour résister à l'agression — le résultat est qu'il meurt. Et même s'il ne meurt pas, il n'est pas difficile d'imaginer le traumatisme que le fait d'être laissé seul constitue pour un bébé.

Pourquoi un enfant meurt-il, et un autre pas ? Peut-être parce qu'un traumatisme de la naissance provoque une certaine vulnérabilité. Comme je l'ai indiqué précédemment, le manque d'oxygène à la naissance a un effet primordial sur les cellules de l'hippocampe dans le cerveau. L'hippocampe est l'agent du cerveau responsable du blocage de la souffrance. Ainsi une lésion bénigne de ces cellules nerveuses peut rester invisible jusqu'à l'apparition d'une surcharge de terreur ; c'est alors que nous constatons l'incapacité de l'organisme de fonctionner normalement.

L'HORMONOSTAT

Certains chercheurs croient qu'il existe dans le cerveau un « hormonostat » qui permet de régulariser la circulation des hormones à un certain niveau établi[1]. Le stress altère ce niveau établi et provoque en permanence une augmentation ou une diminution de la production hormonale. L'hormonostat permet par exemple de contrôler si le taux courant de cortisol à l'âge de six ans est proportionnel au taux de naissance. S'il est trop élevé, la sécrétion d'hormone corticotrope (ACTH) baissera automatiquement, de la même manière qu'un thermostat régularise le chauffage de la maison en fonction du niveau de température établi au départ. Si le niveau établi du taux d'ACTH est trop élevé, et si les réactions ultérieures au stress n'ont pas de point de référence convenable, il se produit un excès chronique de sécrétion d'hormone corticotrope (c'est une hormone du stress qui aide le corps à se mobiliser pour se défendre contre la menace). De façon générale, la personne peut paraître « extrêmement émotive ». Nous pouvons attribuer cette caractéristique à un facteur génétique alors que c'est le résultat d'un traumatisme précoce.

De nombreuses expériences pratiquées sur les animaux prouvent l'existence de cet hormonostat. Des rats qui n'avaient pas été suffisamment manipulés au début de leur vie, n'ont produit qu'une petite quantité d'ACTH ; pour les rats cajolés, ce fut le contraire. Une affectivité « plate » (qui se manifeste chez les êtres humains gravement perturbés) semble presque littéralement liée à une production hormonale « plate ». Cela ne veut pas nécessairement dire que la production générale soit basse, mais

1. Seymour Levine, « An Endocrine Theory of Infantile Stimulation », dans *Stimulation in Early Infancy*. A. Ambrose (New York, Academic Press, 1969).

plutôt que l'organisme ne peut pas réagir à l'émotion de façon différenciée, car il est *déjà* hypersensible (réagissant encore au traumatisme précoce non résolu).

L'hormonostat peut avoir d'autres résultats. S'il est réglé trop bas, l'organisme risque de manquer d'énergie. Le taux général de dynamisme peut être bas, et créer une personnalité dite « passive ». C'est le genre de sujet qui ne peut se décider à rien, qui ne réussit pas à s'organiser et à démarrer. Sa pulsion sexuelle générale sera peu élevée, non seulement à cause d'une inhibition sexuelle, mais parce qu'elle dépend d'une certaine manière du niveau général d'énergie. Ce n'est pas quelque chose qui existe en dehors du fonctionnement général du corps. Il n'est pas utopique de penser que le fonctionnement sexuel ultérieur de l'individu est fortement influencé par les événements entourant la naissance.

J'ai décrit l'hormonostat en termes assez généraux. Voici des explications plus précises : les preuves dont nous disposons aujourd'hui indiquent qu'il existe une structure cérébrale spécifique nommée l'hypothalamus, qui pourrait très bien être cet hormonostat. Il est situé en bas du cerveau et se trouve presque encastré dans le système limbique. Ce dernier est un cercle de structures nerveuses qui engrangent et modulent, entre autres, la souffrance primale. Ainsi une souffrance engrangée accède presque immédiatement à l'hypothalamus, qui est la structure cérébrale clé de la régulation hormonale. Un circuit primal a des répercussions constantes sur la sécrétion hormonale, soit en la stimulant trop, soit en la réduisant à un volume insuffisant. Il est prouvé qu'il existe des petites parties de l'hypothalamus qui peuvent être constamment stimulées sans entrer dans une phase réfractaire (c'est-à-dire, désormais insensible à la stimulation), comme c'est le cas pour la plupart des autres structures cérébrales. Ainsi, il peut exister une stimulation continuelle de certains acides gastriques qui provoque des troubles gastriques. Certaines graves maladies de l'estomac comme les ulcères peuvent ne se manifester qu'au bout de trente ou quarante ans, car parfois une agression aussi longue est nécessaire pour vaincre un organe.

Il est intéressant de constater que l'hypothalamus a peu de connexions nerveuses directes avec le cortex ; ses messages sont le plus souvent interceptés par le système limbique. Cela veut dire que l'organisme peut subir une stimulation hormonale constante et que le cortex — l'élément du cerveau qui pense — ignore non seulement cette situation mais serait de toute manière impuissant à arrêter l'afflux hormonal.

L'hypothalamus est la région centrale où les sentiments se traduisent en réalités physiques. C'est le lieu de rencontre de l'esprit et du corps. Il contrôle de nombreux systèmes vitaux, y compris la température du corps. C'est à notre connaissance la seule partie du système nerveux qui sécrète des hormones, les « facteurs déclencheurs ». Ceux-ci contrôlent l'équilibre hormonal du corps et peuvent donc à juste titre porter le nom d'hormonostat. Je crois que parce que l'hormonostat a une position si délicate parmi les circuits sensibles du cerveau, le traumatisme de la naissance peut altérer son niveau établi de façon définitive. La baisse de température que nous observons si souvent chez les patients post-primals n'est qu'une indication de la rectification que subit le niveau établi dans une région clé, une fois que les traumatismes de l'enfance ont été revécus et résolus. Inversement, il semblerait que la souffrance primale fasse monter continuellement la température des névrosés en présentant des exigences plus fortes à l'égard de l'organisme. Nous disposons maintenant de preuves suffisantes pour supposer que les hormones de croissance sécrétées par l'hypophyse (petit bourgeon au-dessous de l'hypothalamus) sont essentiellement contrôlées par l'hypothalamus. La croissance peut donc être freinée très facilement en raison de changements très précoces survenus dans le niveau établi. Et nous constatons en effet une croissance des parties molles chez les patients post-primals.

L'un des organes cibles touchés par les sécrétions hypothalamiques est la glande thyroïde, qui fait partie du système hormonal général. Les anomalies du fonctionnement thyroïdien sont très répandues parmi la population, et contribuent à créer la diminution des taux d'énergie dont je parlais ; elles dessèchent la peau, transforment la qualité des cheveux, modifient la configuration générale du corps, et peuvent même, dans les cas graves, léser le cerveau. Beaucoup de patients primals qui prenaient quatre à cinq comprimés d'extrait thyroïdien par jour pour compenser une grave hypothyroïdie, découvrent qu'après la thérapie ils n'en ont plus besoin ; les examens médicaux indiquent que la sécrétion thyroïdienne a changé. Je suppose que là encore, cela vient d'une rectification du niveau établi[1].

Les « facteurs déclencheurs » affectent également les gonades et les glandes médullo-surrénales. Cela signifie que la souffrance primale stockée dans le système limbique, convertie en tension parce qu'elle n'a pas l'accès nécessaire à ses connexions dans le cortex, est réorientée par le canal de l'hypothalamus, et peut-être ensuite vers les gonades, provoquant une stimulation sexuelle continuelle. Le névrosé se sent donc constamment excité sexuellement et se livre à une masturbation compulsive ou à une activité sexuelle. Il libère ainsi la tension-souffrance transformée en sentiment sexuel. Inversement, les changements des facteurs déclencheurs peuvent inhiber le sentiment sexuel. L'énergie-souffrance a peut-être aussi accès aux centres de l'appétit, de sorte que quand la tension monte, le sujet mange compulsivement plutôt que d'avoir des rapports sexuels. Une fois que le niveau établi est définitivement modifié, la personne aura toujours faim quand elle sera tendue, en général sans savoir pourquoi.

Quand le cortex surrénal est atteint, les stéroïdes sont libérés ou inhibés. Ce sont les hormones du stress, ainsi que les décrit avec une grande clarté Hans Selye dans plusieurs ouvrages. La production de cortisol affecte finalement la croissance. Mais elle touche aussi la structure osseuse (qu'elle rend poreuse et sujette aux fractures), modifie les localisations graisseuses, faisant apparaître des visages bouffis et des bosses sur les épaules, altère les globules blancs, ce qui sensibilise la personne aux allergies et aux infections et provoque des changements dans l'équilibre des hormones mâles et femelles, ce qui peut se manifester par un excès de poils chez la femme ; le manque de cortisol peut contribuer à l'apparition de la maladie d'Addison, souvent accompagnée d'une dépression, tandis qu'un excès de cette hormone est lié à la maladie de Cushing et à des états maniaques souvent associés. Imaginons un peu les effets considérables des changements de l'hormonostat. C'est un miracle que le corps mette tant d'années à succomber à l'hypoglycémie ou au diabète. Ainsi les souffrances primales ne provoquent pas seulement des changements de carrure et de

1. Voir l'excellente discussion publiée à ce sujet dans « The Hormones of the Hypothalamus », de Roger Guillemin et Roger Burgus, *Scientific American,* novembre 1972.

structure physiques, mais elles ont aussi des conséquences psychologiques. Un air « patraque » correspond probablement à un état psychologique. Et ce n'est pas tout : l'hypothalamus détermine aussi le genre de mère que la femme deviendra. Il définit la quantité de lait qu'elle pourra donner à son enfant, la nature de ses règles, et décide même de sa fécondité.

D'ordinaire, un niveau établi élevé indique que le sujet est extrêmement émotif. Et, quand les circonstances de sa vie s'y prêtent (par exemple le fait d'avoir une mère séduisante, au lieu d'en avoir une qui force son enfant à manger) cette énergie est orientée vers le domaine sexuel. C'est parce que le fonctionnement sexuel fait partie de la réactivité émotionnelle générale de l'organisme ; et c'est l'hormonostat qui aide à déterminer notre potentiel émotif. Donc l'hypersexualité n'est pas uniquement due à la pulsion sexuelle : la tension est réorientée dans les voies sexuelles grâce à l'hypothalamus. Le sexe est l'exutoire de la tension. Toute tentative de traiter la nymphomanie et la satyriasis uniquement comme des maladies d'ordre sexuel, est vouée à l'échec parce que seuls les exutoires sont pris en considération, au lieu des causes réelles.

Quand au début de la vie, l'environnement familial n'autorise que très peu d'exutoires (parce qu'il est religieux et rigide, par exemple), le sujet dont l'activité hormonale est intensive, reste simplement très nerveux et devient angoissé de façon chronique. C'est lui qui est le plus susceptible de faire une dépression nerveuse entre quinze et vingt-cinq ans.

Les gens dont le niveau établi est élevé paraissent — et sont — très énergiques. Cette énergie est celle d'un organisme sans cesse mobilisé contre la souffrance. Certains la déversent dans leur activité sexuelle, d'autres dans leurs affaires. La personne « hyper » trouve d'ordinaire le moyen d'extérioriser ses énergies. Mais quand les exutoires sont bloqués, la tension se reconvertit en souffrance réelle. Aussi longtemps que les exutoires sont là, le sujet ne sait pas qu'il souffre, ni même qu'il est tendu... Il se sent simplement plein d'énergie.

La notion de traumatisme prototypique et de défense prototypique est instructive en ce qui concerne le degré d'énergie. Un patient a récemment revécu un traumatisme de naissance et a enfin réussi à libérer une énergie extraordinaire. Ensuite, il devint une personne décidée. Son sentiment pendant le traumatisme primal, qu'il n'a cessé de déjouer depuis, était le suivant : « Toutes ces choses sont en train de m'arriver et je ne peux pas bouger — je ne peux rien y changer. » Comme il s'était trouvé bloqué dans le canal vaginal pendant presque une journée entière, il finit par « renoncer », se résigna, et n'essaya plus de se battre. Par la suite, il eut une personnalité résignée, léthargique. Sous l'effet de n'importe quel stress, il se sentait paralysé. En fait, la paralysie réelle initiale qui épuisait son énergie, était réactivée et il se sentait incapable de rien faire. Quand il devait remettre un devoir trimestriel, il ne réussissait pas à écrire une traître ligne. Plus tard, quand tombaient les échéances du loyer et des traites de la voiture, il ne pouvait pas faire les démarches nécessaires pour trouver le travail qui lui aurait permis de les payer. Il était incapable de « faire un geste ». Son premier traumatisme avait sans doute sérieusement atteint l'hormonostat et épuisé son énergie. Sous l'effet du stress, ce patient se défendait en raisonnant : « A quoi ça sert, de toute manière ? » Il eut une personnalité « passive », fondée en partie sur cet épuisement d'énergie. Ainsi il abordait le monde d'une manière passive et se trouvait justifié dans sa passivité. Il trouvait des gens pour le diriger et lui dire ce qu'il devait faire, pour le conseiller et le dominer. A tout prendre, il semble que la vie ne soit que l'expression de notre constitution. Les idées de cet homme semblaient dépendre en une large mesure des événements survenus au commencement de sa vie. Les idées et les concepts résultent en grande partie de la physiologie de l'individu, et il ne sert à rien d'essayer de changer les idées de quelqu'un si l'on n'est pas prêt à modifier sa physiologie [1].

Examinons comment un changement hormonal spécifique sous l'effet du stress affecte cette passivité — qui l'affecte à son tour. La noradrénaline, l'hormone du cerveau, semble jouer un rôle clé dans les réactions actives et affirmatives. L'épuisement de cette hormone (qu'on appelle un neurotransmetteur) peut conduire à la passivité, et, dans les cas graves, à la dépression.

Chez les animaux réduits à l'impuissance, puis soumis à des chocs électriques pendant des expériences de recher-

1. C'est précisément pour cela que les techniques de conditionnement et les méthodes thérapeutiques, comme la « thérapie de la réalité », qui tendent à « changer l'esprit », ne marchent pas. Le passé codifié existe toujours dans les cellules nerveuses du cerveau.

che, on a remarqué une baisse du taux de noradrénaline. S'ils avaient la possibilité d'être actifs sur la plaque d'électrisation, ce taux augmentait. Je crois que la nature du traumatisme de naissance décide d'un taux de noradrénaline accru ou diminué, et dicte donc à l'individu son mode caractéristique de réaction — la passivité ou le dynamisme. Si le fœtus est bloqué dans le canal vaginal pendant de nombreuses heures sans avoir la possibilité de bouger, ou s'il est étranglé par le cordon et risque de mourir au moindre mouvement, il aura probablement une baisse de noradrénaline et un niveau établi moins élevé. S'il se débat continuellement pour sortir, une autre catécholamine sera sécrétée abondamment — l'adrénaline. Ce neurotransmetteur joue le rôle de modérateur de la noradrénaline, et il est surtout responsable de la stimulation de l'organisme qu'il incite à la fuite ou au combat. Une personne raidie, paralysée par la peur, a un taux de noradrénaline plus bas. Je suppose, cependant, que la rigidité en tant que trait de personnalité est apparue au début de la vie, quand l'immobilité dans le canal vaginal a sauvé la vie du fœtus. La rigidité qui prend par la suite un caractère névrotique est donc une réaction prototypique d'adaptation. En ce sens, chaque style de personnalité a joué à un moment donné, il y a longtemps, un rôle très important pour nous maintenir en vie et conserver l'intégrité de notre corps. Voici un exemple de réaction rigide, décrit par un patient qui était en train de faire une conférence et qui s'aperçut qu'il dépassait l'heure. Bien qu'il y eût de la part du public des commentaires l'enjoignant à accélérer son rythme et à sauter quelques passages, il en fut incapable. Une fois lancé sur sa voie, il ne pouvait plus dévier, surtout sous l'effet du stress causé par cette situation particulière. Il réagit de cette manière rigide à cause d'un traumatisme de naissance qui l'avait empêché de faire « le moindre geste ». Au moment de sa naissance il n'avait eu aucune alternative et il adopta inconsciemment ce mode figé de réaction face à toutes les situations de stress. La défense prototypique est essentielle parce que toutes les autres défenses reposent sur elle. Elle fixe la « personnalité ». Donc il ne peut y avoir aucun changement profond de la personnalité jusqu'à ce que le traumatisme prototypique et sa défense soient revécus et résolus. Quand nous parlons de changement de personnalité, nous devons comprendre cet aspect de la question. Il est possible de faire d'importantes modifications de la personnalité, mais tout changement profond dépend des solutions prototypiques. Cela veut dire que pour guérir *complètement* l'homosexualité, l'asthme, ou une raideur générale, nous devons atteindre le traumatisme originel de fixation, qui n'est peut-être pas la naissance ; ce peut être aussi bien un événement ultérieur — survenu dans le berceau par exemple.

Un fœtus qui se débat pour sortir — un lutteur dès la naissance — risque d'avoir un taux d'adrénaline trop élevé. Il sera « dopé » de façon chronique. Il aura tendance à être actif — particulièrement sous l'effet du stress — plutôt que contemplatif. Il attaquera les problèmes de front au lieu de les aborder par la réflexion. Il ne ressent peut-être pas beaucoup ses angoisses car il les chasse constamment par le travail. Son premier traumatisme (en plus des événements déterminants de sa vie) l'orientera peut-être vers le football et non vers la poésie. Tout cela parce que sur un plan inconscient, l'attaque est synonyme de vie et la contemplation passive conduit à la mort. Bref, son organisme est mobilisé en permanence (sur beaucoup de plans, y compris sur le plan biochimique) pour combattre le traumatisme primal originel. Si au moment de sa naissance, il s'est montré actif, il deviendra « hyperactif », et s'il a été immobilisé, il deviendra passif-dépressif. Tout stress ultérieur — causé par l'abandon d'une épouse par exemple — déclenchera la réaction typique : « A quoi bon ? », ou « Je vais te forcer à rester, je ne vais pas te laisser partir ». Le cercle vicieux est le suivant : une fois que l'hormonostat est établi, il crée une personnalité qui renforce alors le problème hormonal. L'un alimente l'autre. Je crois que les primals font éclater ce système fermé parce que le traumatisme est revécu et résolu.

Nous avons besoin d'en savoir plus sur le rapport entre le type de traumatisme de naissance et le type de personnalité qui se développe plus tard. Il faudrait cependant dépasser le problème de la personnalité pour découvrir quelle maladie ultérieure est liée aux modifications hormonales spécifiques survenues à la naissance. Par exemple, chez l'hyperactif la probabilité d'une hypersécrétion hormonale produisant des ulcères est-elle plus grande ? J'ai remarqué ailleurs que les animaux contraints à l'immobilité sont davantage sujets aux tumeurs ; il nous faut savoir quel est le rapport entre ce fait et le développement des tumeurs chez les humains. En d'autres termes, le traumatisme de la naissance crée-t-il une prédisposition aux tumeurs ? Plus précisément, certains changements spécifiques durables du système endocrinien sont-ils liés à l'apparition ultérieure de tumeurs ? J'imagine que c'est le cas ; en effet, quand on ouvre certaines tumeurs on y trouve beaucoup plus de noradrénaline que la normale. Elle semble s'y être accumulée, car pour quelque raison elle n'a pu être relâchée et utilisée convenablement par l'organisme [1].

La noradrénaline est surtout un vaso-constricteur. Elle fait monter la tension artérielle en contractant les vaisseaux sanguins. Pourquoi ceux-ci sont-ils chroniquement contractés ? Une raison en est que pour éviter la menace, nous reculons et nous nous contractons. La souffrance primale est une source constante de menace et il faut continuellement lui faire face. La libération de noradrénaline diminue l'afflux sanguin général de telle manière que la plus grande partie de ce sang est réservée à l'usage du cerveau — qui doit trouver le moyen de résoudre les problèmes. Cela permet aussi d'empêcher le corps d'entrer en état de choc, ce qui ne manquerait pas d'arriver si toutes les souffrances primales étaient soudain lâchées dans l'organisme. Cela se vérifie particulièrement quand l'enfant naît d'une manière traumatisante, étranglé par le cordon sans avoir la possibilité de fuir ou de se battre. Quelque chose doit arriver pour le maintenir en vie et permettre son fonctionnement : la noradrénaline joue ici un rôle capital.

Une fois que le taux de noradrénaline a atteint un niveau trop élevé, de telle sorte que l'afflux sanguin est limité, il n'est pas difficile de comprendre l'apparition ultérieure de l'hypertension artérielle. Bien sûr, le stress ultérieur participe à la création de cette affliction. Si l'enfant vit dans un ghetto, s'il est noir et pauvre, s'il va dans une école de durs où menaces et bagarres sont à l'ordre du jour, le stress supplémentaire le fera céder plus tôt à l'hypertension. S'il vit dans une atmosphère sereine il tiendra le coup plus longtemps, peut-être quarante ans

1. Pour obtenir les explications techniques de ce phénomène, voir : Stanley Gitlow et collaborateurs, « Diagnosis of Neuroblastoma by Qualitative and Quantitative Determination of Catecholamine Metabolites in Urine », *Cancer*, vol. 25, n° 6, juin 1970.

ou plus [1]. Je suggère que les causes des tumeurs malignes échappent depuis si longtemps aux chercheurs parce que ceux-ci ont négligé les facteurs psychologiques clés (et donc biochimiques).

Ce n'est pas un hasard si les rats isolés très tôt (bien qu'on ne le mentionne jamais, « isolement » signifie « absence de la mère ») sont prédisposés à l'hypertension, et, qui plus est, ont une concentration de noradrénaline beaucoup plus forte dans le système limbique (où, à mon avis, s'accumulent les souffrances primales). L'important est que toutes ces maladies ne sont pas *causées* par l'accumulation de noradrénaline, mais par celle de *sentiments* non résolus, véhiculés par certaines substances chimiques. Il ne faut pas seulement étudier les transformations d'ordre chimique, mais surtout ces sentiments. Car après tout, ces phénomènes chimiques surviennent chez les êtres humains.

Je veux dire que ce n'est pas un « type de personnalité » qui décide du fait qu'une personne aura de l'asthme ou des ulcères, mais plutôt des modifications biochimiques spécifiques, causées par le premier traumatisme, qui déterminent *à la fois* un caractère particulier et une maladie d'origine hormonale associée.

Il est donc clair que, pour qu'une psychothérapie aboutisse à un changement profond de la personnalité, le système endocrinien doit être modifié à la base. Autrement la personne « hyperactive » réoriente simplement son énergie en fonction d'un comportement jugé adéquat par un psychologue ou un psychiatre. Il aura toujours une personnalité hyperactive, constamment en mouvement.

Le cerveau n'est donc pas le seul à être affecté par les premiers événements traumatisants de la vie ; les changements de taux hormonaux affectent le rythme et la nature du développement physique. Les névrosés ont souvent « l'air » névrosé. D'une manière ou d'une autre, une partie de leur corps se développe trop ou pas assez. Ainsi nous constatons l'existence d'un torse trop petit, de jambes trop courtes, d'un visage bouffi ou d'une croissance arrêtée. Inversement, les enfants qui vont bien ont belle apparence, leur développement physique est harmonieux et leur corps en porte témoignage. Nous ne

1. Pour un exposé plus technique, voir : M. Mendlowitz et collaborateurs, « Catecholamine Metabolism in Essential Hypertension », *American Hearth Journal*, vol. 79 ; n° 3, pp. 401-407 ; mars 1970.

disposons pas encore de beaucoup de données sur ce sujet, mais les jeunes filles primales ayant atteint la puberté sont bien faites et ont une poitrine épanouie. Elles ne paraissent pas desséchées, flétries, et raides comme des bouts de bois.

L'aspect physique ingrat des névrosés n'a rien pour nous surprendre. La forme du corps continue d'évoluer durant de nombreuses années. Certaines parties se développent plus tôt que d'autres. Les jambes et les bras ont une croissance plus précoce que le tronc ; la tête est la première à grossir, avec les mains et les pieds. Les changements physiques sont contrôlés par un système de libération hormonale génétiquement codifié. Si les traumatismes clés, physiques et psychologiques, surviennent au moment critique où sont libérées des hormones spécifiques contrôlant les aspects de la croissance, l'intégration corporelle se trouve affectée. Cela peut se manifester subtilement, par un retard dans le développement des mollets, ou par la déformation du tronc. La résultat est que la personne paraît physiquement mal intégrée. Le corps risque de rester petit et de commencer à grandir beaucoup trop tard — vers la fin de l'adolescence — pour pouvoir rattraper ce qui aurait été son réel potentiel de croissance. Celle-ci n'est pas simplement une œuvre de l'esprit ; les psychologues devraient s'en souvenir lorsqu'ils parlent de « développement individuel[1] ».

J'ai indiqué dans *Le cri primal* que le névrosé a pour ainsi dire mis son moteur en marche pour la vie ; jamais il ne pourra l'arrêter. Nous commençons à connaître des preuves biochimiques de cette analogie : quand l'hormonostat est réglé à un niveau trop élevé, l'individu est incapable de le faire baisser volontairement. Ce résultat est cependant obtenu par les primals, qui résolvent finalement le traumatisme responsable de la réaction excessive et constante de l'organisme. Je pense que l'hormonostat est réglé à un niveau trop élevé parce qu'il doit continuellement réagir contre une menace ou un événement *non résolus*. L'organisme est constamment mobilisé pour lutter contre la souffrance et se trouve donc dans un état chronique de surexcitation. Il est possible de

1. Pour une excellente description détaillée de tous les processus de croissance, voir M. Tanner, « Physical Growth », dans *Manual of Child Psychology*, 3e éd., éd. Paul Mussen (New York, Wiley and Sons, 1970).

« conditionner » *le comportement* déterminé par le niveau de dynamisme établi à la naissance (grâce à la thérapie de « modification » du comportement), mais *le cerveau* et le niveau d'énergie lui-même ne se soumettent à aucun conditionnement. On peut réorienter un enfant délinquant, hyperactif ou qui déjoue ; ainsi il arrive à se conduire mieux et à se concentrer sur son travail de classe. Mais il est impossible de transformer le niveau établi de l'énergie. L'amélioration du comportement s'accompagnera donc de pipis au lit, de cauchemars, etc.

Au cours de ses travaux, Levine a découvert ce point capital : les femelles frustrées au début de leur existence ont un équilibre hormonal altéré et deviennent de « mauvaises » mères, névrosées, indifférentes, médiocres nourrices, etc. Contrairement aux affirmations de Freud, les *six premiers mois* sont essentiels, et non les six premières années. La privation primale pendant cette période détermine une orientation physiologique, biochimique, et influence le comportement. C'est la période la plus décisive de notre vie et il faut à ce moment-là prêter beaucoup d'attention à l'enfant pour éviter de lui faire du tort. La mère ne devrait jamais recommencer à travailler tout de suite après la naissance de son bébé. Si elle a un enfant, elle doit être prête à être *mère,* et non à aller travailler quelque part au-dehors.

Pour être normal, c'est-à-dire soi-même, il est nécessaire d'avoir un cerveau libre qui ne soit pas entravé par une censure corticale réprimant les sentiments. Un cerveau libre est un cerveau auquel on a permis d'atteindre le maximum de sa croissance physique. Et, comme l'a prouvé Krech, cela permet d'apprendre mieux et plus vite [1]. Apprendre réellement, c'est donc avoir la liberté de grandir et de se développer à son propre rythme ; la routine et le dressage ne font que bloquer cette liberté. Au début de la vie, un environnement riche et libre semble contribuer à élaborer des connexions cérébrales de façon à augmenter le pouvoir de compréhension. J'ajouterai que la connaissance de soi-même — c'est-à-dire la prise de conscience — est comprise dans cet ensemble, et découle littéralement d'un cerveau libéré et bien développé.

1. D. Krech, M. R. Rosenzweig et E. L. Bennett, « Relation between Brain Chemistry and Problem Solving, among Rats Raised in Enriched and Impoverished Environments », *Journal of Comparative and Physiological Psychology,* 55 (1962), pp. 801-807.

Autrefois, il me semblait que ceux qui grandissaient dans des environnements horribles étaient heureusement souvent trop « bêtes » pour s'en apercevoir ; mais maintenant la « bêtise » paraît être littéralement le résultat neurologique de ce genre d'environnement. La nature misécordieuse engourdit le cerveau quand la souffrance est trop grande.

Si nous voulons que nos enfants soient vraiment intelligents, sensibles, et conscients d'eux-mêmes et des autres, de manière à ne pas se laisser manipuler aisément par le monde, nous devons leur donner une conscience primale. Pour cela, ils doivent avoir un cerveau où toutes les régions communiquent sans heurt. Une conscience défectueuse est le résultat d'un manque d'harmonie dans le fonctionnement du cerveau, telle partie réprimant activement telle autre. C'est pourquoi l'insight et les facultés de perception ne sauraient être enseignés, car ce sont les fonctions d'un cerveau normal.

CHAPITRE IX

LES EFFETS A LONG TERME DE L'EXPÉRIENCE PRÉCOCE

De nombreuses expériences indiquent les effets à long terme du traumatisme précoce. Melzack et Thompson, par exemple, ont découvert que les chiens contraints dans leur jeune âge étaient par la suite incapables de se battre pour un os. C'étaient des « perdants ». Ces chiens paraissaient s'embrouiller continuellement, et souffraient d'une « excitation émotionnelle diffuse[1] ». Ils étaient nerveux. D'autres travaux d'ordre physiologique sur la contrainte (souvent désignée par le terme de « privation sensorielle ») ont montré que lorsqu'une partie du corps subissait une privation, le développement de la région correspondante du cerveau en pâtissait. Par exemple, la privation de son et de lumière endommageait les parties visuelles et auditives[2]. Non seulement le cerveau était touché, mais l'organe sensoriel lui-même. Riessen découvrit, dans ses recherches sur les singes privés de lumière, une altération du tissu oculaire.

Je ne veux pas faire croire qu'il est toujours possible de comprendre les symptômes directement : par exemple, le dressage de l'enfant conduirait directement au pipi au lit. Il nous arrive tant de choses pendant notre croissance qu'il est difficile de désigner un épisode unique comme le facteur essentiel. Nous ne pouvons comprendre les liens entre les symptômes et leurs origines que par l'intermé-

1. R. Melzack et W.R. Thompson, « Effects of Early Experience on Social Behavior », *Canadian Journal of Psychology*, 10 (1956), pp. 82-90.
2. E. Gauron et W. C. Becker. « The Effects of Early Sensory Deprivation on Adult Rat Behavior Under Competition Stress », *Journal of Comparative Physiological Psychology*, 52 (1959), pp. 689-93.

diaire du sentiment. Car c'est le sentiment qui relie les événements humains les plus disparates. Par exemple, tel patient ne pouvait se concentrer sur ses études. Il eut un primal où il criait : « Maman, laisse-moi sortir pour aller jouer comme les autres garçons ! » Son problème de lecture fut aussitôt résolu, sans autre explication. Comment ? Cet enfant devait toujours faire ses devoirs avant de pouvoir se détendre et jouer. Son organisme tout entier développait un blocage contre le fait d'avoir toujours quelque chose à faire *avant*. Lire n'était qu'une corvée de plus à laquelle il devait résister. Ce n'était pas un processus conscient ; mais chaque fois qu'il s'installait pour lire, il s'apercevait que son esprit « vagabondait ». Il disait par là « je veux être libre ». Dès qu'il eut revécu ce premier traumatisme constant qui le contraignait à rester chez lui, il put se sentir réellement libre mentalement. Il lui fut possible d'étudier tranquillement sans être entraîné par cette agitation incessante qui le plongeait dans ses fantasmes au bout de deux paragraphes. Ni les leçons particulières, ni les gentillesses, ni les menaces n'avaient réussi à entamer ce blocage avant que ce sentiment dynamique sous-jacent ne fût résolu. Il n'y avait aucun rapport direct entre la lecture de ce livre et l'envie d'aller jouer ; seul le sentiment permit de le rendre compréhensible.

Nous devons comprendre que la vie intra-utérine détermine notre attitude vis-à-vis du monde. Nous sommes déjà des êtres réceptifs-perceptifs dans l'utérus, et si c'est un lieu confortable, notre existence post-utérine aura probablement une orientation positive. Mais si ce séjour est inconfortable, si la mère est chroniquement tendue, si son rythme cardiaque est rapide ou irrégulier, si elle a des mouvements brusques, si elle boit, fume ou se drogue, le fœtus a inconsciemment l'impression que le monde et la vie sont pleins de dangers et qu'il faut s'en méfier. Cette expérience *intra-utérine,* associée à une naissance brutale et à une privation de caresses dans les premiers mois, renforce l'attitude primitive du fœtus. Plus tard, quand l'enfant sera en âge de former des concepts, il se dira : « On ne peut faire confiance à personne. Ce monde est moche », etc. Toutes ces idées dites paranoïaques plongent leur racine dans l'expérience réelle de l'enfant dans l'utérus.

Dans le ventre maternel, le fœtus « explore » le monde par le toucher, et non par le regard ou l'ouïe. Plus tard, il se servira de ses autres sens, qu'il ne peut pas encore différencier. Il est important de se rappeler que c'est un organisme qui ressent sans distinction ; les traumatismes peuvent lui infliger la même surcharge sensorielle qu'à un nouveau-né, et provoquer le même résultat, c'est-à-dire l'engourdissement de ses sensations. On pourrait même avancer que le fœtus est sans doute particulièrement sensible à la surcharge sensorielle à cause de son système neurologique encore mal développé.

La présence d'une surcharge sensorielle avant et tout de suite après la naissance risque de modifier le cerveau au point d'affecter certaines facultés. Par la suite, l'enfant risque d'avoir des capacités manuelles déficientes. Il ne réussit pas à voir comment les choses s'imbriquent, à se représenter les rapports qu'ont entre eux les meubles d'une pièce, ni à comprendre comment certains appareils sont agencés. Ces déficiences peuvent être le résultat d'expériences survenues avant la naissance et non, comme nous l'avons cru par le passé, un phénomène héréditaire. Bien sûr, nous ne devons pas négliger l'impact extraordinaire des expériences post-natales. Par exemple, si les parents refusent de laisser leur enfant explorer et toucher les objets, ses facultés manuelles peuvent se trouver diminuées. C'est-à-dire qu'il ne sera pas capable de découvrir physiquement son environnement, expérience indispensable au développement de ses capacités manuelles. Le fait d'être réduit à la passivité dans une poussette engourdit de la même façon les perceptions du bébé, dont l'univers est ainsi limité. Ce comportement d'exploration très précoce permet à l'enfant d'acquérir des concepts spatiaux corrects.

Si l'enfant n'a pas la pleine jouissance de ses sens, il sera peut-être forcé de devenir abstrait, un intellectuel plutôt qu'un manuel. Une des raisons pour lesquelles on trouve souvent des névrosés parmi les intellectuels, réside dans le fait que ceux-ci ont été « abstraits » d'eux-mêmes. Mais ce qui est important, c'est de savoir que la privation précoce d'une activité sensorielle complète risque d'imposer à l'enfant un style de pensée et d'être qui gouvernera toute sa vie.

Avec un bon départ dans l'existence, l'enfant devrait être en mesure de résister à toutes les manifestations du stress. Celui qui démarre dans de mauvaises conditions est certain d'avoir ensuite davantage de problèmes. Plus important encore : un bon départ annonce une bonne fin ou, tout au moins, une fin qui viendra en son temps. William Berkowitz rapporte, à propos de ses expériences sur les animaux, que ceux qui avaient subi une stimulation convenable vivaient plus longtemps que les autres. La vie de leur progéniture était prolongée si la mère avait eu des débuts « heureux »[1]. Donc les premiers mois peuvent fort bien être une affaire de vie ou de mort. A ce moment-là, le père doit aider aux travaux de la maison pour permettre à la mère qui allaite, de se reposer et de surveiller sa santé. Les parents doivent aussi créer autour du nouveau-né une atmosphère détendue, sans disputes, et s'assurer que le bébé n'est pas bombardé de bruits violents, ou bordé trop serré, ou qu'il ne reste pas trop longtemps mouillé, affamé ou assoiffé. Bref, les premiers mois exigent l'attention permanente des parents, et ceux-ci doivent en être informés s'ils songent à mettre un enfant au monde.

La société devrait, elle aussi, reconnaître ces faits. Car, si cela était possible, les parents devraient tous les deux pouvoir cesser leur travail pendant les mois qui suivent la naissance de l'enfant. Le père obtiendrait ainsi un congé pour se livrer à l'occupation la plus importante du monde... aider un nouvel être humain à partir dans la vie avec les meilleures chances de son côté.

1. Ce fut signalé lors des rencontres de l'American Psychological Association à Washington, D.C., en septembre 1971.

CHAPITRE X

BESOINS PSYCHOLOGIQUES... OU PHYSIOLOGIQUES ?

Il paraît évident que les besoins psychologiques — limités à l'esprit — n'existent pas, et pourtant de nombreux ouvrages parlent du besoin de prestige, de puissance, des exigences de l'amour-propre, etc. Alfred Adler, qui fut un collaborateur de Freud, a fondé tout son système théorique sur le besoin de puissance et a écrit des volumes entiers là-dessus. Mais un besoin n'est pas un état d'esprit. C'est un état total, organique. Il n'y a pas de besoin qui ne soit l'expression de notre organisme tout entier. C'est pourquoi la privation subie dans une région particulière a des effets généralisés. Les enfants de l'Assistance privés de contacts chaleureux pendant les six premiers mois de leur vie sont devenus « agités, déprimés, et incapables de se concentrer » d'une manière *générale*[1].

Les besoins psychologiques ne sont que des besoins physiques symbolisés, toujours décalés par rapport à la réalité. Comme ce sont des dérivatifs plutôt que des besoins réels, l'individu peut très bien réussir à satisfaire tous ses besoins névrotiques et symboliques sans changer le moins du monde. On pourrait tout donner à un enfant, il resterait néanmoins malade. L'erreur du traitement est de n'avoir pas réussi à distinguer les besoins réels des besoins irréels, et d'avoir voulu traiter des problèmes organiques au seul niveau de l'esprit. Nous arrivons à changer les pensées de la personne, mais ses besoins physiques restent les mêmes. Une transformation pro-

1. M. Pringle et V. Bossion, « A Study of Deprived Children », *Vita Humana 1* (Bâle, 1958), pp. 65-92, 142-70.

ionde de la « personnalité » ne peut avoir lieu que si les besoins sous-jacents sont dévoilés.

J'insiste sur ce point parce que des livres ont été écrits sur les besoins particuliers des enfants, qui à mon avis n'existent pas. Quel est donc ce besoin « d'appartenance » ? Dans les livres de psychologie, cela s'appelle le besoin d'affiliation, ou de socialisation. Il me semble évident que nous n'appartenons qu'à nous-même. Quand nos parents ne nous donnent pas à nous-même, nous devons lutter pour ressentir que « nous faisons partie » de quelque chose. La lutte consiste à vivre par l'intermédiaire d'un groupe, d'une équipe, ou d'une « famille » d'amis. Quand nous avons la possibilité de vivre par nous-même, nous n'avons plus besoin d'appartenir à quoi que ce soit. Nous pouvons participer à des activités et nous amuser, mais notre motivation n'est pas névrotique. Il suffit pour le comprendre de faire ce simple raisonnement : quand nos parents nous permettent d'être nous-même, nous sentons l'unité de notre personne. Dans le cas contraire, nous sommes déchirés, et nous commençons à lutter. Ainsi quand quelqu'un se plaint un jour de « n'être pas lui-même », il décrit un trouble plus profond qu'une maladie momentanée.

Le fait de ne pas s'appartenir a des conséquences diverses. La maladresse et le manque de coordination en sont deux exemples. Si le corps n'appartient pas à l'enfant, celui-ci risque d'avoir des difficultés à le faire obéir. C'est-à-dire qu'il n'est peut-être ni agile ni gracieux, qu'il sera incapable de réussir dans les sports, ou d'apprendre à danser, malgré son assiduité. Une patiente expliquait ainsi sa maladresse : « Ce n'est pas mon corps. C'est le leur. C'est moi qui le trimballe, mais il fait ce qu'*ils* veulent, eux. » Un autre patient expliqua que son corps était un objet étranger que sa tête se contentait de transporter. Un autre encore était en train d'apprendre à jouer au tennis, et était dans un jour particulièrement mauvais. Il devint si agité à cause de sa maladresse et de sa « stupidité » qu'il s'assit au milieu du court et eut un primal. Ensuite il dit à son partenaire (qui était lui aussi un patient primal) : « Le sentiment de ne pas être moi-même m'a rendu irritable et je n'ai plus pu me supporter. Dès que j'ai commencé à pleurer, j'ai ressenti ma vieille souffrance : je n'ai jamais eu le droit de me tromper ou de mal faire quelque chose. Je me mis à détester en moi ce qui n'était que naturel — maladresse, ignorance — mais dont mon père me faisait sentir que c'était mal. Jamais je n'ai eu la liberté de mal faire quelque chose. Ainsi, chaque fois que cela se produisait, je ne me sentais pas moi-même. » Quand ce patient comprit que c'était parfaitement naturel et normal de ne pas être parfait tout le temps, il fit des progrès en tennis, et cessa de craindre ses erreurs.

Nous ne sommes pas nés non plus avec le besoin d'être le point de mire. Prêter attention aux enfants, c'est les satisfaire. Un enfant ne vient pas au monde avec le besoin d'être écouté par quelqu'un. Certes, il lui faut s'exprimer, et pour cela une présence est nécessaire. Les besoins naissent en lui et s'orientent vers le monde extérieur, et non inversement. Ainsi, ce soi-disant besoin psychologique de l'attention ou de l'intérêt des autres est en réalité un besoin physiologique de se sentir protégé et en sécurité. Dès que l'enfant a ce sentiment-là, il n'a plus peur de s'aventurer au-dehors et il peut exprimer plus librement ses autres besoins. Il se sent alors libre de courir et de jouer, tout en se sachant surveillé par un parent protecteur. Son besoin est ainsi satisfait.

L'un des besoins dits psychologiques les plus communs se manifeste par le désir de se sentir « important ». Ici encore, c'est un faux besoin. Si l'enfant est important pour ses parents, il n'a aucune raison de lutter toute sa vie pour le devenir. Si le père et la mère écoutent leur enfant, lui parlent, lui demandent son opinion, le regardent, l'appellent par son nom et tiennent compte de son existence, ils lui font comprendre, par ces simples actes humains, qu'il est important pour eux. S'ils ne font rien de tout cela, l'enfant se sentira négligé et essaiera de faire ce qu'il faut dans la vie pour devenir important. Mais ce sentiment ne changera pas, même s'il devient une star de cinéma ou un professeur d'université. C'est en ressentant cette « insignifiance » que son faux besoin d'importance s'évapore. C'est une simple affaire de dialectique : en se sentant insignifiant on perd le désir d'être important. Mais si l'on devient « célèbre », le sentiment sous-jacent persiste. La personne continue d'aller de l'avant, car elle ressent encore son insignifiance d'une manière latente. Elle pense que tout le monde a besoin d'être important, mais si elle ne se sentait pas insignifiante elle n'aurait pas ce besoin « psychologique ».

Si nous comprenons que les besoins personnels sont vraiment personnels et n'impliquent personne d'autre, nous pouvons comprendre que le besoin d'être supérieur n'existe pas plus que le besoin de puissance, de domination, de soumission, de prestige, d'estime. Le besoin primal essentiel est d'être soi-même, un individu, et au début de la vie, nous avons besoin de parents qui nous aident à le devenir.

Les névrosés s'intéressent à ce qui satisfait leur besoin. L'intérêt qu'ils montrent à leurs enfants est motivé par les mêmes raisons. Le parent essaie en effet de transformer son enfant en une personne susceptible de l'intéresser. Et l'enfant tente de le satisfaire. Il sera l'athlète en vue, le parfait gentleman, ou le meilleur boxeur du quartier, si c'est là ce qu'on attend de lui.

Harlow a découvert un élément capital en constatant que les guenons privées de contact étaient de mauvaises mères. Elles ne manifestaient aucun intérêt pour leur progéniture et ne lui prêtaient aucune attention. Quel rapport y a-t-il donc entre la frustration précoce et ce désintéressement ? L'être humain exprime son « intérêt » pour le petit bébé en le touchant. Cet enfant n'éprouve pas psychologiquement le besoin qu'on « s'intéresse » à lui. Mais il éprouve le besoin physique d'être touché, et c'est ce que font les parents qui s'intéressent à lui. Les guenons décrites par Harlow ne pouvaient pas aimer parce que leurs besoins n'avaient pas été satisfaits. Elles étaient incapables de jouer leur rôle de mère parce qu'elles « souffraient » dans le sens primal du terme. Les mères indifférentes sont celles qui n'ont pas reçu d'affection. Il est d'habitude inutile d'encourager une mère indifférente à « s'intéresser » à son enfant, car son « intérêt » est fonction de sa propre petite enfance. Plus précisément, son organisme « s'intéresse » à lui-même et à sa privation, et c'est pourquoi elle ne manifeste aucun intérêt pour son enfant. Si les parents ne sont pas attentifs à leur enfant, il peut tomber malade afin de s'occuper de lui-même. En réalité, il devient son propre parent. Il est possible d'essayer mentalement de s'intéresser à son propre enfant, mais dans ce cas le corps (dépositaire du vrai sentiment) bloque l'intérêt réel, et l'enfant sent que le souci de son parent est feint, devinant chez lui un certain éloignement, un désintéressement émotionnel. Le parent ne peut être « tout à fait là » pour son enfant car une part de lui-même est encore « là-bas », dans le passé.

Il existe de nombreux parents qui, mus par les meilleures intentions du monde, veulent donner à leurs enfants

« tout ce que je n'ai pas eu ». Mais ce que recevront les enfants, sera basé sur le besoin non satisfait du parent, et l'intérêt que celui-ci leur porte, dépendra de la façon dont les enfants satisfont son besoin. Ainsi ils auront probablement trop de ce qui a manqué au parent (un enseignement supérieur, par exemple). En ce sens, l'enfant n'arrive jamais à prendre conscience de ce qu'il désire vraiment de la vie, car il est occupé à vivre la vie de son parent. Un ancien besoin de celui-ci peut se manifester au détriment de l'enfant. Ainsi, la colère refoulée risque de rejaillir sur un enfant sans défense. Si le parent hait inconsciemment sa mère, il détestera peut-être toutes les femmes sans distinction, et fera souffrir sa petite fille pour la même raison. Ses fils seront favorisés inconsciemment, de sorte que leur sœur deviendra névrosée pour se faire aimer, et sera ensuite punie à cause de son comportement névrotique : la colère du parent se trouvera justifiée par son caractère exigeant, odieux, et antipathique. Parce qu'elle a échoué auprès de ses parents, elle échouera toute sa vie et sera incapable de rencontrer l'amour. La tragédie de sa vie consiste à avoir eu la malchance d'appartenir au sexe féminin alors que le père est misogyne. Même si cette enfant devait changer, son parent ne s'en apercevrait pas car il a besoin d'elle en tant que symbole de son sentiment refoulé.

Pour les gens réels qui ressentent, il est très simple d'être parent. Ils n'essaient pas de donner quelque chose d'eux-mêmes car il n'y a rien qu'on puisse donner de soi-même. C'est en *étant* soi-même en tant que parent qu'on donne.

CHAPITRE XI

LA RECHERCHE ET SA PORTÉE POUR L'ÊTRE HUMAIN

J'ai cité de nombreux travaux de recherche, et je pense qu'il est temps maintenant d'indiquer ce qu'ils signifient pour les êtres humains. Une souffrance précoce influence toute une vie. Le comportement ultérieur peut se construire à partir de souffrances survenues pendant les premiers mois ou même les premières heures de la vie. Un enfant peut s'exiler très jeune de lui-même. Une stimulation adéquate est absolument essentielle pour un organisme en cours de développement, et sans elle de graves lésions permanentes peuvent apparaître.

Pendant les premiers mois de sa vie, le bébé a besoin de sa mère, de son lait, de sa chaleur, de sa douceur, de sa tendresse. En étudiant les primals de mes patients, j'ai appris qu'un bébé est très vite capable de distinguer le corps de sa mère de celui de son père. Généralement, jusqu'au moment du sevrage, il a besoin de sa mère. Ensuite, le père peut très bien lui fournir les soins et les caresses nécessaires. Cela ne veut pas dire que le père ne joue aucun rôle pendant les premiers mois ; simplement, sur le plan du contact physique, son rôle n'est pas essentiel.

Si le petit enfant est frustré, il cherche bientôt des substituts afin de satisfaire symboliquement des besoins réels — symboliquement parce que les personnes qu'il rencontre ne sont pas ses parents, et étaient absentes au moment crucial. Peut-être l'adolescent trouvera-t-il chez un homme la chaleur qu'aucun de ses parents ne lui a jamais prodiguée. Ce garçon risque de faire une fixation sur les hommes et de devenir homosexuel. Le plus souvent, les adolescents découvrent l'affection lors de leurs premiers rendez-vous amoureux. Les jeunes font des fixations sexuelles car c'est pendant un rapport sexuel qu'ils ont connu pour la première fois ce que c'est que d'être embrassé, caressé, couvert de baisers. Mais tout le plaisir sexuel du monde ne peut compenser la frustration ancienne du besoin pur, asexuel. Tout au long de ces pages, j'ai insisté sur le fait qu'on ne peut pas « rattraper » le passé, mais seulement le ressentir pleinement. Il ne sert à rien non plus d'essayer de l'oublier et de se concentrer sur le présent, car au-delà de la conscience, l'organisme tout entier réagit constamment et automatiquement au passé.

La satisfaction d'un besoin naturel ne gâche pas l'enfant. Un enfant réel ne peut être gâté car *il* ne se laissera pas faire. Les enfants « gâtés » sont des enfants névrosés à qui il manque quelque chose. Habituellement ils se trompent de demande, car ils ignorent la nature de ce qui leur manque. En satisfaisant chaque besoin de l'enfant on fait de lui un être complet, nullement capricieux. C'est ainsi qu'il acquiert le naturel d'être lui-même et qu'il peut poursuivre son évolution à sa façon. Le père qui se jure de « faire un homme » de son jeune fils, peut être certain que celui-ci deviendra névrosé à force d'essayer d'être l'enfant qu'il n'aura jamais été. Pour garantir à l'enfant une maturité naturelle, il faut le laisser être un bébé aussi longtemps qu'il en éprouve le besoin.

Un enfant normal ne gémit ni ne pleure tout le temps. La plainte est le seul moyen dont dispose le bébé pour signaler qu'il est mécontent, ou mal à l'aise. Les parents sont souvent exaspérés par un enfant pleurnichard car rien ne semble le contenter. Mais le mécontentement de l'enfant vient de ce qu'il n'a pas été *convenablement* satisfait auparavant ; il ressasse donc un vague déplaisir qui choisit comme cible tel ou tel objet. Le même phénomène se produit quand le bébé est surchargé de peur, par exemple quand il est abandonné dans le noir, tout seul dans son berceau ; il bloque alors cette terreur qu'il ne peut assimiler car elle est trop forte, et la reporte plus tard sur d'autres objets qui ne sont pas intrinsèquement effrayants.

Si nous avons compris la théorie primale, nous savons que l'enfant qui a des problèmes constants à l'école est sous pression à cause de son passé. S'il est rêveur, si son esprit vagabonde et s'il ne peut pas se concentrer en classe, c'est parce que la souffrance le distrait du présent.

Ses rêves éveillés le dévorent, comme sa souffrance. Ce n'est pas une raison pour le ridiculiser ou le punir. Il faut au contraire essayer de le comprendre. Les enfants qui déjouent doivent être traités comme des êtres humains en proie à la souffrance et non comme des « têtes à claques ».

Voici ce que je pense des punitions : ce n'est pas la peine de punir les enfants, car cela ne leur apprend rien. On me demandera peut-être : « Et si mon enfant se précipite dans la rue ? Ne dois-je pas le punir alors ? » Un « non ! » cassant n'est certes pas une punition. En tout cas, ce n'est pas en fessant votre jeune enfant ou en lui criant « non ! » que vous réussirez le mieux à l'empêcher de se précipiter sur la chaussée. Avant que ce moment n'arrive, expliquez-lui qu'il risque de se faire mal. S'il est assez grand pour courir, il comprendra des explications simples. S'il est tombé, vous pouvez lui dire qu'en se précipitant sur la chaussée, il peut être blessé bien plus grièvement. Si le parent a des peurs résiduelles importantes, son discours remplira probablement l'enfant de frayeur au lieu de lui servir d'enseignement. Si les peurs parentales sont inexistantes, l'enfant peut recevoir une éducation efficace.

Mais les parents punissent leurs enfants, convaincus à tort que cela forme le caractère. Ils devraient savoir que toute punition doit nécessairement être suivie d'affection. Les effets de la « leçon » n'en sont pas pour autant détruits et l'enfant ne se sent pas « rejeté » affectivement. Les chimpanzés étreignent leurs rejetons après les avoir battus, et cette manifestation de tendresse n'atténue pas le message. Nous devons savoir qu'il est terrifiant pour de jeunes enfants de voir leurs parents en colère contre eux. Ils ne savent pas où aller avec leurs sentiments, et par conséquent, ils les bloquent. Le fait de dire à des enfants qu'on est furieux ou déçu, ou de les ignorer, etc., peut avoir des conséquences graves.

Les chimpanzés et les hommes primitifs ont beaucoup à nous apprendre sur l'éducation des enfants. Je parlerai plus loin de la vie des singes. Il existe dans l'île de King William (dans l'océan Arctique) une tribu esquimau non touchée par la civilisation des Blancs. Le bébé s'y conduit comme un tyran. Il peut se réveiller au milieu de la nuit en réclamant du thé à grands cris : les parents se lèvent pour le lui préparer, sans manifester la moindre mauvaise humeur. Il est normal que le bébé réclame et que les parents satisfassent ses besoins. Ils rient et jouent avec le bébé pendant des heures jusqu'à ce que l'enfant décide qu'il en a assez... alors que dans notre société, ce sont les parents qui en décident. Il est vraiment très perturbant pour un enfant « civilisé » qui sent qu'il n'a pas assez joué et fait le fou avec ses parents, de s'entendre dire « Ça suffit, tu en as eu assez »; il est censé répondre « Très bien, maman ». Il serait plus honnête que le parent dise : « J'en ai assez. Je suis fatigué. Je sais que tu veux encore jouer, mais je n'en peux plus. »

Le bébé esquimau obtient tout ce qu'il désire et pourtant il devient un adulte dont le courage et la vigueur ne le cèdent à aucun autre. Peut-être nos problèmes ont-ils commencé quand nous avons abandonné la vie « primitive » et décidé d'enseigner aux gens comment élever leurs enfants. Maintenant nous devons leur faire oublier leur éducation pour leur permettre d'avoir un rapport naturel avec leurs enfants.

Cette notion d'émotion « primitive » me fait penser à une tribu qui vit encore à l'âge de pierre dans les grottes des Philippines. Ce sont les Tasadaï, qui ne sont entrés que récemment en contact avec le monde extérieur. Ils ne chassent pas et ne tuent pas d'animaux; ils font la cueillette et mangent surtout des fruits. A mes yeux, ils incarnent l'humanité primale authentique. Ils n'ont pas d'agressivité, n'utilisent pas d'armes, et ne connaissent pas la punition. Chacun participe à l'activité collective sans que personne ne donne d'ordre à personne. Ils ont beaucoup de respect pour leurs enfants, qu'ils caressent et étreignent très souvent, et qui ne sont ni agressifs, ni « gâtés », ni pleurnicheurs. Ces gens ne pratiquent aucune religion, n'accomplissent aucun rituel. Leur langage ne connaît pas de mot pour désigner la haine, la colère ou l'hostilité. Ce sont des êtres « parfaitement beaux » dans tous les sens du terme. Leur absence totale de contact avec l'extérieur nous démontre ce que les êtres humains sont de par leur nature quand on les laisse en paix. Leur style de vie nous enseigne tout ce que nous devons savoir à propos de l'éducation des enfants. La famille est presque toujours réunie. Le père emmène ses petits enfants dans les torrents pour qu'ils l'aident à attraper les poissons. On n'entend ni cris, ni reproches. Jamais les enfants ne reçoivent l'ordre de se tenir à tel endroit, ou de ne pas faire trop de bruit, etc. Ils vivent et laissent vivre, c'est tout. Je suppose que nous les jugeons naïfs et enfantins parce qu'ils sont si confiants. Ils ne sont pas encore des paranoïaques qui se méfient de tout le monde. Dès que la société civilisée les aura exploités pendant un certain temps — car elle les a maintenant découverts — il n'y a pas de doute qu'ils deviendront beaucoup plus « adultes » et méfiants.

Les sociétés « primitives » ont beaucoup à nous enseigner. Je suis convaincu que les bébés devraient aussi souvent que possible être transportés attachés dans le dos du parent. L'usage de la voiture d'enfant devrait être limité. Dès que le bébé peut s'asseoir, il vaut mieux le transporter à dos, ce qui lui offre une stimulation constante grâce au contact et à la chaleur du corps paternel ou maternel. Cela présente aussi une grande sécurité pour le bébé qui se trouve littéralement attaché à son parent. Ce mode de transport donne à l'enfant l'occasion de voir et d'entendre tout ce que fait son père ou sa mère, de sorte qu'il profite d'une stimulation maximum au lieu de rester couché passivement dans sa voiture. Cela favorise une approche de la vie plus active, et, de plus, fournit un balancement — ce mouvement rythmé qui, comme l'indique l'étude des primates, est si important pour les petits enfants.

Le balancement de la marche du parent rappelle peut-être en quelque sorte celui de la vie intra-utérine. La vie a indéniablement un rythme, et il semble qu'il soit plus facile à l'enfant de retrouver cette cadence naturelle sur le dos de son parent que dans une poussette.

Je pense que nous utilisons depuis des dizaines d'années les voitures d'enfant à cause d'une vieille notion erronée selon laquelle un bébé est une « chose », et non un organisme avec des besoins propres, exigeant une stimulation constante.

Peut-être le plus grand mal qu'un parent puisse faire à son enfant est de le mettre en pension. Les pensionnats sont d'ordinaire — quel que soit le raisonnement par lequel on les justifie — des dépotoirs d'enfants non désirés. Ce sont les cimetières de l'enfance ; il arrive rarement qu'un enfant puisse y être vraiment petit. On y enseigne l'indépendance, la discipline et la dissimulation des sentiments. Les enfants ont besoin d'une maman et d'un papa dans les bras desquels ils peuvent se jeter — chose impossible dans un pensionnat. Beaucoup de nos patients les plus perturbés ont été internes.

La discipline pratiquée dans ce genre d'endroit enseigne aux enfants à faire sans se plaindre ce qu'ils ne veulent pas. C'est la vertu même des situations névrotiques : faire sans histoires ce que quelqu'un d'autre désire qu'on fasse. La discipline naît d'un manque de confiance : les gens pensent qu'il faut dresser les enfants à faire des choses, car sinon ils ne les feront pas. Il est certes nécessaire de les dresser à accomplir des actes névrotiques. Mais la meilleure discipline, c'est de les laisser faire ce qu'ils veulent, car un enfant réel aide les autres, il est attentionné, et sait agir pour le mieux d'un groupe. L'enfant névrosé a trop de besoins pour se comporter de la sorte. C'est pourquoi il doit être discipliné pour être tenu à distance de ses besoins, et subir le contrôle des autres.

On envoie souvent les enfants en pension à cause de la séparation ou du divorce des parents. Au moment même où l'enfant a besoin de soutien, on l'envoie au loin régler tout seul ses problèmes émotionnels. Au lieu de se sentir si petit, il doit se comporter comme un être adulte et indépendant.

Je ne peux imaginer de plus grande tragédie pour un enfant que le divorce de ses parents. C'est pourquoi l'homme et la femme devraient apprendre à se connaître pendant des années avant d'envisager d'avoir un enfant. Ce n'est pas le divorce en soi qui cause tant de mal ; ce sont les événements qui l'accompagnent. Un nouveau « papa » donne des ordres à l'enfant ; ou bien de nombreux « papas » vont et viennent ; l'enfant ne réussit donc jamais à avoir de rapports réels avec un homme adulte sans être rongé par la sensation que tout cela n'aboutira à rien. Un divorce signifie souvent que la mère doit aller travailler et laisser l'enfant à une étrangère, ou dans une école inconnue. Cela veut dire que cette mère est tendue, irritable et préoccupée par des soucis financiers. Dans la plupart des cas, l'enfant perd son vrai père — qui a décidé de recommencer sa vie avec une autre femme et une « nouvelle » famille. L'enfant est la victime impuissante de toute cette agitation. Il peut supporter le stress social sous presque toutes ses formes, suivre son père de ville en ville, quand celui-ci change d'emploi ; mais pour cela il a besoin de ses parents. Sans le soutien chaleureux de son père et de sa mère, ces nouveaux traumatismes ne font qu'aggraver son problème.

Je crois qu'il existe des forces stabilisatrices qui aident l'enfant à résister aux secousses que provoque le divorce. Il est essentiel qu'il vive dans la même maison et le même quartier, car là il se trouve en pays de connaissance, avec ses vieux amis, à qui il peut parler. Le fait de l'envoyer en pension ou en colonie l'arrache aux liens sociaux qui pourraient l'aider à conserver son équilibre mental.

Pendant le divorce, il est terriblement important que l'enfant reste dans son environnement habituel ; et, s'il ne peut avoir ses deux parents, la meilleure manière d'adoucir le choc est de lui laisser un parent aimant qui lui permette de ressentir. S'il peut pleurer et parler avec lui de la manière dont il vit la séparation — la perte de son autre parent —, le pire sera évité.

Trop souvent l'enfant est ballotté entre des parents qui maintenant se font la guerre. Il devient « l'allié » de l'une ou l'autre partie. Il doit faire son choix, écouter leurs plaintes mutuelles, et, en général, jouer le rôle de conseiller conjugal au lieu d'être simplement leur petit enfant. Il devient le parent. Ayant entendu les primals de mes patients concernant le divorce de leurs parents, je ne peux que répéter ceci : les époux doivent être tout à fait sûrs l'un de l'autre avant de penser à avoir des enfants.

Pourquoi est-ce toujours la faute des parents ? me demandera-t-on. Pourquoi un mauvais professeur, ou simplement la pauvreté, ne seraient-ils pas à l'origine de la névrose ? Je peux répondre seulement que j'ai assisté à des milliers de primals à propos des souffrances profondes de l'enfance et il s'agit pratiquement toujours du mal fait par les parents. La pauvreté ajoute au problème, mais ce n'est pas un élément primordial. Si l'enfant a un sentiment d'infériorité à cause du rejet de ses parents, sa situation matérielle aggrave le problème, car dans notre société, les pauvres sont considérés comme des êtres inférieurs. L'enfant qui grandit avec des camarades possédant de beaux vêtements, de l'argent pour se distraire, des voitures de sport, etc., a automatiquement l'impression d'être moins bien qu'eux. Mais s'il sent que ses parents lui accordent de l'importance, le respectent et l'estiment, son expérience avec des enfants plus fortunés ne sera pas désastreuse. Il est certainement exaspérant de devoir supporter pendant six mois un professeur sévère, indifférent, désagréable. Mais c'est tout autre chose que de vivre pendant des années avec ce genre de personne. Quand les parents sont cruels et insensibles, l'enfant ne peut aller nulle part avec ses sentiments, sauf au fond de lui-même.

Dans les familles irréelles, c'est une *tragédie* que d'être un enfant. Ce dernier est sûr de souffrir car il est impuissant face aux caprices, aux besoins et aux colères de ses parents. De nos jours, presque chaque enfant est une tragédie ambulante. Certains savent mieux le cacher. D'autres « s'adaptent », ils peuvent présenter une façade acceptable aux yeux de la société et s'en sortir ainsi. D'autres sont simplement déprimés et maussades. Les plus malades sont ceux qui « s'en sortent » dans une société irréelle. Ils ont été si subtilement détruits qu'ils ne sont pas conscients de leur souffrance. Ils se laissent dévorer par la maladie sans se rendre compte le moins du monde qu'ils ont été anéantis. Les enfants qui ne s'adaptent pas, ont la meilleure chance de guérir si nous savons comment les prendre.

Une mère transmet ses sentiments à son enfant dans chaque parole, chaque caresse. Elle ne doit pas nécessairement en dire ou en faire beaucoup ; l'enfant réagit au sentiment qui anime ces actes. Le père et la mère *sont* le message. Enseigner à la mère « comment élever son enfant » constitue un message bien faible qui se perd dans ses besoins primals.

Beth

J'ai trois enfants : Beverly, sept ans et demi, Tom, six ans, et Don, qui aura bientôt deux ans. J'ai beaucoup de choses à écrire sur eux mais je parlerai surtout de Beverly parce que je sens que ses problèmes sont très similaires aux miens. Je sais toujours comment Beverly « sent » les choses. Il me suffit de plonger mon regard dans ses yeux bruns pour le savoir. Depuis que je suis en thérapie, j'ai pris l'habitude de lui demander ce qu'elle ressent et je me trompe rarement. Ma mère est une femme froide et méchante, et je sens que je produis le même effet qu'elle. Quand je me mets en colère contre Beverly, je « sens » que je suis exactement comme ma mère. Je ne crois pas qu'elle m'ait jamais dit de ne pas l'appeler maman, mais je me souviens que j'ai eu le sentiment d'être devenue trop grande pour ce mot. Beverly m'appelle « Man », et quand elle me disait « maman » ça me faisait tout drôle. Je lui ai demandé l'autre jour pourquoi elle ne m'appelait pas maman et elle a répondu qu'elle ne savait pas. Quand je lui ai dit que j'aimerais qu'elle m'appelle ainsi, elle a répondu que cela lui faisait tout drôle. Je sais exactement ce qu'elle ressent car je suis incapable de dire maman.

Ma mère me harcelait constamment pour que je ne me

salisse pas. Jamais je n'ai pu jouer dans le sable, de peur d'en remplir mes chaussures. Les flaques de boue me terrifiaient. Jamais je ne m'en approchais. Aujourd'hui encore je n'ai aucun plaisir à sentir la boue sur mes pieds.

J'ai une photo de Beverly à trois ans, où elle est assise dans une flaque de boue, l'air de dire « Qu'est-ce que je fais là ? » Elle se trouvait à cet endroit uniquement parce que je ne voulais pas être dérangée pendant mon bain de soleil. C'est si triste de voir un bébé de trois ans qui ne sait pas jouer avec la boue.

Beverly me dit qu'elle n'a pas besoin ni envie d'avoir des amis. C'est parce que je ne la laisse jamais amener d'autres enfants à la maison. Ils m'énervent et ils le savent. En effet, mes amis avaient peur de ma mère, car elle leur faisait mauvais accueil. Maintenant, je me comporte comme elle. Si ma mère avait été gentille pour mes copains, sa méchanceté ne me reviendrait pas à l'esprit chaque fois que Beverly amène quelqu'un à la maison. Je désire vraiment être une maman gentille et affectueuse, mais quand je m'approche de Beverly j'ai le sentiment de jouer la comédie, comme ma mère. Dans ces cas-là, je me mets à parler très vite (comme elle), non seulement à Beverly, mais aussi à mon mari. S'il essaie de me prendre dans ses bras, je me mets à parler de n'importe quoi. Si j'essaie de prendre ma fille dans mes bras, elle me dit : « Maman, tu te rappelles... ? » Je n'ai jamais beaucoup cajolé Beverly. Elle semblait toujours m'échapper. Je me demande pourquoi ! J'ai la nausée quand je pense aux moments où ma mère me tenait. Il me suffit d'imaginer que je touche son sein pour avoir la chair de poule. Je sais que Beverly « ressent » la même chose. Quand je l'embrasse le soir elle essuie mon baiser pour ne pas avoir les lèvres gercées. Ma mère me cachait toujours son corps, et je me disais alors que mes enfants verraient le mien. Mais Tom et Beverly réagissent tous les deux de la même manière quand ils me voient : ils me regardent très attentivement, mais cela n'a pas l'air de leur plaire. Ma mère parlait toujours de la poitrine des femmes ; je fais la même chose. Beverly espère ne jamais avoir de nichons.

Ma mère s'inquiétait tant du départ éventuel de mon père qu'elle n'avait pas le temps de se soucier de moi. Mon père obtenait toujours la meilleure — ou la dernière — part de gâteau. Elle s'occupait tant de lui que ma sœur et moi la dérangions réellement. Elle était jalouse si moi ou ma sœur nous lui parlions trop longtemps, et je suis pareille. Je veux être la première à voir mon mari quand il rentre du travail. Il obtient toujours les meilleurs morceaux, la plus grosse part et ce qui reste dans le plat. Beverly se soucie de son père de la même manière. Elle a peur qu'il ait un accident de voiture quand il a trop bu. Quand j'étais petite, c'est ce que je craignais le plus. Quand Beverly a quelque chose à nous dire, à moi ou à son père, elle parle très vite pour retenir notre attention. Mon mari et moi avons tant besoin l'un de l'autre que quand l'un des enfants nous dérange cela nous met en colère. Ma mère était *toujours* hors d'elle quand j'intervenais et je viens juste de m'en apercevoir : je suis furieuse contre Tom s'il s'interpose entre Beverly et moi.

Beverly n'aime ni les glaces, ni le beurre de cacahuètes, ni la pastèque, et je sais que c'est parce qu'elle est incapable de savourer la nourriture. Elle est si bloquée que la nourriture n'a pas de goût pour elle, mais elle ne mange pas autant que moi car elle sait que je ne l'aimerais pas si elle devenait trop grosse. Je suis toujours en train de suivre un régime, et elle aussi. Ma mère me donnait des biscuits chaque fois que j'avais de la peine. Je rentrais à la maison en pleurant et elle me disait : « Mange donc un biscuit, ça fera passer ton chagrin. » Je ne dis pas exactement cela, je suis trop intelligente (?), et pourtant mes enfants perçoivent le même sentiment : quand ils souffrent, ils mangent.

J'ai demandé à Beverly si elle voyait des ressemblances entre sa grand-mère et moi (cet été elle a passé sept semaines avec ma mère et elle a pris six kilos). Elle m'a répondu : « Oui, vous faites toutes les deux beaucoup d'histoires à propos de mes cheveux, mais grand-mère ne les tire pas comme toi. » J'éprouve une grande satisfaction à tirer ses cheveux quand je les brosse car je détestais que ma mère s'occupe tant de ma chevelure. C'était la seule chose qu'elle aimait en moi. Les gens s'exclamaient d'admiration devant mes anglaises et elle était satisfaite. Maintenant, pour me venger d'elle, je tire les cheveux de mes enfants. Beverly souffre d'être bien traitée par les gens. Je pense que mes parents n'ont jamais été gentils pour moi et c'est pourquoi je souffre, moi.

J'ai deux autres traits en commun avec ma fille. Si elle perd quoi que ce soit, cela me met hors de moi. Je pousse des hurlements et je la terrifie. Si mon souvenir est bon, je n'ai jamais rien perdu et je crois que c'était sans doute par pure terreur. Enfin, Beverly est incapable de *se* regarder dans la glace. Cela ne lui arrive jamais. Je lui ai demandé de le faire l'autre jour, et elle m'a dit que cela lui faisait une drôle d'impression : les gens croiraient qu'elle se trouvait jolie. Voilà dans quel état déplorable se trouve Beverly. Ma mère disait toujours : « Les gens qui se regardent dans les vitrines des magasins sont épris d'eux-mêmes. » J'ai brillamment réussi à ne pas m'aimer et Beverly est arrivée au même résultat.

CHAPITRE XII

LA SEXUALITÉ INFANTILE

Sigmund Freud était convaincu que les enfants avaient une vie sexuelle active, et que personne n'avait découvert cela avant lui à cause de la répression exercée par la société. Mais, quoi qu'en dise Freud, les enfants n'ont pas de vie sexuelle avant la puberté — moment où les glandes sexuelles deviennent actives. Jusque-là, ils se contentent *d'explorer* les zones de plaisir qui sont « sexuelles » pour les adultes. C'est en attribuant un caractère sexuel à des jeux de toucher naïfs et enfantins que les grandes personnes créent ces inhibitions et font naître la culpabilité.

Nous devons distinguer l'acte lui-même de l'expérience intérieure. L'enfant trouve agréable de toucher ses parties génitales. Il n'a pas besoin de se toucher tout le temps pour se sentir bien, à moins d'être continuellement malheureux par la faute d'un parent indifférent. Sa masturbation compulsive n'est pas un acte sexuel. C'est une tentative pour soulager la tension. Un tel *comportement* inquiète les parents névrosés (qui feraient mieux de se préoccuper de l'angoisse évidente de leur enfant) ; ils transforment certaines parties du corps en « zones interdites » et en défendent l'accès à l'enfant, qui se trouve isolé de son propre corps : ses parties génitales sont entourées de barricades et il apprend à bannir certaines pensées de son esprit. Le fait de désapprouver un enfant qui se touche, crée donc une dissociation entre son esprit et son corps.

Quand cette dissociation se produit, l'enfant doit se réfugier dans ses fantasmes. Étant donné qu'il n'a pas le droit de faire l'expérience de son corps (les sentiments sont des faits physiques, ils sont le corps), il se voit contraint par la suite de faire appel à son imagination pour éprouver du plaisir pendant ses rapports sexuels. Ainsi, le passage de la normalité à la perversion se fait parce que l'enfant a été détourné de lui-même et obligé d'entrer dans un monde aux images corrompues.

Que se passe-t-il quand l'enfant n'a pas le droit de se toucher ? Cela dépend de ses autres expériences. Il peut faire une fixation et avoir besoin de toucher à tout, puisqu'il ne peut atteindre cet endroit particulier. Quand il devient plus mûr sexuellement, il se fait toucher par des filles — ou par ses sœurs — espérant inconsciemment qu'il réussira à sentir à force de caresses, qu'un contact extérieur arrachera son corps à cet état d'anesthésie. Mais le contraire peut se produire. Si l'enfant est prisonnier de l'approbation de ses parents — s'ils lui donnent juste assez pour qu'il désire leur faire plaisir —, il risque d'intérioriser complètement ces premiers interdits et par la suite de ne même pas penser au sexe. Il peut aussi devenir froid et dur, et craindre le contact. Jamais il ne lui viendrait à l'idée de se toucher ou de toucher les autres.

Comment remédier à cette situation ? Si le contact physique pouvait être d'une utilité quelconque, beaucoup de gens qui ont constamment des rapports sexuels afin d'être touchés, verraient leurs problèmes résolus. Pour devenir sexuellement libéré il faut revivre ces premières scènes non sexuelles et les résoudre en ressentant la réaction correcte. Cette réaction est le vrai sentiment passagèrement ressenti dans le passé, et aussitôt refoulé. Au cours d'un primal, un homme revécut une scène où il criait à sa mère : « Ce n'est pas sale, maman ! C'est comme il faut ! C'est à moi, maman, à moi ! Mon corps m'appartient ! J'ai le droit de le sentir. » A ce stade de son primal, il commença inconsciemment à jouer avec son pénis. Cela dura pendant une heure. Il n'eut pas d'érection car à l'époque, il n'avait pas éprouvé de désir sexuel. Il voulait juste pouvoir se toucher. Il m'assura plus tard que s'il jouait maintenant avec son corps, en dehors d'un primal, il aurait sans aucun doute une érection. Ainsi, quand il ressentit la réaction correcte, la région génitale redevint sensible. Il cessa d'être impuissant lorsque les femmes désiraient toucher son pénis. Car l'impuissance, c'est la plupart du temps l'incapacité de sentir et d'être stimulé dans la région génitale.

Il s'agit là d'un point essentiel sur lequel je veux

insister. A l'âge de trois ans, le petit garçon prend son pénis dans sa main et sa maman lui dit « non ! » ; cette scène se transforme ensuite en un circuit fermé de mémoire, bloqué de telle sorte que cette inhibition resurgit au seul contact du pénis. Le seul moyen de résoudre ce problème est d'activer le circuit de manière à retrouver la réaction correcte, en éliminant l'ancienne réaction inconsciente.

Autrement, quand l'enfant atteint la puberté, il ne se sent jamais tout à fait libre quand il se masturbe. Il peut attribuer cela à un sentiment de culpabilité, mais en réalité ses vieilles inhibitions sont réactivées et combattent ses tentatives actuelles de connaître le plaisir sexuel. Faisons bien attention à la démarche. La frustration précoce d'un désir non sexuel contrarie l'expérience plus tardive du plaisir sexuel : c'est ainsi que les problèmes sexuels comme la frigidité et l'impuissance ont leur origine dans des périodes et des événements non sexuels. Ce n'est pas en conseillant telle ou telle technique sexuelle ou en se concentrant sur ces inhibitions qu'on pourra attaquer les forces réelles sous-jacentes responsables de ce mauvais fonctionnement sexuel.

Un patient qui se touche pendant plus d'une heure au cours d'un primal se trouve à peu de chose près dans la même situation qu'une personne en train de faire un primal infantile où il suce avec acharnement. Ces deux expériences intenses, télescopiques, se sont peut-être répétées des années durant. Le patient ne se touche pas seulement en se rappelant un épisode précis, mais pour remplacer toutes les fois où il voulait et ne pouvait le faire. Il perdra ensuite probablement son désir de se masturber, tout comme le sujet qui suce pendant son primal, perd son envie irrésistible de fumer.

L'interdiction de toucher son propre corps n'est pas un phénomène isolé. Les parents névrosés semblent passer leur vie à empêcher leurs jeunes enfants de toucher quoi que ce soit. Ils étouffent et inhibent la curiosité de telle sorte que l'enfant n'est plus curieux du tout — il sera alors puni parce qu'il est apathique et ne s'intéresse pas à ses études. Mais il ne fait que réagir à sa petite enfance où le fait d'explorer, d'être intéressé et vivant, était puni. Un des résultats de cette interdiction de s'intéresser à son propre corps est une curiosité immodérée pour les corps... Et cette réaction névrotique fait prospérer les boîtes de strip-tease.

L'INCESTE

La psychologie — freudienne en particulier — prétend qu'à un certain âge l'enfant éprouve, et doit refouler, des sentiments incestueux pour le parent du sexe opposé. Je pense que c'est une notion erronée, car ces sentiments-là sont névrotiques. Jane Goodall a noté que chez les chimpanzés, l'inceste survient rarement, sinon jamais. Elle est convaincue que la relation proche et prolongée du petit chimpanzé avec sa mère établit fermement la position de celle-ci. Le jeune chimpanzé ne considère tout simplement pas sa mère comme un objet sexuel quand il entre dans l'adolescence. Si une mère est une véritable *mère,* et se trouve constamment auprès de son bébé, qu'elle protège et entoure de son affection, il n'y a pas de raison pour que l'enfant ait des désirs incestueux. Par contre, quand la mère adopte un autre rôle — qui n'est pas forcément celui d'une séductrice —, mais quand elle rejette son enfant et a un comportement peu maternel, l'enfant risque d'avoir un sentiment incestueux. S'il est négligé et a terriblement besoin d'affection, il risque d'érotiser ce besoin s'il ne peut le satisfaire par une relation directe et normale avec son parent. Le besoin d'amour et le sexe s'enchevêtrent alors et les désirs incestueux peuvent s'éveiller en même temps que le besoin d'amour. Mais selon moi, il est possible d'éviter cette sorte de désirs. Le Dr Goodall nous montre que les petits chimpanzés restent très longtemps auprès de leur mère, qui les caresse et les protège. La mère ne part pas travailler et faire des courses. Elle se consacre entièrement à son enfant.

Jane Goodall a aussi découvert que l'homosexualité est pratiquement inexistante chez les chimpanzés. J'insiste sur ce point car j'ai constaté que certains de nos patients sont devenus homosexuels parce que, quand ils étaient petits, leur mère séduisante les a torturés inconsciemment, ce qui les a détournés des femmes en général et des rapports hétérosexuels. Les enfants s'engagent alors dans des relations homosexuelles afin d'éviter des sentiments incestueux.

L'une des raisons pour lesquelles la thérapie primale est efficace est que le patient ne se contente pas de parler de ses problèmes sexuels au thérapeute, mais il se touche, il sent son corps, et il *fait* ce qu'il n'a jamais pu faire. La thérapie conventionnelle insiste habituellement pour que le patient *dise* ce qu'il n'a jamais réussi à dire, comme s'il s'agissait uniquement d'un problème verbal et mental, à traiter indépendamment du corps. Par exemple, un exhibitionniste peut montrer son pénis pendant son primal en séance de groupe et comprendre sa motivation profonde : « Un gros pénis n'est pas vilain, maman ! » Il n'est pas assis sur une chaise en train de *discuter* de son exhibitionnisme.

Le comportement sexuel n'est donc pas un problème d'éducation *sexuelle.* C'est une question qui concerne l'éducation dans le sens le plus large — une éducation qui insiste sur le sentiment. Quand un enfant atteint la puberté, il sera une personne réelle qui ressent, et vu la stimulation sexuelle que cet âge lui apporte, il sera sexuellement sensible. Les parents qui pratiquent la vraie éducation sexuelle laissent leurs enfants devenir des êtres humains expressifs et réceptifs, qui, plus tard, auront ces qualités dans leur vie sexuelle. Ils doivent pour cela permettre à leurs enfants de bouger librement et ne pas leur répéter constamment « Tiens-toi tranquille ! » ; ainsi le corps tout entier pourra se donner librement au sexe. En fin de compte, cela signifie qu'on n'a réprimé aucun sentiment essentiel chez un enfant pour éviter d'entamer sa qualité de personne sensible. Dans le vrai sens du terme, l'éducation *sexuelle* est une chose qui n'existe pas. On ne peut que laisser un enfant être lui-même pour qu'il puisse devenir un être sexuel.

Nancy

Le sentiment m'est venu le troisième jour de thérapie primale, avec le souvenir d'une scène qui m'a souvent traversé l'esprit sans que j'établisse les connexions. Ma mère et moi nous étions en train de faire le ménage en haut quand elle m'appela : « Regarde ! » cria-t-elle, brandissant sous mon nez une culotte tachée de sang qui appartenait à ma sœur. « Eh bien, c'est ce qui va t'arriver ! » C'est de cette façon-là qu'elle m'informa du mystère de la vie.

Je fus alors plongée dans le sentiment d'avoir une mère vraiment stupide et vulgaire et je fus immédiatement dégoûtée par mon corps. Ce sentiment fut si fort que je pensai aussitôt à mes rapports sexuels avec mon mari. Car là aussi, j'éprouvais du dégoût. J'essayais de faire l'amour et j'entendais ma mère me seriner : « Tu n'as pas honte de montrer tes instincts au grand jour ! Nous ne devons à aucun prix céder à ces sentiments qui sont le signe de notre nature déchue ! » Chaque fois mon corps se raidissait et devenait comme un bout de bois. Puis je fis une dernière connexion : mon père n'a jamais reconnu l'existence de mon corps. Il n'a jamais fait une remarque sur mon physique, ma mine, ma façon de danser. Pire, *il ne m'a jamais touchée !* C'était donc cela ! *Je n'avais pas de corps !*

Après cette connexion, tout s'est passé si vite que j'ai eu du mal à suivre. Mes jambes sont parties en l'air. Je me suis mise à les toucher, puis à les frotter aussi fort que possible. JE NE SOUFFRAIS PLUS ! Avant, le moindre choc était extrêmement douloureux. Même quand le Dr Michael m'examinait et appuyait sur ma jambe, cela me faisait très mal (je ne le lui ai jamais dit).

Ensuite, je touchai mes cuisses et mes fesses, mon ventre et mes côtes, et enfin mes seins ! Ils étaient si chauds, si doux, si ronds ! Puis, comme dans un éclair, je découvris les bouts de mes seins. Je sentis immédiatement mes organes génitaux vibrer. Helen me dit : « Ce n'est pas facile de sentir un corps tout neuf à travers tous ces vêtements, tu ne crois pas ? » Au début j'ai hésité, mais je ne pus résister au sentiment. Timidement, je me défis de mes habits et je me caressai avidement. Je jouais avec mes doigts de pied quand je remarquai mes mains. J'étirai mes doigts : ils me paraissaient si agiles. Ce fut une révélation : JE NE SOUFFRAIS PLUS ! L'arthrite de mes mains avait disparu !

J'achevai mes découvertes une fois de retour au motel. Après avoir arraché mes vêtements, je m'étendis sur le lit et je pensai que je pouvais séduire une centaine d'hommes et avoir du plaisir avec eux ! Mais oui, moi, cette chère vieille Nancy frigide ! Je caressai mes organes génitaux : ils étaient doux et chauds, humides et glissants. Je m'endormis entièrement ouverte : les jambes écartées, les bras jetés au hasard derrière ma tête. Dieu ! Je n'ose encore y croire. J'ai toujours dormi recroquevillée en chien de fusil.

Maintenant les couleurs me sautent aux yeux, comme si une brume grise s'était levée.

J'ai des fourmis dans les cuisses comme si le sang y circulait pour la première fois.

Après l'un de mes primals de naissance, quelque chose a craqué et il m'a semblé que mes jambes faisaient sauter des milliers de cordes. Mieux, les douleurs atroces aux genoux, aux jambes et aux hanches avaient disparu. Je pouvais même m'asseoir en demi-lotus (une posture de yoga) avec les genoux au sol.

CHAPITRE XIII

LES PEURS DES ENFANTS LA NUIT ET LE JOUR

J'ai déjà expliqué comment un traumatisme subi très tôt dans la vie engendre la peur, cet agent du refoulement. Quand les traumatismes ou les sentiments primals enfouis menacent de faire éclater les défenses, la peur intervient et nous ordonne de les renforcer. L'organisme est effrayé car son intégrité et sa survie sont menacées. La peur est donc un réflexe de survie. Les souffrances précoces dramatiques et les peurs qu'elles font naître, sont enfouies et engrangées dans le cerveau, et l'organisme se comporte comme si ces premiers traumatismes étaient une menace constamment présente. Dans un sens, c'est vrai. Quand nous vieillissons, nous devons tenir compte de leur existence dans le cerveau. L'organisme ne dit pas : « Maintenant j'ai vingt-cinq ans, et je supporte de sentir qu'on m'a abandonné dans mon berceau. » Car devant ce sentiment, la personne n'a pas vingt-cinq ans. Elle doit remonter dans le passé et redevenir telle qu'elle était à l'âge de six mois et ressentir cette peur figée. Cette expérience précoce, non résolue, est enfermée dans le cerveau ; aucune intervention de l'intelligence adulte n'y mettra fin. Le fait que l' « adulte » regarde le « petit enfant » en lui serait un événement névrotique, dû à un clivage.

Toutes ces peurs enfouies constituent un réservoir primal de peurs latentes qui, au fur et à mesure que le sujet vieillit, s'associent (selon les circonstances) à telle ou telle chose et se transforment en phobies. Les phobies sont des peurs irrationnelles : elles ne reposent sur aucune réalité extérieure, mais reflètent le réel intérieur.

Voici un exemple de phobie : la peur d'avoir les bras

maintenus au sol, ou d'être enfermé dans un endroit au point de ne plus pouvoir bouger. Le fait de se trouver dans un ascenseur bondé où il est difficile de bouger, ne devrait pas être terrifiant. Cette frayeur est peut-être due à la réactivation de peurs anciennes, comme celle d'être bloqué dans le canal vaginal. Le caractère excessif de cette réaction vient du fait qu'une expérience actuelle s'ajoute à une expérience passée.

La peur de l'obscurité est fréquente chez les enfants, car pour eux, la nuit est le néant. Quand ils sont étendus dans leur lit, pratiquement sans défense et privés de distraction, leurs peurs latentes sont plus proches de la conscience. Elles sont alors projetées dans l'obscurité et l'enfant croit que des voleurs sont cachés dans le placard. Il invente une histoire pour justifier sa peur. C'est à peu près le même processus que dans les rêves. Les sentiments s'éveillent quand la conscience se relâche et l'esprit invente des histoires pour rationaliser la montée des sentiments primals.

En fixant sa peur sur un voleur caché, l'enfant se concentre en quelque sorte sur l'amalgame sous-jacent et informe des peurs primales allant du traumatisme de la naissance à la circoncision. L'enfant n'a, pas plus que quiconque, le moyen de « comprendre » ces premiers traumatismes non verbaux, et il se trouve impuissant à leur résister. Il peut seulement se distraire en écoutant la radio ou en regardant la télévision, ou refouler encore plus ses sentiments en feignant de ne pas avoir peur ; il aura recours à cette dernière solution s'il entend dire ses parents : « Quel grand garçon ! Tu vois bien, il n'y a pas de quoi avoir peur. » Il doit être extrêmement troublant pour un jeune enfant de s'entendre dire qu'il n'a pas peur alors qu'il est absolument terrifié. Ses parents, autorités omniscientes, en savent certainement plus que lui ; ainsi sa structure perceptive tout entière se transforme subtilement. Il est désorienté parce que la perception de ses vrais sentiments a été modifiée. C'est ainsi que l'enfant devient étranger à lui-même et qu'il perd le contact avec la réalité.

Pourquoi la peur de l'obscurité est-elle un phénomène aussi universel ? C'est une question que je me suis posée jusqu'à mon dernier primal. Je vais décrire ce primal en détail car je pense qu'il permet de comprendre cette frayeur particulière. Pendant la journée j'avais nagé dans une piscine très chaude. Je nageai beaucoup sous l'eau, aussi longtemps que possible. Quand finalement j'émergeai pour respirer, je fus pris d'une crise d'angoisse et j'eus l'étrange impression de devenir fou. La pression dans ma tête devint insupportable... Je n'arrivais plus à retrouver mon souffle. Je me reposai quelques minutes, j'essayai de me raisonner, puis cela passa. Le soir, seul dans mon lit, je me sentis encore devenir fou. J'avais peur de quelque chose d'indéfinissable. Je courus dans la salle de bains, j'allumai la lumière, et j'essayai de reprendre mes esprits. La lumière m'apaisa, mais je ne compris pas pourquoi. A ce moment-là, je ne me rendis pas compte que le seul fait d'allumer la lumière me tranquillisait.

Je me remis au lit mais j'étais toujours angoissé. Je me laissai envahir par le sentiment, et je commençai à faire un primal de naissance. Mon visage dut devenir entièrement congestionné tant je suffoquais. Ma peur s'envola aussitôt. J'étais simplement en train de revivre les quarante heures de travail qui avaient précédé ma naissance. Je m'efforçais de sortir du ventre de ma mère. Quand le primal fut terminé, je compris pourquoi j'avais toujours eu besoin d'une lampe allumée pour m'endormir (pendant mon enfance l'obscurité me terrifiait). Au cours de ce primal, j'avais eu le sentiment de mener seul une bataille contre la mort, sans recevoir le moindre réconfort. Quand je sortis finalement du canal vaginal, quelqu'un me prit dans ses bras et je me sentis enfin en sécurité. C'est pourquoi la lumière devint synonyme de sécurité et de confort, provoquant chez moi un réflexe conditionné. Le combat de ma naissance resta lié à l'obscurité. Plus tard, j'eus peur dans le noir car mon ancienne terreur inconsciente resurgissait avec ma solitude nocturne. Hier soir, dès que je ressentis cette angoisse, un réflexe me fit me précipiter dans la salle de bains et j'allumai la lumière sans savoir pourquoi. En réalité, cela me permit de retrouver symboliquement le sentiment de sécurité que j'avais éprouvé lors de ma naissance quand j'avais vu la lumière.

Peut-être cette peur universelle et fondamentale de l'obscurité a-t-elle un rapport avec les traumatismes de la naissance ; tout au moins, cette hypothèse s'est vérifiée dans mon cas. Cela faisait des années que je n'avais plus peur dans le noir, mais très évidemment cette frayeur ne m'avait jamais quitté. Elle s'est manifestée lorsque les circonstances s'y sont prêtées : quand je me suis senti asphyxié dans cette piscine chaude. Comme je ne comprenais pas ce qui m'arrivait, j'ai été pris de panique. Mon esprit n'était pas capable de résister à cette pression qui montait. Si je n'avais pas eu derrière moi des années de primals, l'incident de la piscine n'aurait sans doute eu aucune conséquence. Ma terreur originelle serait restée inaccessible et aurait été détournée pour prendre place parmi les frayeurs « acceptables » des adultes, qui craignent de toucher les prises électriques, de prendre l'avion, d'être bloqués dans un ascenseur... Ces peurs-là sont les dérivés symboliques de la gigantesque terreur originelle.

Pour un enfant tel que moi, aux défenses relativement faibles, la terreur avait un caractère plus spécifique, c'était la peur de rester seul dans le noir. Ces mêmes défenses vacillantes étaient la cause de cauchemars continuels où je m'efforçais de parvenir à la lumière du jour. A cette époque, j'étais beaucoup plus proche de moi-même.

Les peurs non verbales ne sont bien entendu pas les seules à être refoulées. La crainte des parents n'est pas négligeable non plus. Un enfant fragile n'ose pas ressentir cette terreur-là, ni reconnaître qu'il est méprisé et mal aimé, ni voir la rage meurtrière de son père ou le désespoir suicidaire de sa mère. Il ne peut même pas se permettre d'avoir peur s'il sent qu'on lui reproche d'être une « poule mouillée ».

Certaines peurs sont inspirées à l'enfant de façon directe ; d'autres résultent de la personnalité des parents. L'enfant deviendra craintif s'il se sent constamment critiqué par un parent coléreux et brutal. Dès son plus jeune âge, il sera à tel point préoccupé d'apaiser son père ou sa mère qu'il n'aura jamais le temps de ressentir pleinement sa peur. Un parent faible, qui ne sécurise pas l'enfant, peut lui aussi arriver à ce résultat. Inconsciemment, son enfant redoute de n'être protégé par personne. Peut-être s'efforcera-t-il de donner de la force à ce parent (en essayant par exemple d'obtenir que sa mère s'arrête de boire) pour trouver quelqu'un qui le protège. Cette lutte n'est ni consciente, ni délibérée, elle est motivée par une peur profonde, causée par la faiblesse du parent. Un parent constamment inquiet force son enfant à enfouir ses propres craintes, car il sent qu'il n'y a aucune sécurité aux côtés d'un parent peureux. J'ai une fois assisté à un accident : la mère était assise à l'avant de la voiture, saine et sauve, mais en proie à une crise d'hystérie ; le bébé se trouvait sur le siège arrière, pétrifié. Personne n'était là pour le réconforter et lui donner la possibilité de ressentir ses craintes en toute sécurité. Sa terreur fut donc accablante — et dut être refoulée.

Un enfant a souvent peur de s'endormir, pour des raisons diverses. Il craint par exemple de ne jamais se réveiller. Mais le plus souvent il redoute ses cauchemars. Pendant la journée il peut prétendre ne pas avoir peur, mais quand il se trouve sans défense, il est assailli de craintes dans son sommeil. J'ai déjà dit que les événements dramatiques survenus très tôt semblent s'entourer de défenses solides. Nous nous en apercevons dans nos cauchemars. Pendant le sommeil, le premier traumatisme surgit sous sa forme la plus pure, surtout si au cours de la journée un incident a déclenché ce circuit de mémoire. Par exemple, le fait d'être coincé dans une palissade ou bousculé par de nombreux adversaires pendant une partie de football, risque d'activer le sentiment originel d'écrasement. Comme je l'ai déjà dit plus haut, l'enfant éprouve *exactement* pendant son sommeil ces sensations de la naissance et les drape alors dans son cauchemar. Seule la *sensation* émerge, car sans l'intervention de la thérapie primale il est impossible de l'interpréter correctement, ou de découvrir sa nature réelle, puisqu'elle n'est pas verbale. Cette sensation est la terreur. Si l'enfant avait la possibilité de savoir que ces sensations remontent à sa naissance, il pourrait, s'il était assez ouvert, convertir le cauchemar en primal. Car les cauchemars sont des primals à l'envers. Et les primals sont les antidotes des cauchemars, particulièrement s'ils se répètent souvent.

Pendant trente ans j'ai eu périodiquement le même cauchemar : je voulais abattre un ennemi d'un coup de feu, mais je n'y parvenais jamais. Le canon tombait, la détente ne fonctionnait pas, et ainsi de suite. Pendant le primal je me trouvais en pyjama, les mains immobilisées par des manches cousues au bout. Au cours des premiers mois de ma vie, je n'ai pas pu me servir de mes mains et cela se manifestait dans mes rêves. Une impuissance si précoce fut la cause d'une très grande terreur : ce sentiment signifiait que je n'avais pas le pouvoir de bloquer la frustration constante, la souffrance et la peur.

Même après ce primal, je continuai d'avoir ce cauchemar, mais il était moins intense et plus sporadique. Il revint des mois plus tard, mais cette fois-là, je me plongeai plus avant dans les sentiments sous-jacents. J'étouffais ; tout un côté de mon visage était tordu ; ma bouche semblait incapable de s'ouvrir, et en un éclair je sus pourquoi... J'étais dans le canal, m'efforçant de naître, et mes mains ne m'étaient d'aucun secours pour accéder à l'air libre. Beaucoup d'expériences — comme celles des manches de pyjama — s'étaient ajoutées à cette impuissance manuelle prototypique. Après que j'eus fait ce primal et cette connexion (en dormant) le cauchemar disparut. En outre, je constatai un changement très net en ce qui concernait ma maladresse générale — je n'avais jamais été capable de me servir convenablement de mes mains pour construire ou réparer quelque chose. Mon impuissance manuelle appartenait au passé.

Un cordon ombilical pincé trop tôt peut provoquer des cauchemars d'asphyxie, tandis que le fait d'être étouffé par les liquides amniotiques peut faire rêver de noyade. Dans ces deux cas, la sensation surgit, et elle continuera de se manifester par des cauchemars jusqu'au moment où elle deviendra un *sentiment* — un événement aux connexions primales.

LA PEUR DE DÉSIRER

L'une des peurs clés des enfants, aussi simple que cela paraisse, est la peur de désirer. En exprimant directement son désir, l'enfant risque un refus tout aussi direct. Quand les parents sont manifestement inaccessibles ou excentriques, excessivement renfermés ou brutaux, l'enfant doit refouler le besoin qu'il a d'eux. Il lui faut déjouer ce besoin, car sinon il se voit réduit à un désespoir catastrophique très tôt dans la vie, trop tôt pour être en mesure de l'accepter pleinement. L'enfant prétend ne ressentir aucun besoin et il devient craintif quand celui-ci se manifeste. Il a même peur de dire : « Maman, peux-tu me donner... Puis-je avoir... », car maman risque fort de lever le doigt et de répondre d'un ton sec : « Maintenant, tiens-toi tranquille et arrête de m'ennuyer. »

En général nous bloquons automatiquement nos désirs sans même nous en rendre compte. En ne voulant rien, nous tenons notre peur à distance. Il y a quelques mois, je me trouvais dans un restaurant, non loin d'une grand-mère et de ses deux petites-filles. On donna un menu à chaque enfant. L'une d'elles regarda la carte et dit : « Tu sais, je crois que je ne veux pas de plat ce soir ; je vais juste commander toutes sortes de hors-d'œuvres. » La grand-mère, sans une seconde d'hésitation, répondit : « Oh ! Quelle bonne idée ! Choisis tout ce que tu veux. »

Cette enfant n'avait pas peur de désirer. Pourtant combien d'enfants se risqueraient-ils à dire une chose pareille ? Les parents réagissent habituellement à tout ce qui sort de la routine en criant : « Arrête ces bêtises et ne commande pas quelque chose de ridicule ! » Quand ce phénomène se répète quotidiennement et sous des formes multiples, le simple fait de désirer provoque le rejet. A force de sentir des regards désapprobateurs, l'enfant devient « une jeune fille convenable » ou un « jeune homme bien élevé », au lieu d'exprimer librement ses désirs et son envie de s'amuser.

Les parents qui sont eux-mêmes en état de besoin ne veulent pas être réclamés par leurs enfants. Mieux encore, ils sont ravis d'avoir des enfants autonomes, dépourvus de désirs. « Si l'on a des désirs, explique un patient, on a automatiquement ***peur*** de ne jamais obtenir ce qu'on désire. » La seule chose qu'on puisse désirer impunément dans les foyers névrosés, est ce que désirent les parents, et ce que les parents névrosés désirent, c'est que leurs enfants ne désirent rien directement. Ils doivent d'abord accomplir une tâche et « gagner » ce qu'ils obtiennent. Ils sont obligés de déjouer leurs besoins. Et les parents névrosés ne veulent pas que leurs enfants désirent, car ils ne peuvent rien leur donner.

Il faut montrer de l'indulgence aux enfants qui ont peur. Si un enfant a vraiment peur de prendre une leçon de natation, de sauter du plongeoir, ou de monter sur un cheval, on ne doit pas le forcer. D'ordinaire les enfants font ce qu'ils peuvent, jusqu'au point où leur peur devient vraiment trop grande. Forcer un enfant à « vaincre » sa peur, c'est l'obliger à déposer cette surcharge de frayeur dans le réservoir primal.

Un enfant terrifié, sanglotant, ne devrait jamais être amené dans la salle d'opération sans ses parents. Il ne faut pas non plus laisser un enfant apeuré à l'école maternelle, ni l'abandonner aux infirmières et aux médecins d'un hôpital. Les parents ne doivent pas se laisser intimider par les praticiens qui leur demandent de leur confier leur enfant. Celui-ci a besoin de la présence parentale dans les moments de stress, et si le médecin n'est pas capable de s'en rendre compte, le père et la mère doivent en être conscients, et choisir, dans la mesure du possible, un praticien compréhensif.

Les enfants normaux aiment faire des choses. Mais on ne peut forcer un enfant à être normal en lui imposant des occupations. Il fera semblant de ne pas être effrayé, mais la nuit, quand il sera tout seul dans son lit et en mesure de ressentir cette peur, il sera terrorisé.

Les frayeurs (nocturnes en particulier) sont des phénomènes complexes, et doivent donc être considérées avec indulgence. Un patient a revécu le moment où il se trouvait isolé dans son berceau, dans une pièce obscure, aux prises avec la faim et la soif. Quand ses parents ouvraient la porte, la lumière pénétrait dans sa chambre, annonçant le moment de sa délivrance. Plus tard, il se sentait rassuré si une lampe restait allumée à son chevet, mais il n'en comprit la raison qu'une fois entré en thérapie.

Aucune peur ne passe avec l'âge. Si elle est irrationnelle, elle est primale. Et les sentiments primals ne disparaissent pas. La meilleure preuve en est que des cauchemars qui commencent à l'âge de cinq ans, poursuivent l'individu toute sa vie. Nous *croyons* que les enfants perdent leurs frayeurs en grandissant, parce qu'ils ne cessent de les transformer subtilement. Aucune jeune mariée n'avouerait avoir peur de trouver un voleur sous son lit, mais elle peut néanmoins redouter de rentrer dans une maison obscure. En grandissant, l'enfant apprend à canaliser ses craintes majeures. Il fait de la course automobile, de manière à catalyser une peur terrible quand il se trouve sur la piste ; ensuite, il trouve l'apaisement pendant quelque temps. Il a beau se donner l'air d'un grand courageux qui « était très craintif quand il était gosse », cette activité lui sert simplement d'exutoire.

Si l'enfant a besoin d'être distrait la nuit, ou d'être tranquillisé par la présence de ses parents, il ne faut pas hésiter une seconde à le satisfaire. Laissons l'enfant avoir peur et n'augmentons pas ses craintes en lui faisant honte, car alors il les enfouit. La peur a sa dialectique à elle : plus on la sent, et plus on est courageux et intrépide ; plus on la bloque, et plus on est effrayé. En d'autres termes, plus la personne ressent son moi, et plus elle *est* elle-même ; elle a d'autant moins de raisons d'avoir peur.

Voici un exemple de la peur de désirer et de ses conséquences :

« Je suis entré en thérapie primale parce que j'ai

toujours eu peur de toucher les gens. Cela ne veut pas dire que je n'aie jamais eu d'amis. Mais j'ai toujours redouté toute manifestation physique d'affection, venant de moi ou des autres. Même quand j'étais petit, je ne pouvais jamais accepter la moindre tendresse de la part de ma mère. Je ne lui faisais pas confiance. Elle me disait elle-même : " Je t'appelais mon mouvement perpétuel, tu t'agitais tout le temps et tu voulais t'en aller, c'était impossible de te bercer, de te faire la lecture, ou même simplement de te garder dans les bras. " Inutile d'ajouter que j'ai été pratiquement impuissant toute ma vie.

« Au bout de cinq mois de thérapie primale j'ai commencé à comprendre pourquoi. Pendant plusieurs primals je me suis trouvé étendu sur le dos — je levais la tête et j'ouvrais la bouche si grande que les commissures de mes lèvres semblaient se déchirer. Je ne pouvais ni parler ni remuer le corps ou les jambes. Je ressentais simplement ce sentiment d'angoisse terrible où se mêlaient le besoin et la peur.

« Tard un soir — j'avais environ quinze mois — je me mis à pleurer pour que maman vienne me prendre dans ses bras. Comme elle ne venait pas, je secouai si fort mon berceau que je réussis à le faire avancer sur le plancher. Mon père avait le sommeil léger et il se fâcha très fort. Mes parents essayèrent alors de m'attacher dans mon berceau.

« Il est futile de vouloir décrire un sentiment que notre langue ne sait pas exprimer. Je n'ai pas encore touché le fond de cette horrible expérience ; mon besoin de ces êtres qui pour moi représentaient le monde a été assassiné, et il me faudra encore beaucoup de primals pour le ressentir. Je me sens déjà beaucoup plus libre pour exprimer mon affection. Maintenant, quand je regarde mes pieds et que je vois mes veines dilatées par toutes ces années de bougeotte (j'ai même fait le tour de la planète en stop il y a quelques années), je me rends compte qu'il me fallait, d'une façon ou d'une autre, contenir mon besoin. »

CHAPITRE XIV

LE BESOIN PARENTAL

J'ai déjà indiqué de quelle manière le besoin névrotique détermine souvent la conception des enfants. La névrose du parent ne s'arrête pas avec la naissance de l'enfant. Habituellement elle empire au fur et à mesure que l'enfant grandit, car celui-ci peut faire de plus en plus pour le parent. Quand il arrive enfin à l'âge adulte, son parent redevient fréquemment un petit enfant qui a besoin qu'on s'occupe de lui et qui réclame des conseils et des directives. Les parents ne gâchent pas délibérément la vie de leurs enfants. Mais c'est là le résultat qu'ils obtiennent en cherchant à les utiliser pour satisfaire leurs propres besoins.

Dans les familles névrosées il n'y a que des victimes. Le cycle névrotique est constitué de telle manière que chacun est à la fois le bourreau et la victime ; personne ne gagne. Tout doit s'incorporer dans la structure du besoin névrotique : ainsi, lorsqu'un névrosé a des enfants, ceux-ci sont pris eux aussi dans le tourbillon du besoin. Le besoin du névrosé déforme sa vision de la réalité : il est si occupé à mouler ses enfants de façon à les utiliser pour la satisfaction de ses besoins que pour lui, ils ne sont jamais des individus indépendants. Les besoins primals insatisfaits du parent sont des ordres implicites pour les enfants. Il suffit souvent d'observer ces derniers de près pour voir ce dont les parents ont besoin. Les enfants deviennent des serviteurs pour compenser le manque d'attention qu'ont ressenti leurs parents quand ils étaient petits. Ils seront habillés et bichonnés (jusqu'à l'exaspération) par une mère qui a toujours souhaité être traitée ainsi. L'homme qui n'a jamais réussi à devenir un athlète et a perdu l'amour de son père au bénéfice d'un frère sportif, essaiera peut-être de modeler son fils selon cette image. Un enfant qui ne peut être compris, sera très vite transformé par les parents en quelque chose qu'ils sont capables de comprendre — ou alors son cas est considéré comme « désespéré ».

Dans les familles névrosées, les dons de l'enfant deviennent un atout commercial permettant au *parent* d'accéder à la richesse ou au pouvoir, de devenir un personnage important ou prestigieux, etc. Si le parent a été le raté de sa famille, son enfant lui servira de moyen pour mener une compétition symbolique avec « eux » et pour triompher enfin. Son enfant n'est pas une réalité, mais seulement un symbole qui permet au parent de gagner et de découvrir ce sentiment « d'importance » inconnu jusqu'alors. Tout cela est soigneusement élaboré par la raison, puisque le parent ne peut pas ressentir son insignifiance et son peu de valeur. Il explique donc à son enfant combien il est important de bien apprendre ses leçons, d'être jolie, soignée et bien habillée, de suivre assidûment ses cours de danse, etc. L'enfant se laisse facilement convaincre, car il a envie de faire plaisir à ses parents qui, croit-il, se préoccupent tendrement de ce qu'il y a de mieux pour lui. Mais ce qu'il y a de mieux pour lui, ce sont ses *sentiments* — « Je veux jouer, et non faire des exercices. » Souvent nous entendons des adultes névrosés déclarer : « Je regrette que mes parents ne m'aient pas forcé à faire plus de ceci ou de cela. » Ils étaient contraints de faire trop de choses, et la tension et l'agitation qui en découlaient, les rendaient incapables de se concentrer suffisamment longtemps pour réussir à une seule chose. Le désir de l'enfant est la meilleure discipline, car il fait partie de son évolution naturelle et autonome. C'est uniquement de cette façon-là qu'un enfant apprendra, et trouvera du plaisir dans ce qu'il apprend. Aucune cajolerie, aucune punition ne métamorphosera le besoin du parent névrosé en désir légitime de l'enfant.

Il n'est pas difficile d'observer les besoins parentaux à l'œuvre. Un sujet ignoré par ses parents risque de se renfermer et de se sentir sans valeur. Il sent qu'il ne compte pour personne. Une fois devenu parent, il ne peut imaginer que son amour est essentiel pour ses enfants ; ainsi il ne s'en occupe pas car il est convaincu d'être totalement insignifiant. Le manque d'attention des parents peut aussi aboutir au résultat contraire. On voit par exemple un enfant qui parle constamment et à voix haute pour attirer l'attention et éloigner la souffrance. Son enfant à lui devra l'écouter et sera souvent incapable de s'exprimer parce que le parent doit se décharger de sa tension. Ses sens ne connaissent jamais le repos et créent une surcharge. L'enfant est si occupé à écouter qu'il n'a pas le temps de prendre plaisir à son environnement, de prêter attention à la beauté qui l'entoure, ou de se livrer à l'introspection. Le parent bavard mobilise constamment l'attention et son enfant n'ose jamais lui dire de se taire, de peur d'être puni pour insolence. Il devient donc un « auditeur » apprécié, alors qu'en réalité il adopte une attitude de défense.

L'enfant est clairement le symptôme du parent : celui-ci a un comportement maladif à l'égard de ses enfants car ses besoins insatisfaits et sa souffrance sont tels qu'ils déforment presque totalement la réalité.

Les enfants essaient presque toujours d'être ce que désirent les parents. Et les désirs parentaux ressemblent à tous les autres désirs névrotiques : ils symbolisent le besoin. Il est terrifiant pour un jeune enfant fragile de refuser le rôle qui lui est assigné. Quand ses parents sont en colère, personne au monde ne peut le réconforter. Il vole, se mouille, se masturbe — tout cela pour trouver l'apaisement, puis il est puni pour ces actes. Nous pouvons comprendre la terreur du petit enfant en nous rappelant le sentiment qu'éprouve un adulte quand il est critiqué ou remis à sa place : notre premier réflexe est de téléphoner à un ami pour nous faire consoler. Les enfants n'ont pas cette possibilité. Ils doivent souffrir seuls.

Nous commençons donc à comprendre pourquoi les besoins purs ne sont jamais satisfaits et persistent cependant. Si un petit enfant doit participer au travail de la maison et prendre soin de sa mère pour gagner son amour, il deviendra cet être dévoué. Plus tard, il épousera une personne faible comme sa mère afin d'être aimé de la seule manière qu'il connaisse. Il peut aussi jouer la carte de l'indépendance (« je n'ai besoin de personne »), car autrement son ancienne souffrance et sa peur de ne jamais être aimé pour lui-même reviennent à la surface. S'il cède à son besoin d'affection il est envahi par l'angoisse, puisque ce besoin de s'appuyer sur sa mère ne lui a pas apporté l'amour.

Donc la reconnaissance du besoin équivaut à la souffrance. Afin de se sentir vaguement en sécurité, cet homme organise sa vie de manière à ne pas satisfaire ce besoin. En même temps, il mènera un combat symbolique avec sa femme pour la pousser à adopter un comportement indépendant. C'est une méthode de substitution qui tend à produire une mère réelle, indépendante, protectrice. Il se plaindra peut-être du caractère dépendant de sa femme, de son indécision et de sa passivité, pourtant son besoin l'a entraîné à l'épouser. Il est mécontent de son choix, mais en fait il n'avait pas le choix. Ce genre d'individu doit éviter d'avoir une femme ouverte et affectueuse car le fait d'être aimé avec spontanéité, sans devoir gagner cet amour, éveille la souffrance causée par l'ancien manque et l'ancienne privation. Ainsi le besoin crée la souffrance et l'affection provoque le retrait — afin d'éviter *l'ancien* sentiment de manque.

Le besoin est inconscient car il est douloureux, et aussi parce qu'il ne peut être reconnu, faute d'avoir été satisfait. Un patient se rappelle qu'à huit ans il vendait des journaux à deux kilomètres de chez lui. Un jour il y avait une réunion dans la rue et il se rapprocha pour écouter, se perdant dans la foule des adultes. Il se sentit « tout drôle » pendant un instant, puis il se remit au travail. Il ne pensa pas : « J'ai besoin que maman s'occupe de moi. Je n'aurais jamais dû me trouver seul ici. » Il avait toujours été négligé. Il ne savait pas qu'il existait d'autres manières de grandir. Il n'y avait que son corps, son besoin, pour lui dire que quelque chose n'allait pas : il se sentait « tout drôle ». Ce besoin fit de lui une personne névrosée, indépendante, et l'entraîna néanmoins à chercher en vain, par des moyens détournés, quelqu'un sur qui compter. Ce besoin, reconnu ou non, était la vérité essentielle de ce petit garçon, et ne pouvait disparaître grâce à la simple observation d'un analyste. Le comportement névrotique de ce garçon avait été inconsciemment déterminé par ses parents, qui croyaient que l'assiduité au travail formait admirablement l'individu. En réalité cette philosophie ne forme que des névrosés.

Cet enfant vivait constamment avec ce besoin frustré. Il se trouva réduit à se débrouiller seul et à choisir lui-même les moyens de le satisfaire. C'est généralement le hasard qui détermine ce choix. Un chef de distribution qui le félicite gentiment de vendre tant de journaux peut faire de lui ce névrosé assidu. Un professeur d'histoire bienveillant peut le pousser à se plonger dans les livres. Son professeur de gymnastique le mettra peut-être sur la voie de l'athlétisme. La plus légère satisfaction de son besoin peut déterminer le cours de sa vie. C'est pourquoi nous nous rappelons si bien nos professeurs bienveillants et chaleureux : ils nous ont marqués car nous n'avions pas besoin de mériter par nos efforts l'affection qu'ils nous dispensaient.

Si ce garçon devient travailleur, il trouve dans l'argent qu'il gagne un moyen de défense et une satisfaction. Mais l'argent ne fait qu'étouffer le besoin, il ne résout rien. Il est évident que le besoin ne change pas ; ce qui change, c'est notre réaction au besoin — c'est ce que nous appelons la forme de la névrose. Brasser de l'argent, devenir homosexuel ou perverti sont seulement des tentatives pour satisfaire symboliquement le besoin. Quand cet homme devient adulte et a des enfants, son besoin continue à le pousser. Il passe ses soirées à faire de nouvelles affaires, ne se détend jamais, ne joue pas avec ses enfants car jouer et se détendre l'angoisse — pour lui, le travail *est* une vaine quête d'amour. La société loue son arrivisme, le succès l'enivre peut-être. Pendant ce temps, sa femme et ses enfants risquent de se sentir négligés et d'en souffrir car il est uniquement préoccupé par des satisfactions personnelles. Il est inutile de lui conseiller de ne pas se surmener ; on pourrait aussi bien lui interdire de manger quand il meurt de faim.

J'appelle ces besoins « primals » car ils passent avant toute autre activité, et même avant les besoins de ses propres enfants. Les parents ne font pas exprès de ne pas être affectueux ; ils affirment qu'ils aiment leurs enfants, et pourtant ils les rendent névrosés. Ils croient agir dans l'intérêt de leur fils ou de leur fille en lui demandant d'avoir de bonnes notes et de réussir aux grands concours. Il est impossible de les convaincre du contraire. Peu de parents névrosés admettent qu'ils gagnent de l'argent ou suivent des cours du soir pour leur satisfaction personnelle. Au contraire, ils affirment que c'est une activité nécessaire pour la famille, voire un « sacrifice ». Quand l'enfant se plaint, le parent se croit le droit de lui crier : « Tu ne vois donc pas tout ce que je fais pour toi, ingrat ! »

Certains parents souffrent tant qu'ils doivent constamment vivre dans l'imaginaire — ce réseau mental qu'ils tissent pour se protéger de leur souffrance. Quand l'enfant pose une question, il n'est souvent même pas entendu ; s'il insiste, il est rabroué car il gêne. Si le parent ne s'échappe pas mentalement, il fuit pour se rendre à des soirées et dans des boîtes. Une mère déprimée de façon chronique peut avoir besoin d'aller danser ou de se rendre dans des bars pour trouver l'apaisement. La souffrance d'un enfant compte bien peu pour une mère qui souffre aussi. Elle ne pourra aider son enfant que le jour où elle ressentira sa misère au lieu de la déjouer. Dès ce moment-là, elle verra ce qu'elle fait à son enfant, et personne n'aura besoin de lui dire quoi que ce soit.

Les parents névrosés sont inaccessibles parce qu'ils ne sont pas eux-mêmes. L'enfant se trouve devant la « façade » qu'ils lui présentent. Sa situation ressemble à celle que connaissent les thérapeutes qui ont souvent beaucoup de difficultés à atteindre des patients qui ont établi des défenses solides. Toute façade est un masque. Il n'est pas étonnant que les parents forcent les enfants à se masquer en leur imposant leurs exigences. L'enfant se crée alors une « personnalité » qui l'isole de la souffrance et lui permet de survivre. Le développement de ces « personnalités » est encouragé. Par exemple, si l'enfant apprend à se défendre avec des plaisanteries, et si son don de faire rire plaît à ses parents, il persistera dans cette voie. Son entourage l'aimera mieux à cause de sa nature joyeuse, et bientôt il sera ravi d'apprendre que les filles « apprécient » son genre de personnalité !

Cette façade de protection n'est pas le résultat d'un processus conscient. Elle est tissée par des milliers d'expériences où le vrai moi n'a pas eu sa place. La lutte se déclenche automatiquement. Si un jeune garçon essaie d'être un « homme » pour plaire à son père, il aura la voix grave. Sa voix sera même plus basse que la normale : c'est l'instrument inconscient dont l'enfant se sert pour satisfaire son père ; souvent il ne se rend même pas compte que son père veut qu'il soit fort et viril. Le message lui parvient par des voies subtiles : il voit son père lire la page des sports avec intérêt, ou s'exclamer d'admiration en regardant les athlètes à la télévision. Si c'est ainsi qu'on réussit à attirer l'attention du père, l'enfant en arrivera à comprendre qu'il ne peut être aimé pour lui-même. Il apprend donc à être celui qu'on aimera.

Le fait d'avoir une voix grave, ou d'être gentil et poli, est une comédie inconsciente qui dure toute la vie. Le rôle consiste peut-être à jouer le perdant pour un père qui doit toujours gagner, ou à faire semblant d'être bête parce qu'un parent doit se sentir intelligent. Dans la vie adulte, l'enfant — qui s'est occupé pendant des années de sa mère malade — rendra constamment service aux autres. Ou bien il jouera le rôle de l'intermédiaire car il est toujours intervenu dans les disputes de ses parents pour préserver sa propre famille.

Les parents sont aussi inconscients de ce qui se passe que l'enfant. Un parent qui a été lui-même contraint de bien se conduire peut essayer de modeler son propre enfant de la même manière. Un autre, qui est « mort » du point de vue psychologique, fera automatiquement taire son enfant dès que celui-ci rit un peu trop fort. Peut-être déjoue-t-il une maxime énoncée par ses propres parents : « Chut, tu vas réveiller papa. » Quand l'enfant se tient mal, a de mauvaises notes, ne se montre pas particulièrement éveillé en classe, rate une note quand il joue du piano — il ne fait pas simplement une erreur — il dit en réalité : « On ne m'aime pas. » C'est pourquoi les enfants qui ne se montrent pas à la hauteur (de leur tâche) ont si peur. Un écolier peut réagir de façon excessive à la critique d'un professeur parce que celle-ci réveille sa peur bien plus profonde de ne pas être aimé par ses parents. Pourquoi le père et la mère exigent-ils une telle perfection ? Parce qu'ils ont besoin d'amour et se servent de leurs enfants pour déjouer leur besoin. Un enfant « impertinent » constitue une menace pour une mère qui a été « gentille » toute sa vie à seule fin de se croire aimée, de même qu'un enfant paresseux, « stupide », met en danger un parent intellectuel respectueux des valeurs universitaires. Ainsi, l'enfant peut continuer à jouer son rôle et *se croire* aimé — mais l'amour est en vérité une chose bien différente, qui n'exige pas qu'on joue un rôle, quel qu'il soit. Le but de cette comédie à vie est d'obtenir ce dont l'enfant a absolument besoin : l'amour de ses parents.

Tragiquement, notre « façade » nous permet de préserver le passé dans la vie quotidienne. Nous nous montrons timides, combatifs, intelligents ou craintifs dans un présent qui ne nous le demande pas. Les gens normaux ne sont pas timides. Si ces types de comportement ne s'adaptent pas aux circonstances présentes, alors ils remontent à un passé où ils étaient justifiés. Ainsi, le passé s'insinue inconsciemment dans la vie présente, afin d'empêcher le manque d'amour de se faire sentir. Les patients primals deviennent anxieux quand ils découvrent ces sentiments réels car nous ne leur permettons pas de se retrancher derrière une façade, ni de « jouer un rôle ». A cet égard, le thérapeute est le contraire des parents.

Quand les névrosés se comportent aujourd'hui comme si c'était encore hier, cela signifie que l'horreur du passé ne représente pas pour eux une expérience isolée. Ils se débattent encore, de manière symbolique. Et leurs enfants font eux aussi partie de cette lutte. J'ai mentionné plus haut le primal d'un patient qui découvrit pour la première fois le regard inerte de ses parents et se rendit compte, l'espace d'une seconde horrible, révélatrice, que pour vivre il devait rester « mort ». Il adopta donc en permanence un comportement inerte jusqu'au jour où il ressentit en thérapie la terreur de comprendre ce que signifiait pour lui le fait d'être un enfant insouciant — le rejet accablant !

Nous voyons pourquoi les ouvrages du genre *J'élève mon enfant* sont à tel point limités. Un enfant qu'on ne regarde pas, à qui on adresse rarement la parole, sinon pour lui poser des questions insidieuses, acquiert le sentiment inconscient d'être un rien du tout, qui ne mérite l'attention de personne. Par la suite, tous ses actes inspirés par ce sentiment seront également inconscients. Ce « rien du tout » qui devient un parent, risque de pousser son enfant à devenir « quelqu'un ». C'est-à-dire qu'il lui demande son aide pour combattre ce sentiment d'insignifiance. Il a beau lire des quantités de livres sur l'éducation des enfants, il n'en encourage pas moins son rejeton aux performances. Il peut employer des méthodes très subtiles. Au cours d'une promenade, il demande à son petit garçon de cinq ans de désigner la lettre « A » sur un panneau, puis d'autres lettres ; il ne le laissera jouir de son succès que quand il aura obtenu entière satisfaction. Ce père ne se contente pas « d'instruire » son enfant, mais il le pousse. La leçon n'est pas destinée à l'enfant, elle devient un tranquillisant pour le parent qui a besoin que son enfant soit intelligent et devienne « quelqu'un ». Plus tard, il insistera pour que son fils étudie pendant des heures à la maison ; cette assiduité sera pour lui une source de fierté, et — croit-il — un atout pour l'enfant. Nous savons qu'il en est tout autrement.

Le psychologue qui se lance dans la rédaction d'un ouvrage sur l'éducation met sans doute les parents en garde : « Ne poussez jamais les enfants aux performances. » Mais le parent névrosé ne sait même pas qu'il agit dans ce sens, et s'il le sait, il serait bien incapable de saisir les subtilités de son propre comportement... Ce conseil est donc inutile. De plus, le parent peut fort bien rejeter les avertissements du psychologue et prétexter un conflit d'opinions. Il peut prétendre que « notre présence sur terre a un but » et que le succès en fait partie. Cette analyse est une forme de défense. Le psychologue s'adresse à la façade du parent — à quelqu'un qui se prend pour un rien du tout.

Nous devons comprendre que nous *n'avons* pas de sentiments mais que nous *sommes* littéralement nos sentiments : si ceux-ci sont inconscients, nous ne sommes pas conscients de nos actes. A moins de changer la façon d'être du parent, les conseils n'ont qu'une valeur minime. L'intellect est loin d'être un facteur essentiel à cet égard. Quelle que soit l'intelligence de la personne, celle-ci sera aveugle en ce qui concerne les zones impliquées par son besoin. Les névrosés ne voient pas plus loin que leurs besoins. Et même si quelqu'un leur faisait remarquer le mal qu'ils font à leurs enfants, ils ne pourraient ni l'accepter, ni le comprendre. Nous savons que certains parents traitent leur fils comme une fille presque dès la naissance : ils regardent un garçon et « voient » une fille ; ou un idiot. Quel que soit le comportement de l'enfant, la perception parentale fondée sur le besoin inconscient reste la même. Au fur et à mesure que l'enfant se déforme en fonction de ce besoin parental, sa propre perception de lui-même se modifie. Il se prend pour une fille ou un idiot et ses actes s'en ressentent. A partir de cette erreur de perception se crée une réciprocité. Rien n'aidera l'enfant ou le parent à percevoir les domaines censurés car la perception dépend des sentiments enfouis. Un parent peut se montrer très perceptif dans certains domaines qui ne touchent pas directement son besoin. Par exemple, une mère peut « voir » qu'il n'est pas important que son fils devienne un athlète, mais son mari qui a des besoins particuliers, n'en est pas capable.

Ces erreurs de perception sont une forme spéciale d'inconscience. Les sentiments enfouis détournent constamment la perception afin d'empêcher la personne de prendre conscience de ce qui se passe réellement. Cette personne peut fort bien être un psychologue pour enfants très perspicace, qui voit le mal que les autres font à leurs enfants, sans se rendre compte le moins du monde de son propre comportement. Le degré d'inconscience dépend de la force des souffrances primales. Plus les sentiments sous-jacents sont forts et plus notre perception est erronée. Un être qui éprouve un besoin démesuré d'amour choisira n'importe quelle personne qui lui manifestera quelque intérêt ; il ne la « verra » pas telle qu'elle est. Plus la souffrance sous-jacente est légère, et plus la perception gagne en vérité et en spécificité. C'est ainsi que nous parvenons à avoir une vue objective de nous-mêmes. Plus nous sommes proches de nous-mêmes, et moins nous avons tendance à déformer la réalité, à faire des erreurs d'interprétation et de perception, ou à nous laisser tromper.

Aussi longtemps que la personne n'est pas elle-même, elle est un « rien du tout ». Elle deviendra « quelqu'un » seulement en ressentant ce « rien du tout ». C'est le fait de ressentir qui nous rend réels. Pour déjouer un sentiment d'insignifiance refoulé, le parent se sert de ses enfants. Dès qu'il peut être lui-même, il cesse de pousser son enfant et le laisse être lui-même, sans avoir besoin de demander conseil aux experts. Il nous arrive rarement d'écrire des livres pour dire aux enfants comment se comporter à l'égard de leurs parents, car nous savons que les enfants traitent leurs parents en fonction de ce qu'ils ressentent à leur égard. Pourquoi est-il si difficile de comprendre que la même chose est vraie pour le comportement parental ?

Chaque fois que je pense aux besoins du parent, je me souviens des machines à sous dans les parcs d'attraction : sur la route projetée sur l'écran et qui bouge sans cesse, le joueur doit maintenir son véhicule dans la bonne file. La névrose n'est évidemment jamais aussi nettement délimitée, mais inconsciemment, les parents établissent leurs propres frontières névrotiques à l'intérieur desquelles ils essaient de contenir leurs enfants. Le seul moment de friction survient quand l'enfant change de direction, quand il ne se conforme pas aux règles établies. Les frontières sont déterminées par le besoin parental. Si l'enfant essaie de surpasser en finesse un parent qui a besoin de se croire intelligent, il rencontre des difficultés. On ne trouve pas assez de mots pour dire à quel point les parents peuvent devenir déraisonnables devant un enfant obstiné ou « déviant ». Un incident mineur — où la mère désapprouve par exemple la coiffure de sa fille — peut faire surgir la souffrance de toute une vie et activer une foule de défenses.

Quand une femme épouse un « père » brutal, quelqu'un avec qui elle peut lutter afin de le rendre doux, son besoin supplante le bien-être de ses enfants. Elle les gardera auprès d'un père brutal en connaissance de cause parce qu'elle est elle-même une petite fille désespérée qui s'accroche à « papa ». Elle peut dire à ses enfants qu'elle reste à cause d'eux, mais c'est un mensonge. Une mère qui force son enfant à vivre avec un père cruel, fait preuve d'un manque d'amour aussi grand, sinon pire, qu'une mère ouvertement méchante.

Dans l'esprit des enfants, maman a peut-être l'air d'une victime : « Elle fait de son mieux pour nous, mais elle n'y peut rien. » Les enfants sont incapables de sentir que leur mère les a trahis, que son besoin d'être aimée par son mari est plus important que leur bien-être. Comme maman est aussi la petite fille, toute la maison tourne autour des « humeurs de papa » ; tout le monde marche comme sur des œufs, et les enfants se demandent quand maman va quitter papa et les sortir de leur misère. Ils devront attendre longtemps — et sans doute en vain — que leur mère réussisse à surmonter son besoin, et ils passeront des années à se protéger de la mauvaise humeur de leur père.

Il est donc bien évident qu'il ne sert à rien de conseiller aux parents de se préoccuper des besoins de leurs enfants : c'est une entreprise futile que de vouloir opposer la tête aux besoins du corps. Beaucoup de parents « savent » déjà qu'ils font quelque chose de mal ; ils « savent » également qu'ils ne devraient pas trop fumer ni boire trop d'alcool.

Les besoins parentaux ne disparaissent pas avec l'âge. Quand un parent est en colère contre son enfant parce que celui-ci s'est montré indifférent, ou n'a pas répondu assez vite, etc., il ressent un sentiment réel, mais hors du contexte. En réalité, il est en colère à cause de l'indifférence de son propre père, par exemple, et il devra ressentir cette colère dans le contexte s'il veut cesser d'être furieux chaque fois que son fils tarde à réagir. Cette expérience transforme le comportement du père à l'égard de son enfant sans qu'aucune intervention ne soit nécessaire. Il serait plus utile « d'orienter » les adultes plutôt que les enfants, afin de leur permettre de retrouver leurs propres sentiments.

Si un parent découvre la vérité, devient réel, et désire réparer le mal qu'il a fait à son enfant, quelques mots de

« regret » ne suffisent pas à défaire le passé. Il ne peut rayer des années de souffrance inexprimée et de ressentiment. Le mieux qu'il puisse faire s'il aime vraiment son enfant, c'est de le laisser ressentir d'abord cette vieille haine. Car il ne suffit pas de lui donner un foyer chaleureux pour réparer les dégâts — bien que cela aide. Il faut libérer l'enfant de son passé.

LE RÔLE DU PARENT

De nombreux articles et ouvrages ont été écrits sur le rôle du parent : comment devenir un bon mari, un bon père, ou comment assumer son rôle de mère et d'épouse, etc. Pourtant, si nous y réfléchissons, cette idée de rôle ne rime à rien. Ce sont les névrosés qui se raccrochent à ce concept abstrait, et s'obstinent à vivre des symboles. Ils s'enferment dans des rôles et ne montrent aucune souplesse dans leurs relations. Le père donne toujours des ordres, nourrit sa famille, etc. Quand tout va mal il n'envisage pas de laisser sa femme travailler car c'est lui qui « subvient aux besoins ».

En réalité, les rapports humains sont beaucoup plus simples. Tantôt on prend soin des autres (de sa femme et de ses enfants), tantôt ceux-ci prennent soin de vous. Cela n'a pas de sens d'enseigner aux femmes à « être une bonne mère ». En effet, on ne peut être que soi-même, donc tout conseil est inutile. Le véritable moi est différent de tous les autres moi. Les rôles sont le résultat et la cause de tant de névroses. Un « fils dévoué » fait ceci et cela pour sa mère, n'est jamais insolent, pense d'abord à elle et se sent tenu de veiller à son bonheur. Un fils réel agit selon ce qu'il ressent. S'il a accès à ses sentiments, il aimera sa mère dans le sens plein du terme. Tout le reste sera de la comédie. On peut très bien forcer un enfant à se *comporter* en fils dévoué, mais ce rôle risque de contredire directement ses sentiments.

Les gens qui, ayant enfoui leurs sentiments profonds, sont habitués à vivre en surface, se satisfont de rôles, de comportements et d'apparences superficiels. Ils se laissent facilement tromper par ce genre d'attitudes parce que le fait de ne pas ressentir les conduit à leur attribuer beaucoup d'importance.

Dans une famille réelle, personne ne joue de rôle. Chacun fonctionne selon ses capacités et souvent ces fonctions sont interchangeables. Presque tout le monde peut jardiner ou faire la cuisine. Cela dépend du désir de chacun, et non des rôles attribués aux différents membres de la famille.

Le rôle le plus répandu que les adultes assument, est celui de « grande personne ». Celle-ci est supposée agir d'une certaine façon. Mais quand nous y réfléchissons, leur comportement est névrotique — inhibé, pesant, réservé, prudent, totalement dépourvu de spontanéité et d'émotion. Quand nous pensons « grande personne », nous pensons généralement à quelqu'un qui est guindé, dont chaque mot est pesé, qui s'exprime d'une manière succincte et ne perd jamais la tête. Les patients primals apprennent que le rôle « d'adulte » n'existe pas. Atteindre la maturité, c'est être comme les *enfants* — honnête, libre, ouvert, sensible, spontané, et direct. Les gens qui doivent jouer à être adultes pour plaire à leurs parents perdent ces précieuses qualités. Ils se noient dans leur rôle de grande personne. Ils jouent un personnage, car à moins d'avoir eu une enfance pleinement vécue, ils ne peuvent pas devenir adultes. Leur maturation ne se fait pas au bon rythme parce qu'ils sont devenus adultes trop vite. Ils deviennent rigides, inflexibles et malheureux, car ils ont été contraints de se défaire de ces précieuses qualités « immatures » de l'enfance.

Ceux qui accèdent facilement à leur puérilité et à leur spontanéité sont des êtres véritablement mûrs et réussiront à survivre. Être « adulte » et être « mûr » sont des concepts et non une réalité, et ces concepts entraînent fréquemment l'inhibition. Si une personne subit une psychothérapie conventionnelle et est trop « émotionnelle », on dira d'elle qu'elle est « hystérique ». Si elle ne supporte pas de retarder l'assouvissement de ses désirs, de remettre son bonheur à plus tard, on la jugera immature.

Je l'ai déjà dit, l'être « adulte » n'existe pas. Nous grandissons, mais nous ne devenons pas « une grande personne ». Nous grandissons à l'intérieur de nous-mêmes, et ce moi est différent pour chacun d'entre nous. Je me suis souvent demandé pourquoi on voit si rarement le président des États-Unis se mouvoir librement, ou même rire à gorge déployée. Je pense que c'est en partie parce que nous ne lui permettons pas d'être petit : autrement, comment pourrait-il prendre soin de nous tous, en bon père ? Il est coincé dans son rôle et il ne dispose que d'une latitude de comportement très limitée. Il ne peut être lui-même par définition. S'il devait exposer l'enfant qui est en lui nous verrions que nous sommes tous des enfants en état de besoin ; et nous passons toute notre vie à dissimuler ce simple fait.

LA LUTTE

La contrepartie du besoin parental est la lutte que mène l'enfant pour satisfaire ce besoin. Ce combat n'atteint pas son point culminant au moment où l'enfant comprend qu'il est inutile de réclamer de l'amour. Au contraire, il se garde de ressentir ce manque. S'il n'a pas la possibilité de lutter, il risque de devenir déprimé et suicidaire car la lutte implique toujours un bonheur éventuel. Les espoirs de l'enfant sont cruellement anéantis quand ses efforts sont récompensés par la froideur, le mécontentement, ou la méchanceté pure. Souvent, il suffit d'un haussement ou d'un froncement de sourcils, ou encore d'un regard distant pour que l'enfant redouble d'efforts afin d'arracher le sourire, la caresse ou le baiser. On ne peut trop insister sur le raffinement et l'astuce dont font preuve les parents en jetant leurs enfants dans la lutte. Je vais maintenant expliquer comment nous pouvons reconnaître cette tragédie.

Si un parent est incapable de rire, cela met immédiatement l'enfant en état de lutte. Peut-être ce dernier est-il vraiment amusant, mais il ne remarque aucun changement d'expression sur le visage de ses parents ; il s'efforce alors d'être encore plus amusant et il « presse » son parent de montrer de l'émotion. Plus tard il déjouera peut-être cette lutte sur une scène de théâtre en devenant un comédien professionnel. Il se bat symboliquement pour forcer son parent à exprimer un sentiment quelconque. Il cherche dans la salle les spectateurs qui ressemblent le plus à ses parents — c'est-à-dire ceux qui n'apprécient pas son jeu — et se donne à fond pour les faire rire ; à ce moment-là il se sent aimé pour un temps. Mais comme cet amour est symbolique et ne satisfait en rien son besoin réel, il doit continuer indéfiniment à jouer son rôle.

Si le parent a dû se « durcir » pour se protéger d'une

famille brutale, il risque en grandissant d'avoir le regard « dur » et froid. Son enfant, ouvert et sensible, reconnaît la dureté, se rend compte qu'il n'est pas bon d'être doux et confiant, et doit lui aussi commencer à protéger son petit être vulnérable. Le regard « dur » du parent empêche l'enfant d'être réel.

Un parent dont le malheur profond et résiduel se traduit par un regard triste, une bouche amère, et un air « battu », contraint l'enfant à lutter sans cesse afin de le rendre heureux. Peut-être cet enfant a-t-il très vite le sentiment que c'est par sa faute que son père — ou sa mère — semble si malheureux. Il essaie alors de toutes ses forces d'effacer cette impression. Le visage défait de sa mère ne peut que le mettre mal à l'aise et le rendre plus attentif aux sentiments maternels qu'aux siens propres.

Le simple fait de dire à un enfant de vérifier lui-même le sens d'un mot dont il demande l'explication suffit à déclencher ce processus de lutte. L'hésitation à répondre à sa question produit le même résultat. L'indécision du parent contraint l'enfant à lutter pour obtenir un avis paternel spontané et tranché. L'enfant doit parler plus vite, sur un ton plus énergique et plus dramatique, pour « convaincre » son père qu'il doit aller à tel ou tel endroit. Inconsciemment, il apprend que rien ne s'obtient sans lutte. Par la suite, il accepte peut-être difficilement ce qui ne lui demande aucun effort ; il est possible qu'il se dise même que le combat forme le caractère puisque toute sa vie n'a été qu'une lutte colossale. Cette attitude devient un comportement social. Certaines personnes s'érigent ainsi contre les contestataires : « Nous avons le meilleur pays du monde. Vous avez eu la vie trop facile. Il est très possible de réussir si on travaille dur. C'est de votre faute si vous n'y arrivez pas. » De telles attitudes existent chez ceux qui ont dû lutter pour écarter le sentiment de leur besoin. En bref, ils *nient* leur propre besoin et exhortent les autres à faire de même. La reconnaissance du besoin constitue un danger pour les systèmes irréels personnels et sociaux.

De quelle façon l'expression que l'enfant voit sur le visage de son parent déclenche-t-elle sa lutte ? Un thérapeute demanda à son patient qui venait de faire un primal profond, comment il se sentait. Le malade haussa les épaules, et prit un air dégoûté. Le médecin le lui fit remarquer et il eut alors un autre primal. Il sentit que l'expression constamment revêche de sa mère lui faisait croire qu'il la dégoûtait. Il se trouva répugnant et cela se vit à l'expression habituelle de son visage et à son port d'épaules. Convaincu d'être un personnage dégoûtant (et à la mine dégoûtée), il évita les filles. Le facteur essentiel de sa lutte fut donc l'expression du visage de sa mère, qui reflétait le traitement ironique et acerbe qu'elle lui réservait.

Certains regards du parent menacent l'enfant : « Secoue-toi, ou alors... » D'autres ne cessent de manifester leur déception, d'autres encore s'obstinent à fixer le plancher, de telle sorte que l'enfant ne se sent jamais reconnu, ce qui le détruit. Les parents craintifs ont des difficultés à regarder les gens en face, et les enfants le sentent. Ils grandissent sous ces regards et ils ne savent pas vraiment que les choses devraient se passer différemment. Plus tard, ils sont incapables de trouver la cause réelle de leur névrose. Devant l'air de « martyr » de leurs parents les enfants se sentent constamment coupables de quelque crime. Tout compte : l'expression, le maintien, le ton de la voix, l'obésité, la maigreur. Il y a même des primals où le patient dit : « Je veux avoir une jolie maman. J'ai si honte de ma mère qui est tellement grosse. » Non seulement l'obésité d'une mère peut inciter l'enfant à lutter pour avoir une maman svelte et jolie, mais elle risque aussi de l'empêcher de manger, de peur de devenir comme elle.

Cette lutte gagne ensuite les autres domaines. L'homme d'affaires arrive à son bureau le matin et, ne trouvant pas le nombre accoutumé de messages téléphoniques, il s'affole. Pourquoi ? Parce qu'il commence à ressentir un ancien sentiment : « Personne ne veut de moi. » Son activité professionnelle débordante — les coups de téléphone, les réunions, etc. — empêche sa souffrance d'éclater. Aussi, quand le rythme du travail ralentit, la souffrance apparaît-elle, mais cet homme la ressent dans le mauvais contexte. Il souffre alors d'un vague sentiment d'anxiété, rapidement noyé dans l'activité. Nous voyons qu'en cas de « crise » la menace d'une réduction des bénéfices n'est pas seule à provoquer la panique aiguë des hommes d'affaires.

Il est intolérable pour un enfant fragile de sentir — et de *savoir* — qu'il ne compte pas du tout pour ses parents, aussi lutte-t-il pour gagner de l'importance à leurs yeux, d'une façon ou d'une autre ; il fuit ainsi le sentiment de son « insignifiance ». Quand il grandit, cette fuite peut se situer sur le plan professionnel : il refuse les postes peu importants et tient à commencer sa carrière tout en haut de l'échelle, toujours pour éviter de ressentir cette ancienne « insignifiance ». A l'école, il se dispute fréquemment avec les autres enfants pour être le chef. A cause de son besoin insatisfait et de sa souffrance, il se fera détester. Jamais il ne sera capable de commencer au niveau le plus bas, et cela ne fera que garantir son échec futur et la persistance de son sentiment de médiocrité. L'expérience ne lui servira à rien, et il expliquera ses échecs sans jamais réussir à saisir la réalité profonde de sa vie. Sa lutte réelle n'a rien à voir avec les circonstances présentes, mais concerne son ancien désir d'être important aux yeux de ses parents.

Les enfants doivent lutter, car si leurs propres parents ne les aiment pas, qui d'autre le peut ?... En grandissant ils recommencent partout cette lutte. Ils s'obstinent à entretenir des relations avec quelqu'un qui ne les aime pas particulièrement ; ou bien ils s'efforcent d'obtenir de la chaleur de quelqu'un qui est froid. Une jeune fille peut même épouser un « perdant » pour continuer de sentir que personne parmi les gens « qui comptent », ne peut la désirer vraiment.

La tragédie de la vie névrotique réside dans son caractère incompréhensible. Un enfant ne saisira jamais pourquoi il n'a pas le droit de parler pendant le dîner ou d'aller voir un spectacle avec des amis, pourquoi on le critique parce qu'il écoute de la musique étendu sur un divan. Le pire de tout, c'est peut-être la rage injustifiée du père et la raclée qui s'ensuit, ou les violents hurlements d'une mère, ou le fait d'être commandé à tort et à travers. Les enfants doivent trouver un sens à toutes ces absurdités pour rendre la vie supportable. Il serait intolérable d'être constamment battu sans raison et sommé de se taire. L'enfant se sentirait totalement oppressé. « C'est de ma faute, quelque chose ne va pas chez moi », raisonne-t-il, et par conséquent, il lutte. Il lutte pratiquement depuis sa naissance, et n'est donc même pas conscient du combat qu'il mène. C'est pour lui une chose « naturelle ». Et pourtant il lutte pour que ses parents lui accordent ce qu'ils devraient déjà lui donner : de l'amour.

CONCLUSIONS

Je ne serais pas honnête si je cherchais à donner l'impression que les personnes post-primales veulent des enfants. La plupart d'entre elles n'en désirent pas. C'est vraiment malheureux car cela renverse tout le processus naturel de sélection ; ceux qui sont le plus aptes à être des parents refusent de le devenir, et mettre des enfants au monde reste l'affaire des névrosés. Les raisons pour lesquelles ils ne veulent pas d'enfants sont nombreuses ; mais surtout ils se rendent compte qu'ils ont donné la plus grande partie d'eux-mêmes à leurs parents et qu'un enfant exigerait d'eux un nouveau sacrifice — car, bien sûr, les besoins de l'enfant viennent avant tout le reste. Ces hommes et ces femmes post-primals savent ce qu'il faut pour être un bon parent et ils répugnent à entreprendre cette expérience. Ils savent aussi qu'ils ne pourraient transiger sur les besoins de l'enfant sans ressentir eux-mêmes de la souffrance. Ils ne pourraient abandonner leurs enfants comme le font tant de parents névrosés sans que cela les mette mal à l'aise.

Les personnes post-primales savent aussi que dans cette société, il est impossible d'élever un enfant normal. La situation scolaire suffit à elle seule à le prouver, pour ne rien dire des enfant névrosés avec lesquels le bambin passera tout son temps. Comment un enfant peut-il être normal quand ses parents doivent le quitter pendant des périodes si longues pour aller travailler et gagner leur vie ? Et quand la société tout entière fonctionne dans l'irréalité — comme il l'apprendra dans les livres d'histoires et le constatera en politique ? Comment peut-il être normal alors qu'il pourra si facilement mourir dans une guerre ou se voir privé de son moi par des années de service militaire ?

Les parents normaux seraient constamment tourmentés par leurs tentatives de neutraliser ces influences. Je pense que les enfants étaient destinés à naître dans un environnement naturel, comme celui que connaissaient les premiers Sumériens. Il n'est pas naturel d'avoir des enfants qui doivent vivre dans le béton et le plastique, sans jamais respirer d'air pur. Il n'est pas naturel d'avoir des enfants qui sont obligés d'absorber des aliments artificiels dont les qualités nutritives ne conviennent pas à un organisme en croissance. Il n'est pas non plus naturel pour un enfant d'aller dans une école où dès l'âge de six ans il doit rester immobile pendant sept heures et écouter quelqu'un parler de choses qui n'ont rien à voir avec ses besoins. Nous avons créé un environnement à tel point contre nature que l'événement le plus naturel qui soit — avoir des enfants — devient un anathème. Mais dans ce monde il existe des enfants et nous devons nous préoccuper de leurs problèmes.

Comment un parent sait-il ce qui est bon pour son enfant ? Combien d'argent de poche lui donner, et quelle liberté d'expression ou de comportement lui accorder ? Le problème est révélé par la question même : c'est une affaire qui concerne *à la fois* l'enfant et le parent. Les enfants normaux ne réclament pas une liberté excessive, qui signifie l'anarchie et symbolise uniquement le déjouement d'un sentiment non ressenti. Les enfants normaux ne demandent pas des sommes démesurées. L'idée de distribuer de l'argent de poche n'est pas toujours applicable. Certains préfèrent disposer d'une cagnotte commune. Il semble que des enfants sains ne prennent que ce dont ils ont besoin et quand ils en ont besoin, en fonction des revenus de leurs parents. Que doit pouvoir dire un enfant ? Tout ce qu'il veut. S'il a la possibilité d'être réel, les problèmes d'éducation se trouvent en grande partie résolus. Les mêmes questions se posent à propos des adultes normaux. Elles n'ont pas de sens car ceux-ci dépensent juste ce qu'il faut et ne parlent ni trop, ni pas assez, car, ne souffrant pas d'anxiété, ils ne disent que ce qu'ils sentent. Les enfants normaux n'ont pas besoin de jurer et de crier à chaque phrase pour montrer à quel point ils sont révoltés ou libérés. Ils ne jugent pas nécessaire de sécher les cours (à supposer que ceux-ci présentent un intérêt quelconque) pour prouver leur liberté. En bref, les enfants savent ce qui est bon pour eux ; la liberté ne leur est pas octroyée par un parent autoritaire.

Comme les enfants névrosés ne reconnaissent pas leurs besoins d'une manière directe, ils désirent : de l'argent, des bonbons, des vêtements. Ces désirs symbolisent le besoin. Ils n'auront jamais assez, de même que rien de ce qu'ils font, ne suffit jamais à satisfaire leurs parents névrosés.

Prenons le problème de l'argent. Si c'est un substitut d'amour, l'enfant l'utilise de manière symbolique pour tenter de satisfaire son besoin. Il en demandera donc toujours plus. Il peut se faire illusion en choisissant des substituts qui le calment temporairement. Bientôt, il recommencera à réclamer.

Il en est de même pour la nourriture. L'enfant doit manger quand il a faim et obtenir les aliments qu'il désire. N'est-ce pas ce que font les adultes normaux ? Les parents n'ont pas besoin de règles pour élever leurs enfants. Aucun ouvrage n'enseigne à devenir un bon père ou une bonne mère. Un parent réel dira automatiquement à son enfant : « Comment cela s'est-il passé à l'école ? », tandis que le parent névrosé lui demandera : « Qu'as-tu *fait* à l'école aujourd'hui ? » Un parent normal s'intéresse aux sentiments de l'enfant, et non à son « rendement ».

J'ai dit qu'il faut « laisser l'enfant libre », et certains lecteurs pourraient considérer cela comme de l'anarchie. En réalité, j'entends tout le contraire. Ce sont les parents incapables d'aimer qui créent l'anarchie car c'est trop leur demander que de fixer des limites et de protéger l'enfant. Un petit enfant a besoin de se sentir en sécurité. Laisser un enfant de huit ans vendre des journaux tout seul signifie qu'on ne l'aime pas. Si les parents se querellent violemment, empêchant leur enfant de dormir, ils ne le laissent pas libre. La même chose est vraie s'ils le forcent à manger des plats qu'il n'aime pas. S'ils l'obligent à manger et à se coucher à heures fixes, il n'est pas lui-même. Est-ce provoquer l'anarchie que de laisser un enfant agir selon ses sentiments ? Je pense que non. C'est lui accorder une liberté dont il saura ne jamais abuser, car il ne désire pas ce dont il n'a pas besoin.

Tout cela ne signifie pas que l'enfant n'ait jamais besoin d'être guidé. Dès que l'enfant est névrosé, avec des désirs névrosés, il a besoin qu'on lui impose des limites. Si son éducation l'a rendu impulsif, il est nécessaire de le contrôler. Quand il est petit, il va de soi qu'il a besoin d'être quelque peu dirigé. Le problème est de le guider en tenant compte de son évolution et de ses besoins, et non en fonction des valeurs déformées de parents névrosés.

Les enfants ont besoin qu'on leur laisse tout le temps d'être librement des enfants ; ils seront alors prêts à chaque étape nouvelle de leur évolution. De plus, ils ne seront pas des adultes à qui il faut montrer de l'indulgence. Aucune frustration ne les tirera en arrière. Les jeunes filles n'auront pas de crampes menstruelles à cause d'une incapacité et d'un refus d'être « femmes ». Les garçons ne seront pas retardés dans leur développement physique, avec une puberté qui se fait attendre. Cela ne veut pas dire qu'il faille « dorloter » les enfants, les traiter en bébé, car c'est une manière de les empêcher d'être eux-mêmes. Ce sont les mères névrosées qui s'obstinent à traiter leurs enfants comme des bébés, même quand ils ont passé l'âge, afin de mieux les contrôler. Cependant le fait d'avoir été « dorloté » ne provoque pas l'immaturité ; celle-ci survient chez les enfants qui n'ont pas eu le droit de rester petits assez longtemps. C'est pourquoi nous sommes si nombreux à vouloir être « dorlotés ».

Notre société avide de vengeance a créé un mythe selon lequel le châtiment des criminels — et les enfants qui se conduisent mal sont souvent considérés comme des criminels — leur apprend quelque chose. Or la punition n'apprend rien, sauf comment il faut faire pour l'éviter ; elle bloque uniquement la mauvaise conduite. Être puni n'enseigne rien aux enfants, par contre, ils apprennent en prenant conscience de leurs erreurs et en les ressentant. Les enfants sains sur le plan émotionnel sont sages dans le vrai sens du terme parce qu'ils n'ont aucune raison de ne pas l'être. Dans une famille névrosée, être « sage », c'est se soumettre aux parents : ainsi l'enfant participe à sa propre destruction. La fillette est trop souvent « vilaine » parce que sa chambre n'est pas rangée, ou parce qu'elle ne fait pas la vaisselle d'elle-même. Un petit garçon est « vilain » s'il est négligent ou « paresseux », s'il n'est pas occupé à transporter les ordures ou à arracher les mauvaises herbes. Pour les parents névrosés, l'enfant est vilain s'il agit selon ses propres sentiments. Les parents névrosés « dressent » leurs enfants et les détruisent ainsi.

Dans une famille névrosée, l'enfant est considéré comme gentil s'il ne se préoccupe pas de ses propres besoins. Quand il est malade, il ne se plaint pas et ne pleure pas. C'est cet enfant « gentil » qui mourra précocement parce qu'il a renfermé en lui toutes ces choses malsaines qui ont ravagé son corps. L'irréalité est une maladie mortelle car elle oblige constamment le corps à crier ses besoins. Ce « gentil » enfant-adulte auquel on n'adresse pas la parole, qu'on ne regarde pas, dont on ne reconnaît jamais l'existence, ressent une pression interne si douloureuse qu'il finit par en mourir.

Il est évident que les enfants ne perdent pas leurs symptômes précoces en grandissant, car leur histoire grandit avec eux. Ils mouillent leur lit, se rongent les ongles, ont des allergies ou des maux de tête à cause de l'accumulation de sentiments primals qui subsistent même quand les symptômes deviennent plus subtils et compliqués. Un système d'électrochocs peut effectivement stopper les pipis au lit mais cela ne sert qu'à augmenter la tension qu'éprouve un enfant privé de cet exutoire « inconscient ». Les parents névrosés réagissent souvent de manière excessive aux symptômes de leurs enfants parce qu'ils sont les signes évidents que quelque chose ne va pas : ils veulent leur disparition, plus pour se justifier que pour ajouter au bien-être de leur enfant. L'élimination du symptôme prouve alors que ce problème était propre à l'enfant, et non au parent. Si l'enfant commence à mieux apprendre, ou à moins bégayer, même s'il est toujours très malheureux, le parent est absous de toute responsabilité.

Je pense qu'il est inutile de faire subir des tests psychologiques compliqués aux parents (ou aux enfants). En général, il suffit de regarder les enfants pour reconnaître les besoins des parents. Un parent peut paraître charmant en société, mais nous découvrons son véritable visage quand il se trouve parmi ses enfants impuissants et sans défense où il « se laisse aller » à être lui-même. Un parent qui a ressenti son impuissance vis-à-vis de ses propres parents, peut fort bien abuser de son pouvoir sur ses enfants et se servir d'eux pour retrouver le sentiment de puissance. Pour juger de l'évolution future d'une relation avec des amis, il est instructif de regarder leurs enfants. C'est ainsi que nous découvrons les véritables besoins de la personne en question.

Non seulement les tests psychologiques sont en grande partie inutiles, mais le domaine tout entier de la thérapie des enfants est suspect. J'ai moi-même pratiqué cette profession pendant des années, et fait partie du personnel du service pour enfants d'un hôpital psychiatrique, et je pense qu'il faudrait remplacer cette discipline par quelque organisme humanitaire capable d'apporter de l'amitié aux enfants rejetés par leurs parents et d'alléger un peu leur souffrance. Faire subir à des enfants déjà mal en point des tas d'insights non seulement ne sert pas à grand-chose, mais cela peut être nuisible. Trop de thérapeutes pour enfants essaient d'amener leurs jeunes patients à « comprendre » leurs parents. D'ordinaire cela signifie que les enfants doivent nier leurs sentiments et jouer à être les adultes du groupe familial, c'est-à-dire à en savoir plus que leurs parents. C'est un fardeau trop pesant pour un enfant qui n'a pas besoin de tant d'insights s'il peut confier ses souffrances à un ami. Trop de thérapeutes pour enfants pensent devoir justifier leur existence en ne se contentant pas d'être l'ami de leur patient dont ils bourrent le crâne de notions psychologiques compliquées pour le renvoyer ensuite dans le marais familial où il lui faut nager ou sombrer. La vie de l'enfant devient même encore plus intolérable car il sent qu'il est censé supporter le chaos familial alors que c'est impossible. Il a besoin d'être aimé par ses parents, et le thérapeute est incapable d'obtenir ce résultat. La meilleure chose qu'un thérapeute puisse faire c'est de voir les parents et de les aider à ne plus faire souffrir leur enfant.

Heureusement, il existe un moyen de remédier dans une certaine mesure au mal déjà fait. On peut laisser l'enfant ressentir peu à peu sa souffrance, jusqu'au moment où le clivage disparaît. Souvent, il faut le laisser être le bébé qu'il n'a jamais été puisque sa souffrance l'a atteint si profondément qu'il a été obligé de se fermer au monde. On doit permettre à ce bébé d'explorer son être physique au lieu de le châtier — comme le font d'ordinaire les parents —, le laisser exprimer des mots et des sentiments tabous, bref, l'autoriser à ressentir sa souffrance au lieu de la bloquer. La souffrance est une force de libération : si on la ressent, on redécouvre le sentiment.

Tout cela ne signifie pas que les parents névrosés vont permettre à leurs enfants de faire des primals. Mais quand les parents se montrent tout d'un coup gentils et chaleureux et offrent un sentiment de sécurité à l'enfant, celui-ci commence alors à ressentir ses anciennes souffrances. Le fait de se sentir assez protégé pour exprimer ses peurs, fera resurgir les anciennes terreurs ; la chaleur nouvellement trouvée auprès d'un père, suffira à faire monter la souffrance qu'avait causée le manque d'affection.

Les parents névrosés ne doivent pas faire faire des primals à leurs enfants, car ils ne peuvent que faire échouer cette expérience. De plus, ils forcent ainsi un enfant réel à combattre quotidiennement un environnement névrotique. Un enfant jeune est trop fragile et trop dépendant pour être projeté prématurément dans la souffrance. Seuls les parents primals peuvent faire faire des primals à leurs enfants, avec certaines réserves cependant (le lecteur se reportera au chapitre concernant les séminaires de parents primals).

Dès que le parent permet à l'enfant de faire l'expérience de son moi, un mieux survient. L'enfant, maintenant ouvert, peut ressentir sans effort toutes ses autres souffrances. Il peut se guérir lui-même. Sa souffrance entretient sa réalité car il la ressent au lieu de la bloquer et de la déjouer. Une fois que le parent ou l'enfant ont ressenti les souffrances majeures, un changement se produit automatiquement — tout comme dans le cas contraire, la névrose se fige. Par exemple, à chaque repas, l'enfant laisse quelque chose sur son assiette. On l'a peut-être toujours obligé à finir sa nourriture. En ce cas, il déjoue à sa façon le sentiment suivant : « Vous ne m'aurez pas entièrement. » Une fois qu'il a ressenti ce sentiment, il n'a plus besoin de le déjouer. Des parents réels n'obligeraient jamais un enfant à manger quand il n'en a pas envie. Trop souvent les familles vivent selon une discipline quasiment militaire, et les enfants mangent ce que leurs parents veulent bien leur donner, au moment qui leur chante. On ne tient aucun compte des sentiments de l'enfant. Dans ce cas, leur refoulement n'est pas un processus actif. En ignorant les sentiments d'un enfant, on lui inculque simplement la notion que ses sentiments et ses désirs n'ont aucune importance. Ses sentiments n'ayant jamais été reconnus, il devient un robot qui ne sait même pas qu'il existe quelque chose qu'on appelle sentiments. En ce sens, l'armée et les écoles militaires sont le pire endroit pour les êtres humains. Les sentiments y sont totalement niés et la discipline les remplace ; ainsi, les gens deviennent des automates.

Dans une société orientée vers la productivité, les enfants qui n'ont aucun « rendement » semblent être la cause d'une sérieuse angoisse. Les parents sont à tel point convaincus que les enfants qui se contentent de jouir de la vie sont gâtés qu'il est très difficile de leur faire découvrir le vrai sens de la vie ; on peut objecter que les personnes non productives ne connaissent pas la vraie joie de vivre, mais cet argument est trop souvent avancé par des individus incapables de se détendre.

La lutte névrotique est spécieuse. En effet, nous considérons que l'école difficile est bonne et l'école permissive, où les enfants font ce qu'ils désirent faire, mauvaise. L'idée que l'école puisse être plaisante, n'effleure même pas les parents névrosés qui fondent des espoirs sur leurs enfants. Ces espoirs sont destructeurs car ils interdisent à l'enfant de s'amuser et le contraignent à faire toujours plus d'efforts afin de devenir productif. Les parents ont beau être profondément convaincus qu'ils agissent pour le bien de leurs enfants : si un enfant est contraint d'apprendre à force de discipline, il souffrira. Si un enfant veut jouer, il faut le laisser faire. *Après* avoir joué, il voudra peut-être étudier. Il faut avoir confiance en un enfant pour que cela puisse se passer ainsi, et la confiance n'est pas le fort des parents névrosés.

Si un enfant est forcé d'accomplir certaines choses pour s'entendre avec ses parents, son besoin est dénaturé. Dénaturer le besoin d'être juste ce qu'on est, signifie pervertir aussi bien le corps que l'esprit. L'esprit devient incapable de reconnaître les besoins du corps. La perversion sexuelle n'est qu'un prolongement de ce processus car elle est un aspect d'un fonctionnement physiologique soumis à certaines volontés bizarres de l'esprit. Les enfants contraints de perdre leur naturel deviennent des « pervers ». Car la perversion est un événement complet, et non seulement une confusion de l'esprit. Un enfant qui ne reçoit de l'amour que s'il étudie, finira peut-être par « aimer » son travail parce que le fait de *ne pas* étudier lui apporte de la souffrance. Il a perverti son besoin d'amour de telle sorte qu'il trouve dans l'étude un certain soulagement.

A mon avis, la tâche des parents consiste à aider leurs enfants à éprouver de la joie à vivre. Si les enfants sont heureux et bien intégrés ils auront envie d'être productifs et de jouer un rôle actif dans la société. Sinon, ils produisent pour obtenir de l'amour. Les enfants incapables de réussir à l'école rendent leurs parents très anxieux ; on les appelle des ratés car leur rendement n'est pas, aux yeux des parents, ce qu'il *devrait* être. Le fait qu'ils accomplissent ce qui correspond à leurs sentiments, est considéré comme un échec. La meilleure règle pour élever les enfants, c'est d'écouter la voix du bon sens. Les enfants devraient aller au lit quand ils sont fatigués, par exemple, et non selon un horaire arbitraire. Si on leur montre suffisamment de confiance et de patience, ils choisiront une heure de coucher convenable, exactement comme les adultes.

Les théories psychologiques devraient être aussi sensées que les règles du développpement de l'enfant. La jalousie innée et le complexe d'Œdipe sont des concepts dépourvus de bon sens. Ce ne sont pas des états naturels. Il n'y a pas de raison innée pour qu'à un certain âge un garçon se tourne contre son père et vers sa mère. C'est quand nous coiffons les enfants de théories artificielles que l'éducation prend un caractère mystique et mystérieux, alors qu'il nous suffit d'être nous-mêmes auprès d'eux.

Aimer un enfant devrait être aussi naturel que de respirer. Pour les enfants, cela va de soi. Mais l'absence d'amour déclenche une lutte frénétique, souvent inconsciente. Imaginez notre désespoir, notre panique, notre souffrance intolérable si brusquement nous étions privés d'air. C'est la même chose pour un enfant privé d'amour. L'amour, pris dans le sens primal, est nécessaire pour vivre.

Il est très simple de permettre aux enfants d'être naturels. Cela veut dire qu'on leur prépare les mets qu'ils aiment et qu'on les laisse s'habiller à leur idée. La plupart des enfants ne savent même pas que leur mère devrait leur faire la cuisine qu'ils aiment. Ils doivent manger ce qu'on leur donne, et l'enfant « gentil » ne se plaint jamais. Malheureusement, les parents « inertes », qui ne savent pas aimer et n'ont jamais vraiment vécu, continuent d'exister au plus profond de l'enfant. Ce sont leurs valeurs et leurs jugements qui déforment son esprit et son corps.

Il est troublant pour l'enfant d'entendre ses parents lui répéter constamment combien ils l'aiment, car dans son esprit, il les croit ; mais son corps crie qu'il a besoin qu'on lui parle, qu'on le comprenne, qu'on le regarde et qu'on le prenne dans les bras. La mère dit peut-être : « Tu sais bien que papa t'aime ; mais il n'est pas d'un naturel expansif » ; et l'enfant est censé « comprendre » qu'il est aimé, mais il est loin de le ressentir. Pourtant, une des façons dont les enfants perdent conscience de leur besoin, consiste à *comprendre* qu'ils sont aimés. Le besoin est camouflé par le fait de « comprendre » qu' « ils m'aiment vraiment, mais il faut bien qu'ils me quittent pour aller travailler ». Si l'enfant dit : « Ça ne fait rien, je comprends ; ne vous inquiétez pas pour moi », on le félicite d'être déjà raisonnable et indépendant. Mais en réalité, l'enfant qui se couche et hurle « Ne m'abandonnez pas ! » se porte beaucoup mieux.

Les parents névrosés s'aperçoivent rarement de l'horreur de leurs actes parce que leurs enfants deviennent souvent ce dont ils ont besoin. L'enfant sert à remplir gentiment le vide dont souffrent les parents et cesse d'être une entité indépendante. Le père et la mère ne ressentent ni leurs besoins, ni la lutte de l'enfant ; ils les déjouent tout simplement. Ce n'est qu'au moment où le parent s'ouvre à lui-même et à sa propre souffrance qu'il découvre ce qu'il a fait à ses enfants, comment il les a utilisés en tant que symboles pour satisfaire ses besoins non ressentis.

Ce parent-là peut être tenté de demander à son enfant de lui « pardonner ». Mais il devrait y renoncer, car c'est encore une manière d'obliger son enfant à « donner ». Le « pardon » n'est pas un sentiment réel. On ne peut demander à un enfant d'oublier la souffrance que le parent lui a infligée. Il ne le peut ni ne le doit. Aucune parole ne peut balayer ce passé et quand on amène un enfant à pardonner, ses sentiments réels sont simplement camouflés et il doit prétendre qu'il ne souffre plus, alors que sa souffrance est enfouie très profondément en lui ; pour qu'elle disparaisse, il devra en ressentir pleinement l'intensité primale. Alors l'enfant l'aura surmontée sans que des paroles de pardon aient été prononcées.

Si un parent ne peut pas ressentir, il continuera inconsciemment de faire du mal à son enfant, et les discours n'arrêteront pas cette destruction. De toute manière, à quoi bon sermonner des parents qui ont déjà sombré dans le désespoir ? A quoi bon leur dire de s'occuper de leur enfant alors qu'eux-mêmes se sentent des enfants qui ont besoin d'attention ?

Je suis sans cesse frappé de constater combien les enfants sont des victimes innocentes : leur vie est centrée entièrement sur des caprices de leurs parents. Je m'en aperçois en particulier dans les restaurants. C'est pour moi un véritable supplice que d'être assis non loin d'une famille. Je ne vois qu'humiliation et remontrances, subtiles ou moins subtiles, souffrances et pressions constantes. Les parents paraissent incapables de laisser les enfants bavarder en mangeant, ou de parler eux-mêmes sur un ton normal. Ils semblent éprouver une anxiété universelle à propos de la nourriture et de la façon de manger ; les enfants doivent simplement avaler... ce que leurs parents choisissent de leur donner. Ils ne laissent pas leurs enfants se déplacer et les harcèlent constamment à propos de leurs manières, jusqu'à ce que la dernière miette du plaisir qu'on peut éprouver à table ait disparu.

Les enfants peuvent crier « Maman, maman ! » pendant des heures, mais les parents n'en continuent pas moins de parler à d'autres adultes ou de regarder les vitrines comme si les enfants n'existaient pas. Jamais ils n'auraient l'idée de traiter des grandes personnes de la sorte. Mais, chez des névrosés, les enfants ont bien peu de droits. Ils sont censés attendre d'être grands pour vivre. Il n'est pas étonnant que tant d'enfants attendent ce moment avec impatience. Il est vraiment rare de trouver un parent qui ait du plaisir à se trouver parmi ses enfants. Certains parents névrosés apprécient la compagnie de leurs enfants quand ceux-ci montrent ce qu'ils savent faire, mais il y en a peu qui ont du plaisir dans des rapports où l'enfant est simplement lui-même. Les grands-parents apprécient mieux la compagnie des enfants car ils ont déjà vécu leurs besoins en élevant leurs propres enfants. Ils peuvent se permettre d'être moins exigeants vis-à-vis des enfants des autres.

Il est maintenant clair, je l'espère, que les actions et les interactions entre parents et enfants sont importantes uniquement dans la mesure où elles reflètent les sentiments. L'existence de centaines d'ouvrages sur l'éducation laisse entendre que les enfants sont une race à part qui nécessite un traitement spécial. Or, ce sont des êtres qui ont exactement les mêmes besoins que les parents. La question n'est pas : « Comment traiter mon enfant ? », mais « Comment traite-t-on ceux qu'on aime ? » Le parent n'est pas quelqu'un qui impose des lois, mais un ami affectueux.

Le sentiment est le fondement de toute relation. Les enfants sont simplement des personnes. Pour avoir un rapport avec eux, il n'est pas nécessaire de se conformer à des règles particulières. Il n'est pas besoin de les discipliner, de leur faire la morale ou de les punir. Il suffit de leur parler, de les écouter, de les tenir dans les bras, d'être bon et libre, spontané et indulgent, et surtout de les laisser vivre.

Mais une fois que tout est dit et fait, qu'importe que nous jouions un rôle ou non puisque manifestement nous sommes tous occupés à déjouer notre petit moi — qui décide comment nous allons nous comporter à l'égard de nos enfants. Qu'importe alors le titre qui nous a été décerné. Si notre petit moi a été humilié toute notre vie, aucun enfant ne va nous répondre insolemment sans avoir à ressentir notre colère. Si notre petit moi a dû obéir sans rechigner pendant des années, notre enfant ne pourra attendre de nous la fermeté et le leadership dont il a besoin de la part d'un parent. Si ce petit moi n'a jamais été cajolé et caressé, notre enfant ne saura pas ce qu'est la tendresse.

CHAPITRE XV

CE QUE MES ENFANTS M'ONT APPRIS

par Vivian Janov

Je suis une patiente post-primale, une thérapeute primale, et la mère de deux enfants adolescents — un garçon et une fille. Cela fait des années que le chagrin primal de mes patients résonne à mes oreilles : « Maman, permets-moi d'être le bébé, moi... » « Sois gentille, ne me fais pas mal. » Bien souvent j'ai été la thérapeute de mes propres enfants qui appelaient la « maman » de leur petite enfance — c'était de moi qu'il s'agissait ! Ce fut une expérience stupéfiante, douloureuse, et pourtant rémunératrice. La souffrance de mes enfants remonte aux années où la personnalité se forme, et quand ils revivent ces scènes ils se réfèrent à la mère que j'ai été dans le passé. Ils ne craignent pas de dire la vérité devant moi. Bien sûr, ces séances comptent plus pour moi que les autres, et elles sont souvent le prélude à mes propres primals.

Parfois, certaines scènes qui m'avaient paru insignifiantes, ont été extrêmement douloureuses pour eux. J'ai appris quelque chose de très important : *j'ai souvent méconnu la réalité de mes enfants.* Les parents les mieux intentionnés arrivent à créer, en voulant « civiliser » leurs enfants, une réalité qui les fait beaucoup souffrir. Par exemple, la mère a *l'intention* de rendre son enfant propre et de lui donner de bonnes habitudes. La *réalité* du bébé n'est qu'une consternation douloureuse, tant il est surpris d'être puni pour avoir satisfait un besoin naturel. De plus, les parents incapables de ressentir leur propre souffrance empêchent souvent leurs enfants d'exprimer la leur. « Allons, allons ! Ne pleure pas ! Ça ne fait plus mal... » L'intention est d'apaiser à la fois le parent et l'enfant ; en réalité, on apprend à refouler le sentiment parce qu'il est inacceptable.

Peut-être serai-je de quelque utilité aux parents si je généralise le gros bon sens que m'ont enseigné mes enfants ; tous deux ont eu des primals terrifiants qui les ont ramenés au berceau : ils pleuraient pour que leur maman vienne auprès d'eux. Je ne venais pas et leur sentiment était : « Je savais que j'allais mourir si je ne continuais pas à pleurer et à t'appeler. » Je me rappelle le conseil du pédiatre qui nous disait qu'il fallait faire perdre l'habitude de réclamer le biberon la nuit en laissant pleurer les enfants. J'eus vraiment envie de lui tordre le cou quand je me rendis compte à quel point j'avais par sa faute terrifié et torturé mes bébés impuissants. Et il continue probablement de donner le même conseil aujourd'hui... Bien sûr, j'ai eu tort de tenir compte de son avis et de ne pas ressentir les besoins de mes enfants. Je suis absolument convaincue que les bébés n'ont qu'un seul moyen pour survivre — c'est de pleurer. Si personne n'y fait attention, ils éprouvent la même horrible sensation qu'un homme en train de se noyer. Leur maman est le seul lien qui les retient à la vie. Son absence signifie la mort. J'ai assisté de nombreuses fois à ce même primal et je sais qu'il se rattache à la conviction que les bébés doivent grandir vite et devenir de petits adultes parce que les gens ne peuvent assumer la responsabilité et les devoirs de la paternité.

Il est temps de remettre le berceau dans la chambre des parents, afin de satisfaire le plus rapidement possible les besoins du bébé. J'entends d'ici toutes les grand-mères crier qu'on gâte l'enfant. Il existe en effet toute une école de pédiatres, de psychologues et de parents irréels qui prête aux bébés une malignité et une extraordinaire soif de pouvoir, et veut leur enseigner dès la naissance la discipline et la maîtrise de soi. Je suis convaincue que le bébé sera content, relativement exempt de souffrance, non exigeant et non gâté si l'on prête toujours attention aux cris qui expriment ses besoins. Bien sûr, cela sous-entend que les parents désirent vraiment leur bébé et acceptent de lui accorder le temps et la patience nécessaires. Trop de gens croient qu'un bébé est un joli jouet bien bichonné qu'ils peuvent mettre de côté quand ils sont fatigués. Pour prévenir la névrose chez les enfants, il est indispensable de consacrer aux bébés de longues heures de tendresse et de dévouement.

En grandissant, mon fils a toujours demandé qu'on laisse une lumière allumée dans sa chambre la nuit. Nous savions que c'était le signe d'une peur généralisée, aussi accédâmes-nous à son désir. Bien entendu, je lui assurais qu'il n'y avait pas le moindre « voleur », et il le comprenait intellectuellement ; mais il avait tout de même besoin de lumière car son *sentiment* lui disait le contraire. Cela me troublait parce que je me sentais impuissante à découvrir sa peur réelle. Puis, un jour, il eut un primal qui établit la connexion avec ses frayeurs nocturnes, qui disparurent aussitôt. Il avait toujours eu peur que les voleurs l'étouffent et qu'ils tuent aussi papa et maman s'il appelait à l'aide. Nous étions ses protecteurs et sa sauvegarde. Sa peur de nous perdre s'amplifiait dans l'obscurité. Combien de fois les parents ont répété « Un grand garçon n'a jamais peur dans le noir ». Beaucoup de garçons, grands et petits, ont *très* peur de l'obscurité ! Les parents ne font qu'aggraver le mal quand ils instillent à un enfant la peur d'avoir peur.

Les frayeurs nocturnes de mon fils datent peut-être de l'époque où je le laissais pleurer, ou bien elles remontent à un court séjour qu'il fit à l'hôpital à l'âge de cinq ans, pour une amygdalectomie. Je ne fus pas autorisée à passer la nuit à l'hôpital. Quand j'arrivai à six heures le matin suivant, il m'attendait déjà, en larmes. Cette nuit-là dut être pour lui un horrible cauchemar... Quand je pense à cette chambre d'hôpital austère, à tous ces étrangers vêtus de blanc, le maintenant pour l'attacher sur la table d'opération et lui poser un masque noir sur la bouche et le nez... à son réveil, la gorge en feu, tout cela sans papa ni maman... j'en frémis encore. Comment ai-je pu faire subir un pareil traumatisme à mon petit garçon ? Les hôpitaux et les médecins doivent absolument reconnaître quel mal ils peuvent ainsi faire, et ils doivent non seulement permettre aux parents d'être présents mais *insister* pour qu'ils le soient. La réalité d'un enfant est la seule chose qui compte. Quand il se sent en danger il est incapable de se détendre en se disant que l'absence de maman ne va pas durer. Il a besoin de sécurité, et ses parents sont les seuls à pouvoir la lui apporter.

Nous sommes si habitués à ne rien remettre en question que nous en sommes venus à croire que les choses sont organisées pour le mieux. Pourquoi mettre un bébé dans un berceau et non dans le lit de ses parents, comme chez les Esquimaux ? Cette pratique contre nature qui sépare les nourrissons de leur unique source de vie est peut-être à l'origine de beaucoup de frayeurs nocturnes.

Récemment l'une de nos familles primales a mis les lits des enfants les plus jeunes dans la chambre des parents. Cela apporta aux enfants un immense bonheur et un extraordinaire sentiment de sécurité. Les parents durent réorganiser leur vie sexuelle, mais cela ne créa pas de problème majeur.

Nous pensons souvent que nous devons être stricts et punir nos enfants pour leurs méfaits afin de les empêcher de devenir des criminels ou des psychopathes. Un soir, notre fils et ses amis s'essayèrent en secret à boire de l'alcool et à fumer des cigarettes. Nous fûmes horrifiés, et nous le grondâmes très fort, lui disant par exemple que « nous ne pouvions plus lui faire confiance », et que « nous l'avions cru plus responsable ». Il se mit tout à coup à sangloter et pendant une heure, il fit des primals concernant des incidents similaires ; à ce moment-là, je me rendis compte qu'en manifestant notre indignation et notre « juste » colère nous l'avions profondément blessé. Nos reproches lui parvenaient comme un écho multiple : « Papa et maman ne m'aiment plus »... A cause de notre propre peur nous avions accordé à l'incident beaucoup trop d'importance. Dans son esprit, notre déception devait changer *définitivement* notre relation avec lui. Nous devons à tout prix comprendre que notre incapacité d'accepter les « écarts de conduite » de notre enfant risque de lui donner l'impression d'être complètement et sans aucun recours rejeté en tant que *personne.* Nous oublions bien vite qu'enfants, nous nous sommes essayés, nous aussi, à ces distractions adultes.

En réalité, quand le parent névrosé est confronté aux échecs de ses enfants, c'est son propre échec qui est en cause. Ses enfants sont une prolongation et un reflet de lui-même au lieu d'exister en tant qu'individus indépendants à la personnalité distincte. Peut-être était-ce pour cette raison que je ne pouvais ni comprendre, ni accepter de bon cœur le comportement « décevant » de mes enfants. J'étais incapable de reconnaître *ma* « méchanceté ». Je suis au supplice quand j'entends dans des lieux publics des parents gronder leurs enfants parce qu'ils sont « vilains ». Je vois des visages angéliques et des yeux empreints de tristesse qui regardent une mère en colère. Aucun enfant n'est vraiment « vilain ». Il n'y a que des enfants dont les besoins ne sont pas satisfaits — des victimes de parents aux besoins insatisfaits. John Lennon le dit fort bien dans sa chanson intitulée « Mother » :

« Mère, j'étais là pour toi, mais toi, tu n'étais jamais là pour moi… J'ai eu besoin de toi, mais jamais tu n'as eu besoin de moi… »

Si je pouvais m'adresser à un parent névrosé avec le plus petit espoir d'être entendue, je lui dirais ceci : la colère injustifiée, la sévérité, les réprimandes, ou les punitions-rejets sont ressenties par le petit enfant comme un *refus d'amour,* même si le père ou la mère croient l'aimer et agir « pour son bien ». Il vaudrait mieux découvrir la cause réelle de son comportement avant de l'accabler de commentaires cruels. Il est nécessaire de considérer l'enfant comme une personne réelle : il est très capable de parler de ses sentiments *réels*. Quand tout est accepté, rien ne peut être jugé mauvais ou punissable. L'enfant est suffisamment humain pour adopter un comportement satisfaisant s'il a le loisir de le choisir en toute liberté. Pourquoi serait-il sournois si tout se discute ouvertement ? La liberté est la condition du développement normal du moi, mais seuls des parents sensibles et tolérants peuvent l'accorder. Accorder la liberté, c'est donner de l'amour.

Quelquefois mes enfants ont fait des primals à propos du fait d'être confiés à des babysitters tandis que nous partions au travail ou au cinéma. Je sais maintenant à quel point il est mauvais de quitter un enfant quand il est effrayé et a besoin de ses parents. Si des enfants pleurent de peur d'être abandonnés, ce sont *eux* qui ont raison, et l'on ne devrait pas les laisser. La babysitter peut être rassurante et bien intentionnée, cela n'y changera rien. Je sais que beaucoup de mères doivent travailler et laisser leurs enfants à la maison, mais elles devraient au moins connaître les conséquences d'un tel acte.

J'ai souvent rencontré des femmes enceintes qui projetaient de reprendre le travail peu après la naissance de leur bébé et de se faire remplacer par une employée de maison compétente. Je méprise profondément ce genre de comportement chez une mère. Si une femme n'a pas l'intention de devenir une véritable mère, elle ne devrait jamais avoir d'enfant. La maternité n'est pas une attestation de succès qu'on range avec les diplômes et le certificat de mariage ! Il s'agit de la *vie* d'un enfant qui a absolument besoin d'avoir sa vraie mère auprès de lui et d'être nourri par elle comme avant le jour de sa naissance.

Le mouvement de libération de la femme a beaucoup de choses importantes à dire sur l'égalité des sexes. Mais il n'est pas possible pour l'homme de « servir de mère » à son enfant. Il peut certainement coopérer, mais pendant la première année, il n'est pas en mesure de nourrir le bébé au sein, et je suis convaincue que cette expérience, avec l'amour, la douceur et les caresses qu'elle comporte, est essentielle si l'on veut prévenir la névrose.

Aujourd'hui, où la contraception est efficace et l'avortement accessible, je pense que personne n'a le *droit* de porter un enfant pour le négliger ensuite. C'est avant la grossesse qu'il faut choisir entre la maternité et une carrière professionnelle. Il faut également opter pour une *petite* famille où il sera possible d'accorder à l'enfant l'amour et l'attention nécessaires. La femme qui n'est pas prête à *donner* sans compter — ou qui n'a pas grand-chose à donner — ne devrait pas devenir mère. Cela fait trop longtemps que nous transmettons la névrose de génération en génération, et que nos raisons d'avoir des enfants sont mauvaises. Parmi celles-ci, citons le désir d'avoir quelqu'un qui nous aime, de consolider un mariage branlant, de compenser une enfance malheureuse, d'oublier notre métier ennuyeux, ou même de donner à *nos* parents un petit-enfant. Mais aucun de ces motifs n'est le bon.

Les primals de mes enfants m'ont aussi transmis un message important sur le talent. Dès que notre fille manifestait le désir de chanter, de danser, de jouer au tennis, d'écrire de la poésie, etc., nous l'inscrivions à des cours, contrôlant ses progrès, organisant des séances où elle se produisait. Très vite, sa joie et son plaisir devenaient *notre* affaire, alors qu'elle se désintéressait. Maintenant elle nous en veut de lui avoir gâché ce qu'elle aimait faire. Je suis navrée de penser que nous nous sommes approprié le grand talent et la créativité de notre fille. Nous voulions lui donner tout ce que *nous* n'avions pas, pour « développer » ses possibilités et satisfaire nos besoins. Sa réalité à elle était différente : elle se sentait forcée d'exercer ses talents, et empêchée d'être elle-même. Jamais nous ne pourrons réparer cette erreur.

Il existe des milliers d'autres façons de faire souffrir son enfant en lui interdisant d'être lui-même. Telle mère désire une fille mais donne naissance à un garçon ; elle ne se laisse pas décourager pour autant, et le métamorphose en une petite fille, une mauviette, et un futur homosexuel. Tel père veut que son fils devienne un champion. Le petit garçon en est incapable ; le père le pousse malgré tout, et réussit à faire de lui un raté et un névrosé. Tel autre enfant doit ramener de très bonnes notes à la maison ; il devient un intellectuel reclus et perd son moi sensible et spontané. Je parle ici de tout ce que les parents investissent dans un enfant impuissant bien avant sa venue au monde : ils espèrent, attendent, exigent, font des projets, caressent des ambitions, rêvent à des succès... Car ils désirent compenser tous les échecs de leur vie par personne interposée. L'enfant n'est jamais considéré comme un être humain indépendant avec des désirs et des talents propres. Il est programmé de manière à soulager la tension de ses parents et de ses professeurs.

Le lecteur se demandera peut-être comment se comporte une famille primale active dans la vie de tous les jours. Nous avons connu des journées historiques où les quatre membres de notre famille avaient simultanément des primals, le primal de l'un déclenchant celui des autres. Nous avons ainsi acquis une très grande liberté. Les enfants peuvent dans une très large mesure gouverner leur propre vie car ils sont souvent capables de juger d'une façon sensée, dépourvue de toute connotation névrotique. Comme ils ne sont pas motivés par d'anciens désirs refoulés, ils peuvent agir d'une manière responsable et spontanée. À certains moments, ils éprouvent des désirs irrationnels mais ils sont capables de faire la connexion avec un ancien sentiment. Le fait d'avoir des primals est un *processus* permanent qui permet de ressentir ce qui est réel. Ce n'est pas la solution « immédiate » à tous nos problèmes.

Récemment mon fils a décidé que son école était surchargée et que les cours y étaient ennuyeux et traditionnels. Il manifesta le désir d'aller dans une école « libérale » et il en trouva une qui lui parut idéale. Ma réaction devant sa décision fut dictée par ma thérapie. Mon ancien moi aurait regorgé d'objections : et les études en faculté ? Le travail à la maison ? Les habitudes scolaires ? La société ? Le fils de mon amie ? L'avenir de mon fils ? Son futur curriculum vitae ? Maintenant j'étais prête à accepter une situation scolaire qui lui permettrait d'apprendre librement ce qu'il voulait, délivré des contraintes du conformisme de nos écoles ordinaires. Je sentis qu'il serait capable de satisfaire *ses propres* besoins... et non les miens ou ceux de la société.

Mes deux enfants décorent et arrangent leur chambre à leur idée. C'est leur domaine privé, où ils expriment librement leur individualité. Je pense que les parents négligent souvent ce droit à une vie personnelle, de même qu'ils ignorent les autres droits de leurs enfants.

Notre famille peut paraître unique à cause de la liberté d'expression qui y règne. Nous avons la possibilité d'exprimer *n'importe quoi,* et nous en usons. La colère, les gros mots, le dégoût, l'amour, les embrassades, les cris, les larmes ou le rire peuvent être exprimés en toute sécurité. Le sentiment de chacun est autorisé et accepté à tout moment. Peut-être est-ce là la véritable définition de l'amour. En mettant les choses au point au fur et à mesure des événements, nous essayons de ne pas ajouter à la réserve de souffrances et de frustrations. Si les scènes douloureuses d'aujourd'hui peuvent être honnêtement ressenties, elles ne se transformeront pas en futurs « primals » dans le cadre d'une clinique psychiatrique. Le corps enregistre la vérité profonde de chaque situation et aucune dénégation ne peut la faire disparaître. La jalousie existe souvent entre les frères et sœurs d'une même famille. En affirmant à un enfant qu'il aime son petit frère, on nie la réalité du moment, et on l'oblige à refouler sa souffrance.

Quand j'ai entendu ma fille crier dans un primal que la naissance de son frère l'empêchait désormais « d'être le bébé », je compris à quel point j'avais supprimé sa réalité. Nous avions essayé de lui faire sentir combien nous l'aimions et combien son rôle de grande sœur était important. Nous fîmes tout ce qui était en notre pouvoir, omettant seulement de lui accorder la liberté d'exprimer ses sentiments profonds. Comment pouvait-elle admettre que l'idée d'avoir un petit frère lui faisait horreur, quand tout le monde semblait ravi de cet événement ? Premièrement, elle redouta de perdre notre amour au profit de son rival ; et deuxièmement, elle eut peur d'exprimer ouvertement cette crainte parce que les chances d'être aimée diminuaient d'autant. Tout le monde fit donc semblant et prononça les phrases qu'il fallait. « Tu vas être une grande fille et aider maman à s'occuper du bébé, n'est-ce pas ? », s'écriait grand-maman. Cette question à elle seule contient à peu près cinq niveaux de souffrance.

Au cours des dernières années, les rapports entre les enfants se sont modifiés. Un soir mémorable, ils ont pleuré ensemble et échangé tous les ressentiments qui s'étaient accumulés entre eux. Ils réussirent alors pour la première fois à se considérer comme des personnes et non comme des rivaux briguant l'amour parental. A partir de cette expérience s'est établie une profonde amitié qui, j'en suis sûre, n'aurait jamais vu le jour sans les primals.

Je sais que je ne peux réparer le mal déjà fait. Il est impossible de tout recommencer à zéro. Je suis souvent triste de penser que j'ai nui à mes enfants en n'étant pas suffisamment réelle, mais je suis reconnaissante à la thérapie primale de l'aide qu'elle peut apporter. Je peux au moins rattraper en partie mes erreurs en écoutant et en acceptant leur souffrance. Bien sûr, je ne suis en mesure de le faire que parce que j'explore constamment ma propre souffrance afin de rester ouverte au présent et d'empêcher le poison du passé d'imprégner ma vie entière.

Peut-être devrions-nous adopter un mode de vie plus primitif afin d'élever des enfants non névrosés. Je pense que nous avons beaucoup à apprendre des indigènes, qui portent leurs enfants attachés sur leur dos, les laissent dormir dans leur lit, les allaitent à la demande pendant des années, leur permettent de jouer et d'apprendre en toute liberté, et les environnent d'une communauté protectrice qui s'ajoute aux parents.

CHAPITRE XVI

LA SOIRÉE DE RICK AU CINÉMA

Hier soir, mon fils Rick, âgé de quatorze ans, ma femme et moi nous sommes allés voir *The Search,* un film des années quarante avec Montgomery Clift. C'est l'histoire d'un petit garçon qui a été séparé de sa mère dans un camp de concentration nazi et qui cherche à la retrouver. Montgomery Clift joue le rôle du soldat américain qui aide cet enfant à découvrir ce que sa mère est devenue. Une fois à la maison, Rick déclara : « Il y a une scène qui m'a vraiment touché. C'est quand le soldat est au bord du fleuve et annonce au petit garçon que sa mère est morte et ne reviendra jamais. » Ma femme, Vivian, se trouvait auprès de mon fils qui était en train d'aller au lit. Elle voulut approfondir ce sentiment : « Qu'est-ce que tu veux dire par là ? Qu'est-ce que cette scène avait de particulier ? » Rick répondit : « Tu sais, quelquefois j'ai peur que vous ne mouriez tous les deux et que vous ne reveniez jamais. Cela m'arrive même très souvent. » Vivian lui dit que c'était sans doute un sentiment primal, mais Rick affirma que non. (Nous avons tous besoin d'être stimulés pour commencer un primal.) Elle dit encore : « Laisse-toi donc aller à ce sentiment. » Rick répéta que n'importe qui éprouvait cette crainte tout à fait naturelle. « Après tout, ce serait terrible que vous disparaissiez. » Vivian insista. Elle lui fit répéter les mots que l'homme du film avait dit au petit garçon, jusqu'à ce que Rick fût pénétré de ce sentiment. Puis le silence se fit. Il se mit à pleurer doucement, disant que notre mort lui ferait de la peine même s'il avait cinquante ans, et qu'il nous aimait tant, etc.

Ses sanglots s'accentuèrent. Vivian continua de se taire.

Cela dura cinq ou dix minutes, puis les jambes de Rick commencèrent à monter et à descendre involontairement, ses genoux fléchissaient, puis se raidissaient, comme chez un nourrisson. Ses mains étaient en l'air, repliées vers l'intérieur, comme celles d'un bébé. Ses sanglots trahirent une urgence de plus en plus grande, et ils devinrent aussi plus infantiles. Maintenant il bougeait et gémissait comme un tout petit enfant, sans plus faire d'effort pour se contrôler. Il se mit à crier « Ama, ama ! » (Plus tard il expliqua qu'il n'avait pas encore appris à dire « maman ».) Ses gémissements et ses contorsions durèrent une heure, jusqu'à son épuisement total. Tantôt il était conscient du lieu où il se trouvait — sa chambre à coucher —, tantôt il sentait qu'il était couché dans son berceau, enveloppé d'une obscurité totale. En tant que bébé, il était terrifié à l'idée de manquer de lait et de mourir de faim, car on le laissait crier selon les conseils du médecin. Nous ne nous rendions absolument pas compte que son alimentation était insuffisante. Il était nourri au sein, et aurait eu besoin d'une alimentation supplémentaire à cause de sa grande taille. Il criait donc parce qu'il avait faim et craignait d'être abandonné de tous. Il avait le sentiment de se trouver réellement dans cette pièce et dans ce berceau, luttant pour rester en vie. Puis ses gémissements perdirent de leur violence et il se sentit « désespéré » (mot qui par la suite exprimait l'abandon de tout espoir de voir venir quelqu'un). A ce moment-là, il bloqua le désir et l'espoir. Pendant toute la séance, sa respiration fut très intense, comme s'il faisait une course de vitesse dont l'enjeu était sa vie. Puis il se mit à trembler sans pouvoir se contrôler ; ses dents claquaient comme s'il avait une double pneumonie (selon son expression). Quinze ou vingt minutes passèrent et il émergea avec la sensation de sortir d'un mauvais rêve. « C'était exactement ça. J'avais l'impression de sortir d'un autre monde. La tête me tournait. » Ce fut alors une explosion d'insights. Il parla pendant une heure, et fit des connexions. Il n'arrêtait pas de s'écrier : « C'est stupéfiant. » Quel que soit le nombre de primals que chacun de nous fait, nous en sortons toujours en disant : « C'est stupéfiant ! » Et c'est la vérité !

Grâce à son primal, Rick comprit qu'on l'avait entièrement abandonné quand il pleurait de faim. Il sut pourquoi il voulait toujours, quand il allait dormir, que la lumière soit allumée et la porte ouverte. Il s'assurait ainsi que nous étions là, prêts à venir. Tout petit, quand il faisait noir, il n'arrivait pas à savoir où nous étions, près, loin ou définitivement partis. Plus tard, il eut besoin d'entendre nos voix pour se sentir en sécurité pendant la nuit.

Ses insights continuèrent ; il fallait que nous restions éveillés pour qu'il puisse s'endormir. Ainsi, nous serions prêts à venir à son chevet s'il avait besoin de nous. Puis, il se sentit épuisé et décida de dormir. Nous sortîmes. Dix minutes plus tard, il entra dans notre chambre et nous dit : « En me retournant dans mon lit, j'ai tout à coup compris quelque chose. Savez-vous pourquoi je désire toujours quelque chose, un jouet ou n'importe quoi ? Eh bien, c'est parce que je n'ai pas obtenu ce qu'il me fallait. Je veux dire que ce premier besoin m'est resté et que je l'ai reporté sur d'autres objets. C'est pourquoi, quand vous m'avez donné une montre, j'ai voulu avoir autre chose, et ainsi de suite. Il fallait que je conserve ce besoin, car ma vie en dépendait. Il m'a permis de me maintenir en vie. Ce primal vous fera faire beaucoup d'économies », déclara-t-il. Puis il retourna dans sa chambre, et s'endormit aussitôt dans le noir.

Ce primal lui faisait revivre une expérience survenue au berceau à l'âge de trois mois environ. Rick explique ainsi son expérience primale : « Pendant la scène du film où le soldat explique au petit garçon que sa mère ne reviendra plus, mon cerveau d'aujourd'hui a mis en marche mon esprit de tout petit enfant. J'ai été envahi par un sentiment dont je ne savais rien. Et je fus à nouveau préoccupé par la mort de maman. J'oubliai tout cela après le film, jusqu'au moment où je rentrai à la maison. Si maman n'avait pas insisté, ce sentiment m'aurait probablement juste inspiré un rêve. Comme elle me fit avoir un primal m'obligeant à répéter cette scène (Ta mère est morte et ne reviendra jamais) j'ai pu relier ce sentiment à mon cerveau de bébé et de là à toutes les autres peurs, comme celle d'être dans le noir ou d'être enfermé dans une pièce sans lumière. » Il suffit à Rick de répéter la phrase prononcée par le soldat pour se libérer tous ces sentiments.

Il comprit le « pourquoi » de beaucoup de choses. Il sait maintenant que s'il pense à notre mort pendant la journée, cela ne l'inquiète pas, mais s'il y songe la nuit (dans le noir), il est terrifié. Il m'a rappelé que chaque fois qu'il parlait de notre mort je lui répondais invariablement : « Ne t'inquiète pas, tu auras soixante ans quand nous mourrons. Ça fait un bon moment d'ici là. » Mais il continuait d'avoir peur, car il savait que même s'il devait avoir cent ans, cette frayeur serait toujours là, exactement comme elle avait été là quand il avait trois mois. Il comprit aussi qu'il ne redoutait pas vraiment *notre* mort. Il craignait de mourir, lui, si sa mère (son unique lien avec la vie) disparaissait. C'est pour cela qu'il s'inquiétait tant quand nous partions en voyage ou quittions la ville pour quelques jours. C'était la raison profonde de son angoisse de séparation. Ce primal fut très important à ses yeux, à cause des nombreuses connexions qui s'établirent — toutes ses peurs, ses faux désirs, etc. Ce qu'il voulait était réel et non inutile, mais il devina que ses besoins étaient faux en constatant le caractère excessif de sa réaction : ses désirs étaient trop intenses. C'est cela le signe révélateur. Les réactions exagérées sont provoquées par les sentiments primals.

Rick définit le primal comme la connexion entre le cerveau actuel et le cerveau du passé. Il nous a parlé de crises cardiaques : « Mon cœur battait si fort pendant le primal que je m'attendais à avoir une attaque. Je parie que si je n'avais pas fait la connexion et pu me vider de tout cela, je continuerais d'avoir d'affreux cauchemars où mon cœur battrait si fort qu'un jour il se romprait. »

Rick et sa sœur, Ellen, sont des êtres uniques. Au fur et à mesure qu'ils grandissent, ils se « nettoient ». Ils n'ont pas de mobiles détournés et aucune de leurs raisons d'agir n'est un mystère pour eux. S'ils n'arrivent pas à se concentrer en classe, ils savent pourquoi. S'ils commencent à avoir un symptôme, ils connaissent immédiatement son origine. En conséquence ils sont tous les deux en très bonne santé — et sont physiquement très bien proportionnés. Leurs corps sont « unis ». Tant de névrosés ont un corps déformé : leur manque de cohérence se manifeste par un torse ou des jambes trop courts ou trop longs ou par une disproportion quelconque.

En pensant au primal de Rick, je me demande combien d'enfants ont peur la nuit à cause de ce principe qui veut qu'on les laisse pleurer. La peur n'est pas un phénomène conscient. C'est plutôt une entité autonome, une appréhension fondamentale qui se rattache à tel ou tel événement. Elle commence si tôt et elle est si répandue que certains neurophysiologues ont même essayé de prouver son origine génétique — la peur primordiale du noir.

Maintenant nous savons donc ceci : les peurs irrationnelles sont toujours rationnelles, mais l'enfant n'est pas capable de rétablir le contexte et la connexion correspondants. Tout ce qui ne concerne pas la réalité actuelle se rapporte à un passé réel et demeure parfaitement rationnel. En permettant à son enfant de rester ouvert à lui-même, en évitant de le réconforter pour lui faire oublier ses sentiments, le parent lui fait le don le plus grand que l'amour d'un parent puisse faire : il lui permet d'être lui-même.

CHAPITRE XVII

LES FAMILLES PRIMALES

Voici des dialogues extraits des réunions qui ont eu lieu à l'Institut avec des parents primals. Ces gens-là font œuvre de pionniers, car ils ont entrepris de mettre la théorie primale en pratique et de défaire le mal qu'ils ont déjà fait à leurs enfants. Ils continueront de se rencontrer, de se communiquer leurs expériences et d'inventer de nouvelles techniques pour aider les enfants. Ces rencontres initiales font seulement entrevoir les possibilités. Il est clair en tout cas que les primals produisent chez les enfants une différence *immédiate* de comportement. Ce processus n'est recommandé qu'aux personnes ayant déjà fait leurs primals. Un parent doit être ouvert pour permettre à son enfant d'accepter ses sentiments. Il ne peut ni ne doit rejeter ce que l'enfant fera surgir, et parce que celui-ci souffrira, le parent névrosé sera fortement tenté d'apaiser cette souffrance au lieu de l'approfondir.

SÉMINAIRE DES PARENTS PRIMALS

Le 3 février 1971.

ART. — Ces réunions ont pour but — entre autres — de discuter d'une question qui implique de réels bouleversements. Certes, la thérapie primale n'est pas en mesure de guérir le monde. Mais les gens peuvent apprendre à avoir des primals et ensuite l'apprendre à leurs enfants, réparant ainsi un peu le mal qu'ils ont fait. Cela peut faire tache d'huile. Ce concept est extrêmement important. Il faut surtout avoir une bonne méthode, et savoir ce qui se passe.

SUSAN. — Art, j'ai eu un primal l'autre jour et ma fille de six ans m'a dit : « Oh, maman, donne-moi une thérapie ! » Elle s'empressa de se coucher par terre. Plus tard, je lui ai demandé ce que cela signifiait pour elle et elle a réfléchi. « Être réel », m'a-t-elle répondu. C'est tellement important. Elle sait parfaitement de quoi il s'agit.

ART. — Eh bien, que se passe-t-il quand elle a un primal ?

SUSAN. — Mes enfants les plus jeunes ont des primals beaucoup plus physiques que les adultes. J'ai eu plus de mal avec ma petite fille de six ans. Elle a toujours été très réservée et maîtresse d'elle-même, très sage, et toujours plaisante. Jamais elle ne s'est montrée désagréable. Mais depuis peu, elle a des crises de rage au moindre incident. Je ne sais pas comment m'y prendre. Mes enfants ont appris en m'observant. Un beau jour, je me suis simplement couchée par terre. Quand ma petite fille est calme, elle raisonne beaucoup ; mais dès qu'un incident survient, elle déjoue aussitôt son sentiment par la colère. Ce n'est pas facile — elle s'en est prise au mobilier ! Je suis le bouc émissaire — c'est-à-dire la plus mauvaise maman du monde. Je lui ai enlevé son papa. (Susan est divorcée.) Et elle a fait deux primals sur la famille : « Pourquoi ne redevenons-nous pas une famille ? Je veux être une famille. »

ART. — A quoi ressemblent ses primals ? Comment les amenez-vous ?

SUSAN. — Oh, tout son corps participe. « Je veux mon papa ! » Je ne fais que l'encourager : « Appelle papa ; dis-le à papa. » Et elle l'a fait. Il y a autre chose encore. Dès qu'elle est privée de quelque chose, elle réclame quelque chose de spécial, et je sais que c'est le signe de son besoin. J'ai quatre enfants, et à cause de cela ils ont tous perdu leur identité. Trois d'entre eux ont eu des primals où ils disaient : « Ma maman ; ma maman ; seulement *la mienne ;* celle de personne d'autre. »

PAT. — J'ai gardé Bryan (qui a quatre ans) pendant que Lynda et Ben étaient absents. Cela a duré six jours. Il était habitué à ce qu'ils partent pour un week-end, mais jamais il n'avait été séparé d'eux plus de trois jours. En fait, il pointe encore trois doigts pour expliquer que ses parents n'ont pas le droit de le quitter plus longtemps que ça !

Tout s'est bien passé pendant les cinq premiers jours, car Jim et moi nous l'occupions constamment et il adorait la vie en plein air dans le ranch. Le sixième jour je l'ai gardé à la maison parce que ses parents devaient rentrer à la fin de la matinée ou au début de l'après-midi ; d'habitude il se levait et sortait avec Jim pour la journée. Ce jour-là, entre dix heures et midi, il a dû me demander au moins vingt-cinq fois quand son papa et sa maman allaient rentrer et *si* vraiment ils allaient revenir. A midi, ils n'étaient toujours pas là et Bryan était de plus en plus agité. Il pourchassait les chats, faisait valser les objets, bref, il était intenable. Finalement je réussis à lui faire dire qu'il était un tout petit garçon qui avait besoin de son papa et de sa maman. Il pleurait un peu quand le téléphone sonna. Je décrochai et dès que je dis « Salut, Ben », Bryan pleura de plus belle et il voulut absolument parler à son papa. Je lui donnai le récepteur et il demanda à Ben de rentrer *immédiatement* à la maison, car il en avait assez de l'attendre toute la journée (en réalité, il n'avait attendu que deux heures). Ben lui répondit « non », car il ne pouvait pas partir tout de suite ; il ne rentrerait que plus tard dans la journée. Bryan se mit à hurler et à dire que Ben était idiot, idiot, et que le petit garçon avait mal. Je raccrochai le téléphone et je laissai pleurer Bryan. J'étais assise sur le tabouret du piano ; Bryan se redressa, cessa de pleurer, et me demanda de lui jouer un air. Il se mit alors à sangloter pour de bon. Je lui demandai ce qu'il voulait entendre. Il me demanda de chanter une chanson sur sa conversation téléphonique avec son papa, qui refusait de rentrer à la maison et le faisait horriblement souffrir. Je commençai à jouer avec un seul doigt et je dis simplement que Bryan voulait que son papa rentre à la maison mais que celui-ci ne venait pas. Chaque fois que je terminais cette phrase, Bryan pleurait et disait : « Ça me fait mal, ça me fait mal. » J'arrêtais de jouer et j'attendais qu'il aille au bout de ses sentiments, puis il levait les yeux et me demandait de jouer encore. Il continua de sangloter profondément pendant trois quarts d'heure en crachotant toutes sortes de saletés. Enfin il me demanda d'arrêter de jouer. Il en avait assez. Après, il voulait simplement rester assis sur mes genoux et avoir la paix.

Une autre fois, je lui demandai s'il avait envie de rendre visite à une de mes amies qui venait d'avoir un bébé. Il s'écria avec véhémence : « Non ! Je n'aime pas les petits bébés ! » « Et pourquoi donc ? » lui demandai-je. Il répondit que cela ne lui plaisait pas d'être un bébé. Je voulus savoir ce qui lui était arrivé à cet âge-là. Il dit qu'il devait tout le temps faire la sieste ; il pleurait, sa maman fermait la porte et le laissait tout seul. « Ta maman a vraiment fait cela ? » dis-je. « Oui, et mon papa aussi », répondit-il. Je restai silencieuse pendant quelques minutes parce qu'il ne voulait plus parler. Finalement je dis : « Bryan, leur as-tu jamais dit ce que tu ressentais quand tu restais tout seul à pleurer dans ta chambre ? » Il me regarda bien en face et me dit très doucement : « Patty, je ne pouvais pas le leur dire. Les bébés ne savent pas. »

MIKE. — Notre petit garçon est bloqué. Il a trois ans et demi et il n'a pas la possibilité de s'exprimer suffisamment pour le savoir. Il pleure et tout son corps est parcouru de spasmes. Je ne sais pas si c'est seulement un sentiment du moment ou si cela remonte plus loin ; mais je ne le crois pas. C'est une souffrance actuelle, qui n'a rien à voir avec son passé : son sentiment naît dans l'immédiat. Quand je pars travailler, il ne veut pas que je m'en aille et il se met à pleurer. Il éprouve entièrement ce sentiment, il n'est pas du tout fermé. Je pense donc qu'il n'accumule pas chaque fois de nouvelles souffrances. Il ne recommencera à souffrir que lorsqu'il sera en mesure de s'exprimer et de remonter lui-même dans le passé.

ART. — Je n'en suis pas si sûr.

DIANE. — J'ai eu le même problème avec Fred, qui a sept ans. Jamais il ne pleurait quand je le quittais — ce qui est arrivé très souvent. Quand j'étais en Espagne quelqu'un d'autre s'occupait de lui trois jours par semaine, juste parce que je n'avais pas envie de le faire moi-même. Je pouvais le quitter une semaine entière, et jamais il ne versait une seule larme. Et voici que depuis deux mois je ne peux aller nulle part sans lui, vraiment nulle part. Si je vais dans un magasin il veut m'accompagner. J'ai essayé d'organiser mon emploi du temps de manière à avoir deux jours de liberté...

ART. — Décrivez-nous de quelle façon vous déclenchez ses primals.

DIANE. — Il a eu son premier primal samedi dernier. J'ai essayé de tout faire avec lui, de ne pas le laisser seul, aussi j'ai emmené les deux enfants à une matinée, qui m'a rendue folle. Il y avait là des millions de gosses en train de se bombarder au pop-corn. (Rires dans le groupe.) J'ai vu *Les aristochats* trois fois de suite (nouveaux rires). Puis je suis rentrée à la maison. J'avais rendez-vous ce soir-là et je sentais que j'avais vraiment besoin de sortir. Je dis alors : « Écoute, Fred, je sors ce soir. » Et il se mit à hurler et à crier : « Tu ne peux pas sortir ! » et je répondis : « Je suis désolée, mais il le faut. » Je m'assis auprès de lui et il se mit à pleurer. Jamais il n'avait pleuré, jamais. Et il a pleuré et hurlé pendant deux bonnes heures. « Je t'en prie, ne t'en va pas. S'il te plaît, maman, ne t'en va pas ! » Maintenant, si je vais juste faire des courses, il se met à pleurer. Il ne retourne pas en arrière et ne dit jamais « Je suis un bébé ».

ART. — Mais il a fait son retour en arrière.

DIANE. — Maintenant il ressent son passé. Son corps est retourné en arrière.

VIVIAN JANOV. — Je ne sais toujours pas comment certains d'entre vous déclenchent les primals de leurs enfants.

SELMA. — Avec Sam (qui a trois ans) j'en étais arrivée au point où je ne pouvais plus aller seule nulle part, pas même aux cabinets. J'ai tout essayé, mais il ne voulait jamais parler, ou bien il se laissait distraire par autre chose. Je décidai de sortir de vieilles photos et de parler de ce qui s'était passé à New York, et je lui dis : « Tu sais, maman t'a quitté pendant longtemps » et il eut l'air très triste et réfléchit un long moment, puis il m'en parla à moi et aux voisins. Il dit : « C'est vrai, ma maman m'a quitté. » Il semble que cela ait servi à quelque chose. Il est encore très crampon, mais cela a l'air d'aller mieux. Il ne pouvait pas faire la connexion. Je l'ai faite à sa place.

MEMBRE DU GROUPE. — Mais vous ne l'avez pas obligé à s'étendre et...

SELMA. — On ne peut pas faire ça avec des enfants. Ils sont maîtres de leur corps. C'est dans le cas contraire qu'il faut s'étendre et se concentrer sur le sentiment. Le déclic se fait à ce moment-là. Mais il faut y être préparé.

JANE. — Notre fils de quatre ans est depuis deux semaines dans une mauvaise passe. Il a ressenti des tas de choses. Il est épouvantable. Méchant. Mais il est lui-même.

ART. — Que fait-il ?

JANE. — Il refuse d'aller à l'école et de quitter la maison. Il exige que je reste avec lui. S'il va jouer quelque part, il me téléphone dix minutes plus tard pour me dire qu'il veut rentrer à la maison et dès que je viens le chercher, il veut rester cinq ou dix minutes de plus, il veut simplement que je sois là. Et il ne veut plus aller en classe. Il veut tout faire avec nous.

MIKE. — Alors nous l'avons laissé passer le week-end en pyjama, puisqu'il le désirait. Il ne voulait absolument pas s'habiller.

ART. — Mais ce n'est pas un primal, vous savez.

JANE. — Nous ne savions pas quoi faire. Peut-être ne comprenez-vous pas.

MIKE. — Hier soir nous avons essayé d'analyser la situation et nous avons réussi à nous rappeler qu'il y a deux semaines, notre fils a marché dans un caca de chien et s'est retrouvé tout seul avec les autres gosses dans le jardin de l'école maternelle. Jane est venue le voir cinq minutes, puis elle est repartie. Il voulait l'accompagner. Elle a refusé. Nous nous sommes souvenus de cela. Nous avons senti que cet incident avait déclenché les événements de ces deux dernières semaines, mais nous ne savions pas comment le faire pénétrer dans le sentiment.

VIVIAN. — Mais, Michael, ce n'est pas la seule raison. Ce ne peut être à cause de cet incident qui a duré cinq minutes que votre fils ne vous quitte plus d'une semelle.

JANE. — Mais où s'arrête le déjouement ? Ma petite fille de six ans ne va plus à l'école. C'est la troisième semaine qu'elle reste à la maison.

ART. — C'est bien, mais vous devez découvrir le sentiment.

JANE. — Eh bien, l'instituteur crie après tout le monde...

ART. — Prenons donc l'exemple de Michael. Que faites-vous ?

MIKE. — Quand quelque chose le rend vraiment triste, tout peut arriver.

JANE. — Il faut attaquer le problème dès qu'ils se mettent à pleurer, comme vous le conseillez. Je suis incapable de discuter avec un petit de quatre ans. Un enfant de neuf ans devient triste rétrospectivement. Il faut donc les prendre sur le vif, quand le départ de maman les perturbe, par exemple.

LINDA. — Si Bryan s'écrie en larmes : « Maman m'a fait ceci et cela », je lui réponds : « Dis-le-lui donc. » Il peut le lui dire immédiatement.

VIVIAN. — Vous voyez, c'est ce qui arrive à nos enfants une fois qu'ils connaissent le chemin. Ils peuvent être des enfants libres. Les miens peuvent me remettre à ma place vingt-quatre heures sur vingt-quatre. Bryan est libre d'avoir un accès de colère qui ne s'ajoutera pas à la réserve de souffrance. Jusqu'au moment où les enfants se sentent assez libres pour hurler sur-le-champ, le sentiment risque d'être une souffrance engrangée.

LINDA. — Je pense au Bryan d'autrefois. Il est impossible de le faire revenir en arrière. Mais dès qu'il se passe quelque chose, il se met à pleurer et à hurler ; c'est à ce moment-là qu'il faut le prendre, et lui permettre de tout cracher d'un coup.

ART. — Supposons que vous soyez en train de partir et qu'il se mette à pleurer. Que feriez-vous dans ce cas ?

C'est très simple. Il faut lui décrire son sentiment et lui dire : « Tu ne veux pas que maman s'en aille. » Vous lui apprenez : « Dis-le à maman. » Ainsi vous amorcez le sentiment. Un parent s'en va, mais l'autre reste. Si l'enfant crie : « Maman, ne t'en va pas ! » le père reste auprès de lui et lui fait avoir un primal.

MEMBRE DU GROUPE. — Et s'il n'y a qu'un parent ?

ART. — Observez donc ce qui se passe en thérapie. Il m'arrive de devenir furieux contre un patient et de m'éloigner de lui. Pourquoi ? Pour stimuler le sentiment. Dès que la personne est aux prises avec le sentiment, je reviens pour déclencher le primal. Ce n'est donc pas difficile à faire.

JANE. — Ainsi, l'enfant a un primal parce que je sors. Il est sept heures et demie et j'ai rendez-vous pour dîner. Je sors donc... Et le fait qu'il ait ressenti toute cette merde...

ART. — Est d'un grand secours.

BEN. — L'autre jour, nous étions tous ensemble et Linda était sur le point de partir. Il ne voulait pas qu'elle parte, il ne faisait que pleurer, etc. Il est resté avec moi, Linda est allée à sa voiture, et il a continué de pleurer à la fenêtre tandis qu'elle s'éloignait. « Je ne veux pas qu'elle s'en aille. » Je lui ai répondu « Dis-le-lui », et il est devenu comme fou. Ensuite, nous avons joué aux cubes et ce fut une journée merveilleuse.

JANE. — Mais pourtant, chaque fois que nous quittons nos enfants, n'est-ce pas encore une manière de les faire souffrir et de les baiser ?

VIVIAN. — Non, parce que ce refus de vous voir partir est un sentiment très très profond, qui peut être causé par mille incidents douloureux du passé, et n'est absolument pas réaliste. Il est peut-être relié à un moment précis de la petite enfance, où l'enfant a eu faim, et a dû se battre pour survivre. C'est là la cause profonde la plus commune, même si vous trouvez que c'est tiré par les cheveux. Je sais maintenant que Rick avait peur de me voir partir à cause d'une ancienne frayeur déclenchée par la faim ou d'une séance à l'hôpital, où j'étais absente. Une scène primale.

BEN. — Je sais très bien d'où vient la peur de mon fils. Quand ma mère m'a eu, elle disait tout le temps : « Laissez-le pleurer, ce n'est rien. » Eh bien, j'ai fait exactement comme elle, et à midi, ou quand Bryan était fatigué, je le mettais dans son parc, ou bien Linda le faisait, et nous sortions en le laissant s'endormir quand il était fatigué de pleurer. Et j'ai eu des primals où je lisais dans ses yeux ce qui lui arrivait à ce moment-là.

VIVIAN. — Vous savez que c'est en réalité la peur de la mort. Ce n'est pas la solitude, ni l'attente. L'enfant se dit : « Je vais mourir. » Tout petit, il ressent la faim et le besoin, et il se débat entre la vie et la mort. Et chaque fois que cette lutte ne trouve pas son apaisement, ces sentiments épouvantables s'accumulent un peu plus.

ART. — Mais apprenez-leur donc à s'étendre, à crier et à hurler ! Dites-leur quel est ce sentiment et encouragez-les à le faire éclater.

DIANE. — Fred pleure presque toutes les fois que je pars à ma séance de thérapie. Il veut que je cesse ma thérapie.

VIVIAN. — Mais il ne sait même pas ce que c'est.

DIANE. — Non. Il ne fait que hurler : « Cette thérapie !... »

SUSAN. — Mes gosses veulent venir avec moi.

ART. — C'est le même sentiment. Ils déjouent le départ de leur maman et il faut donc les amener à le ressentir. Pensez toujours au sentiment sous-jacent.

MIKE. — Tout cela semble marcher si on s'occupe d'un seul enfant à la fois. Cela se complique quand l'action de l'un se répercute sur l'autre ; quelquefois le désir et le besoin de l'un est une atteinte directe aux droits de l'autre. Par exemple ils essaient de s'entre-tuer, ou bien ils veulent avoir sur-le-champ un jouet qui ne leur appartient pas.

ART. — Décrivez-nous la scène.

MIKE. — Il y en a tant que je ne peux plus les distinguer. La fillette de cinq ans possède un jouet que lui a offert sa grand-mère, et son petit camarade — qui a quatre ans, mais est plus grand qu'elle — déclare « Je le veux ». Pendant qu'elle ne regarde pas, il lui donne un coup et attrape le jouet. Elle se met donc à crier. Et lui commence à hurler parce qu'elle lui tire les cheveux pour récupérer son jouet. C'est maintenant à notre tour de nous mettre à crier, car nous ne voulons pas être parents. Je sais ce que je faisais auparavant quand je me trouvais dans cette situation.

VIVIAN. — C'est-à-dire ?

MIKE. — Je faisais mon petit Hitler. Je disais : « Rends son jouet à Hugh, fais ceci ou cela ou je te file une raclée. » Je battais beaucoup mes gosses. Je devenais fou de rage. Je voulais avoir la paix à tout prix. Je prenais une décision arbitraire et personne — moi y compris — ne connaissait mes sentiments profonds.

ART. — Vous saviez quoi faire, non ?

MIKE. — Oui. Mais c'est difficile de dire à un gosse : « En fait, tu ne veux pas vraiment ce jouet. C'est moi que tu veux. »

JANE. — Et que faire quand l'enfant pleure à cause d'un objet ? Par exemple, il veut un bateau à voiles. Si je trouve un jouet en solde, et que je le rapporte à l'un de mes enfants, les deux autres sont furieux de ne rien avoir. Comment les empêcher de pleurer à cause d'un paquet de cartes ?

ART. — Comment réagissez-vous en tant qu'adulte ? Quel primal feriez-vous ?

JANE. — Je ressentirais simplement la souffrance.

ART. — Laquelle ?

JANE — Celle de ne pas avoir.

ART. — Vous devez commencer avec le bateau, et dire : « Il y a davantage, essaie de tout ressentir. » Habituez-les à cette routine. Il faudra peut-être attendre trois mois.

BETTY. — Art, je ressens cela autrement. J'ai essayé avec Joey et j'ai eu le sentiment que je devais être plus réelle avant de pouvoir lui faire avoir des primals. Il a quinze ans, ce n'est donc pas du tout le même cas qu'avec les petits.

VIVIAN. — Parfois c'est plus facile quand les enfants sont grands.

BETTY. — Lors de son second primal, il est revenu à l'âge de trois mois.

ART. — Comment ?

BETTY. — Il est sorti de la chambre à coucher. Je peux toujours dire d'après les yeux de Joey s'il souffre. Je lui ai dit : « Est-ce que les enfants te dérangent ? » et il m'a répondu : « Non ; je me regardais dans la glace en écoutant de la musique. » Son regard s'assombrit tout de suite. « Étends-toi et ressens tout ce que tu peux », répliquai-je. Il se mit à parler, à parler, mais très vite il se tut. Il était torse nu et je voyais son estomac frémir. Au bout d'un moment, il s'assit et je lui dis : « Qu'as-tu vu ? » Il se recoucha et affirma qu'il ne pouvait pas en parler. Presque automatiquement, il sut ce dont il s'agissait : « J'étais dans ce berceau, reprit-il, et trois personnes étaient penchées sur moi. L'une d'elles était mon frère. Je ne sais pas qui était l'autre, mais il avait des yeux terrifiants et une barbe et il me dit qu'il allait me tuer. » Il me demanda si son père avait porté la barbe — et c'était la vérité — et je lui répondis : « Joey, je ne sais vraiment pas quoi te dire. »

ART. — Comment l'avez-vous aidé à plonger plus profondément dans ce primal ?

BETTY. — Je ne l'ai pas fait. Il ne voulait plus retourner en arrière.

ART. — La prochaine fois il devra le faire et vous serez obligée de savoir comment procéder.

BETTY. — La première chose est de ne pas avoir peur. Art, je ne suis pas encore prête.

VIVIAN. — C'est vrai que c'est une chose effrayante qui fera remonter vos propres sentiments à la surface, surtout la première fois. Car votre gosse pleure à cause de quelque chose que vous avez fait.

BETTY. — Je me pose des questions à propos de mon fils de dix-neuf ans. Je lui ai fait commencer un primal et après, je n'ai pas su comment m'y prendre.

ART. — Racontez-le-nous. Nous sommes là pour ça ; pour en parler.

BETTY. — Il était en train de parler d'un cours d'art qu'il voudrait suivre. Puis il a détourné la conversation pour dire après : « Je ne sais pas si j'en suis capable, maman. » Il avait l'air de ne pas se sentir en sécurité.

ART. — Et qu'avez-vous fait ? C'est si simple.

BETTY. — Je lui ai dit : « Mike, tu ressens quelque chose. Étends-toi donc et laisse-toi envahir par ce sentiment. Je le lis dans tes yeux. » Il s'étendit et je lui demandai : « Que sens-tu ? » C'était le jour où j'avais eu mon primal de naissance, j'avais la tête qui me battait et je louchais presque. Il dit : « J'ai l'impression d'être tout petit. Je vois papa et nous sommes en train de jouer au football. » Son père était entraîneur de football et Mike est très fort pour sa taille. « Papa n'arrête pas de me rentrer dedans et de me pousser et il me répète que je suis une mauviette. » (Mike est aussi diabétique.) Je ne savais pas quoi dire. Si je recommençais la même expérience, j'essaierais de lui répondre : « Que veux-tu donc dire à ton papa ? »

ART. — Parfait. C'est exactement cela. Rappelez-vous une chose : le désir est la souffrance. Vous dites toujours : « Que *veux*-tu dire ? » pour éveiller l'ancien sentiment. Et ensuite vous demandez à vos enfants de le dire.

BETTY. — Il a continué en disant que quand il était au lycée, son père lui avait ordonné de ne plus l'appeler papa parce qu'il n'avait pas l'air d'être le fils d'un entraîneur de football.

ART. — Alors obligez-le à appeler papa.

VIVIAN. — Art veut dire que votre fils devrait crier par exemple : « Je t'en prie, laisse-moi t'appeler papa ! Tu es mon papa ! »

JANE. — Mais que faut-il donc faire ? Ma fille de douze ans a des primals où elle essaie de faire plaisir à maman sans vraiment découvrir ses sentiments.

VIVIAN. — Restez avec elle. Dites-lui : « Je sais que tu essaies de faire comme moi parce que tu sais que je vais beaucoup m'occuper de toi. »

ART. — C'est ça le sentiment. Dites : « Tu fais cela parce que tu veux que je t'aime. Soyons franches. Demande-le-moi. Ferme les yeux ! »

MEMBRE DU GROUPE. — Mais alors le primal sert à déjouer.

VIVIAN. — Je vais vous dire ce que je fais avec mon fils. Cela se passe toujours dans le noir. Je m'assieds derrière lui de manière à ce qu'il ne me voie pas. Je n'ai pas non plus besoin de le voir, il sait simplement que je suis là. Une fois nous sommes allés voir un film qui, je le savais, était important pour lui. Après quelque temps il n'est pas difficile de savoir ce qui fait mal. Il y a dans ce film une scène de mort. L'homme dit au petit garçon que sa mère est morte. Nous rentrons donc à la maison et mon fils déclare : « Ce film était de la foutaise. Il n'avait vraiment aucun intérêt. Pourquoi m'y avez-vous emmené ? » Je lui répondis : « Tu n'as vraiment rien senti du tout pendant le film ? » « Eh bien, répliqua-t-il, j'ai senti un tout petit quelque chose à un moment donné ». « Je parie que je sais quand », m'écriai-je. Il se mit à rire. Tout cela se passait dans sa chambre, toutes lumières éteintes. Nous avons reparlé de cette scène et je lui ai fait dire ce qu'elle lui rappelait : *notre* mort. C'était un sentiment qui remontait extrêmement loin et brusquement (je ne pouvais pas y croire ; après avoir vu des millions de primals, je trouve encore étrange d'assister au primal de mon propre enfant) il redevint un petit bébé. Même dans le noir, je le voyais ainsi, les jambes en l'air ; et il se mit à gémir comme un nourrisson. Je ne dis pas un mot, et quand il sortit du primal, il me dit qu'il avait senti dans son berceau qu'il mourrait si je ne venais pas. Son sentiment réel de notre mort était la disparition de son lien avec la vie — avec ses parents nourriciers. C'est aussi simple et explicite que cela. C'est vraiment fou de penser que les gens ne nourrissent pas leurs enfants quand ils crient.

ART. — La pire erreur que vous puissiez commettre est de trop parler à vos enfants. Quand ils sont plongés dans un sentiment, taisez-vous, et ne parlez pas avant qu'ils ne vous adressent la parole. Ne dites pas un mot.

VIVIAN. — Il n'arrivait pas à y croire. Il me dit : « J'étais un bébé ; je voyais les barreaux de mon berceau. »

MIKE. — Que répondre à un enfant qui vous demande — nos enfants l'ont fait — « Papa, quel âge as-tu, et maman, quel âge a-t-elle, et lequel des deux mourra le premier ? » Je pense énormément à la mort. Je ne sais pas comment faire...

VIVIAN. — Votre fille doit aller au fond de ce sentiment.

ART. — Il faut qu'elle aille s'étendre dans le noir, loin de vous, le visage tourné de l'autre côté.

MIKE. — D'habitude je leur réponds : « Cela n'arrivera pas avant très longtemps. »

VIVIAN. — Je répète cela à Ricky depuis douze ans : « Ne t'inquiète pas, nous sommes en bonne santé, etc. » Mais c'est comme si je ne disais rien du tout. Cela ne signifie rien. Ce qui compte, c'est son *sentiment* profond. S'ils sont assez âgés, et si vous vous sentez assez sûrs pour le faire, provoquez la scène. Dites : « Imagine ce que tu ressentiras quand je ne serai plus là. »

Il m'a répondu : « C'est comme si papa et toi vous étiez mes bras et mes jambes. » Et encore : « Comment crois-tu que je vais me sentir après votre mort ? » Et il s'est mis à sangloter pour de bon. (Vivian pleure.)

DIANE. — A propos de larmes, j'ai l'impression que mon jeune fils va dans la direction opposée. Chaque fois que je m'assieds, il se glisse entre mes jambes et il dit qu'il veut rentrer dans mon ventre. Il a vraiment l'air de désirer cela. Il fait ça cinq fois par jour.

ART. — Comment réagissez-vous donc ? C'est un primal tout à fait spécifique.

DIANE. — Je ne sais pas quoi faire.

VIVIAN. — Qu'est-ce que cela signifie ? C'est cela que vous devez toujours vous demander.

MEMBRE DU GROUPE. — Pourquoi veulent-ils retourner dans le ventre de leur mère ?

VIVIAN. — Il ne se sent pas en sécurité, et il essaie de vous dire que la vie là, dehors, est moche. Il ne veut pas vraiment rentrer dans votre ventre.

ART. — Mais en un sens, il peut en avoir envie. Laissez-le y appuyer sa tête très fort. Bandez-lui les yeux. Vous devriez tous avoir des masques. Laissez-le alors remonter en vous, et dites-lui : « Ressens-le. Reste là, mais ressens-le bien. » Vous assisterez sans doute à des primals de naissance très intéressants.

DIANE. — Pour Michael mon travail a été provoqué artificiellement. Il ne voulait pas naître.

FRANCES. — Quand Patrick est né, le cordon ombilical était enroulé trois fois autour de son cou. Il ne supporte pas d'avoir quelque chose autour du cou.

ART. — Enroulez donc quelque chose autour de son cou, et obligez-le à le sentir.

FRANCES. — J'aimerais savoir si j'aide vraiment ma petite fille de quatre ans et demi. J'ai lu *Le cri primal* en juin, et depuis ce moment-là, je l'encourage à se laisser aller chaque fois qu'elle crie. Cela s'arrête là. Hier je revenais de chez le médecin, et elle voulait dîner à la crêperie. Je lui ai dit : « Non, pas ce soir, maman n'a pas assez d'argent. » Elle a fait tout un cirque sur le siège arrière, elle a pleuré et crié, et je lui ai seulement dit : « C'est très bien, laisse-toi aller », et elle a donné des coups de pied dans le siège avant ; j'ai répété : « Bien, laisse sortir tout cela. » Mais je n'ai rien fait de plus. Je n'ai pas encore dit : « Demande-le à maman. » Je me suis contentée de lui conseiller : « Ressens-le ; seulement cela. Ressens-le. »

VIVIAN. — Que se passe-t-il ensuite ?

FRANCES. — Elle ressent avec tout son corps. Son visage se tord, elle devient toute raide, tout son corps participe, et une fois que c'est terminé on a l'impression qu'il ne s'est rien passé : elle se sent bien.

Ce que les gens normaux appellent des crises de rage, ce sont des primals, n'est-ce pas ?

Membre du groupe. — Ce sont les primals des petits.

Mike. — Mon fils m'a dit : « Reste avec moi dans la salle de bains parce que j'ai peur. » Je suis donc resté auprès de lui, sans dire « pourquoi ? » Si je ne suis pas en mesure de l'aider à sentir, je peux du moins être près de lui.

Selma. — Que faites-vous quand un enfant vous attaque ? Sam est très fort : il me frappe, mais je ne peux pas lui rendre ses coups et il me fait vraiment mal.

Vivian. — Que voulez-vous dire ?

Art. — Protégez-vous avec un oreiller.

Selma. — Il ne veut pas d'oreiller. C'est maman qu'il veut.

Diane. — L'autre jour Fred m'a frappée, et je lui ai rendu son coup. Ce n'était probablement pas la chose à faire. Je lui ai dit : « Si tu me bats, je te battrai à mon tour. »

Frances. — Cela me trouble. J'ai appris à ma fille à ne pas me frapper quand elle est en colère contre moi, mais à dire : « Tu es vilaine, maman. » Et elle le dit.

Membre du groupe. — Les coups sont le déjouement de la colère.

Art. — C'est exact. C'est un point très important. Le comprenez-vous ? La colère ne permet pas de ressentir le vrai problème. Laissez-les s'exprimer, mais ramenez-les à leur ancien sentiment. Savez-vous pourquoi vous avez tant de mal à trouver ce qu'il faut dire aux enfants ? Parce que vous avez tellement l'habitude de mentir. Vous ne dites jamais la vérité. Dites-la donc ! C'est si simple !

Diane. — Quand Fred me pose la question, je lui dis simplement que je suis plus heureuse de vivre seule. Je n'aime pas beaucoup le père de Fred, et il est très capable de le comprendre. Mais auparavant, j'ai toujours essayé d'inventer quelque chose.

Vivian. — Il existe au moins une vingtaine de livres sur les parents divorcés, qui indiquent ce qu'il faut dire, et à quel moment.

Diane. — Oui, je les ai tous lus. (Rires.)

Art. — Vous devez absolument savoir qu'aujourd'hui les gosses ont peur des choses les plus simples. Ils ont peur de dire « Je suis gêné » ou ils ont du mal à déclarer « J'ai besoin de toi ».

Diane. — Fred a eu une veste en cuir pour Noël ;

c'était l'une des choses qu'il désirait. Son père est allé la lui acheter. Il a dû la payer cinquante dollars environ. C'était une veste très à la mode, avec une frange et des tas de trucs. Mais jamais il n'a voulu la porter. Il disait « Elle me plaît drôlement », et je lui répondais « Nous sortons, mets-la donc. » « Pourquoi faut-il toujours que je porte une veste ? » répondait-il. Il la mettait tout au plus dans la voiture, mais il l'enlevait pour entrer dans les magasins. Finalement, il y a deux jours, il m'a dit : « Cette veste me met très mal à l'aise. Cela me gêne énormément de la porter. »

ART. — Ce n'est pas cela le sentiment.

MEMBRE DU GROUPE. — Quel est le sentiment ?

DIANE. — Fred ne désire attirer l'attention à aucun prix, et cette veste avec toutes ses fanfreluches... Jamais il ne réclame quoi que ce soit, jamais il ne se fait remarquer. Je crois que c'est le sentiment de beaucoup d'enfants — car leurs parents ne leur accordent pas l'attention dont ils ont besoin. Ils croient alors qu'ils ne méritent pas qu'on s'intéresse à eux car ils « ne valent rien ». Donc, quand ils attirent l'attention, ils ne veulent pas que tout le monde s'aperçoive qu'ils sont des merdeux.

MEMBRE DU GROUPE. — Ouais, bien sûr. (Rires.)

AUTRE MEMBRE DU GROUPE. — De nos jours il est impossible d'élever plus de deux enfants.

VIVIAN. — J'y pensais à l'instant. Nous ne disposons pas d'assez de temps.

MEMBRE DU GROUPE. — Ce n'est pas naturel d'avoir beaucoup d'enfants.

AUTRE MEMBRE DU GROUPE. — Nous ne vivons plus dans un monde agraire. Les gosses ont presque tout le temps besoin de notre présence.

MEMBRE DU GROUPE. — Sinon ce n'est pas la peine d'en avoir.

MEMBRE DU GROUPE. — Imaginez que vous vivez dans une petite cabane et que vous êtes tout le temps là, autour d'une grande marmite, au milieu des enfants.

ART. — La vérité, dans cette affaire, c'est que le capitalisme est un système irréel qui oblige les parents à travailler tout le temps. L'enfant naît dans ce système où tout le monde s'en va constamment. C'est de la folie !

MEMBRE DU GROUPE. — C'est pour gagner de l'argent que nous partons.

LINDA. — Il y a aussi l'école. Vous savez bien à quel point elle affecte les enfants. Ils sont forcés de devenir dingues. Il n'y a pas de véritable solution. On ne peut réellement pas laisser ses enfants libres dans cette société.

MEMBRE DU GROUPE. — Qu'allons-nous faire ? Nous installer dans une île avec tous les gens primals ?

ART. — Faites de votre mieux, mais cela ne sera jamais l'idéal.

JOY. — Je pense qu'il y a aussi autre chose. Quand les enfants ne reçoivent aucune approbation à la maison, ils ont tendance à aller la chercher à l'école ou ailleurs. Ma fille de douze ans a des problèmes à l'école ; pourtant elle a toujours été une excellente élève. Et je constate à quel point le système scolaire est insensé. Ce qu'on exige des enfants est absolument déraisonnable et il est absurde de leur donner des notes selon un barème arbitraire. Ma fille est consciente de mon attitude actuelle. Tout ce qu'elle fait est bien à mes yeux. Elle ne fait plus ces efforts fous pour obtenir l'approbation de ses maîtres.

MEMBRE DU GROUPE. — C'est à ce moment-là que son professeur vous téléphone...

JOY. — Oh, certainement ! Ils voulaient la mettre au pilori, mais j'ai refusé de les aider. Pour la première fois — car je n'ai plus peur d'être blâmée.

LINDA. — J'ai remarqué avec Bryan que si je le laisse hurler à cause de ce qui l'a mis en colère au départ, et si je n'essaie pas de lui faire ressentir le sentiment réel, il passe le reste de la journée à déjouer. A propos de tout. Par exemple, ma mère arrive et il déclare « moi, je t'aime pas », et il lui claque la porte au nez (rires) ; quand elle entre finalement, il lui dit : « Ne mets pas ton manteau dans ce placard. »

ART. — Qu'avez-vous dit ?

LINDA. — Simplement : « Comment, Bryan ? » Il a répété : « Je ne veux pas que grand-mère mette son manteau dans ce placard. » Je l'ai écouté et il s'est mis à pleurer. Ma mère a continué de faire ce qu'elle avait commencé et elle a accroché son manteau, en ne tenant aucun compte de lui. Il a commencé alors à hurler à tue-tête, puis à pleurer. « Je ne veux pas que grand-mère mette son manteau dans ce placard. » Il l'a redit au moins une centaine de fois.

ART. — Qu'avez-vous fait ?

LINDA. — Je l'ai écouté, et quand il s'est calmé — il commençait à être un peu fatigué — je lui ai dit : « Qu'est-ce que tu veux vraiment ? Dis-le-moi. » Il ne m'a pas répondu et a continué de pleurer. Savez-vous ce qu'il a dit ensuite ? « Je veux mon papa. » Je n'avais pas du tout compris que c'était cela le problème. Il n'avait pas du tout réclamé son papa. Mais c'était dans ce placard que son père mettait son manteau. Dans son esprit ma mère allait prendre la place de son papa. Il n'arrêtait plus de pleurer : « Je veux mon papa... Je veux que papa rentre à la maison. » Jamais je ne l'aurais deviné.

JANE. — Bien, puisque vous mettez le sujet des grands-parents sur le tapis, j'ai entendu certaines choses que mes gosses m'ont dites — le mal qu'ils peuvent faire, mon vieux, c'est quelque chose !

(Approbation générale et bruits variés.)

Ma mère a vraiment dit à ma fille des choses qu'il ne fallait pas. « Pourquoi ne me l'as-tu pas dit ? » lui ai-je demandé. « Comment puis-je raconter une chose pareille à ma mère ? m'a-t-elle répondu. Tu ne sais même pas ce qui se passe. » Cette subtilité est démoniaque.

MARY. — Le mois dernier ma fille de quatorze ans a eu ses règles en retard. Elle se trouvait alors chez ma mère. Elle a eu un soupir de soulagement : « Enfin... » Ma mère l'a regardée avec son air puritain et elle a remarqué : « Je n'ai jamais entendu une jeune fille s'exclamer de joie parce qu'elle avait ses règles, à moins de craindre une grossesse ! » C'est pour cela que je n'ai jamais eu bonne conscience quand j'éprouvais du plaisir à faire l'amour. Je ne réussissais même pas à me masturber. Et maintenant voilà qu'elle fait la même chose à mes propres enfants.

MEMBRES DU GROUPE. — Et on ne se rappelle même pas qu'ils nous l'ont fait.

AUTRE MEMBRE DU GROUPE. — Mais quand ils s'en prennent à nos enfants, tout nous revient...

MEMBRE DU GROUPE. — C'est vrai.

FRANCES. — J'ai un petit garçon de dix-huit mois. Hier soir il s'est réveillé au milieu de la nuit en pleurant et je suis tout de suite allée auprès de lui. Il ne pleurait pas depuis longtemps, mais il avait dû être terrifié par quelque chose. Je ne sais pas si c'était parce qu'il s'était senti seul ou pour autre chose. Tout de suite je l'ai serré dans mes bras et il s'est agrippé à moi. Puis au bout de trente secondes il s'est endormi. Mais j'ai senti cette peur, ce besoin, et c'était... J'étais si heureuse de pouvoir me trouver avec lui. C'était vraiment incroyable.

VIVIAN. — Eh oui, c'est un travail à plein temps. Il est très difficile de le mener à bien.

ART. — Si vous avez l'intention de déclencher un

primal chez vos enfants, faites-le au cours des six ou huit heures qui suivent un événement désagréable. Car il est prouvé scientifiquement qu'au bout de huit heures, il se trouve bloqué dans le cerveau, et devient un souvenir durable et non plus passager. Je n'en suis pas tout à fait sûr, mais en agissant ainsi, peut-être pourrez-vous faire disparaître le souvenir. Et la souffrance.

Vivian. — C'est ce que fait Bryan. Il est constamment en train d'évacuer sa souffrance physique. Il a appris à le faire parce que ses parents le lui ont permis.

Art. — Donc, s'il se passe quelque chose de déplaisant, prenez-les sur le vif. Dites-leur : « Ce matin grand-mère a fait ceci et cela, n'est-ce pas ? »

Membre du groupe. — Beaucoup de parents feraient les choses qu'il faut faire s'ils étaient bien informés. Par exemple, je n'aurais jamais laissé pleurer mes enfants la nuit si j'avais su à quel point c'était mauvais pour eux. Je croyais ainsi les dresser à dormir toute la nuit.

Autre membre du groupe. — Mais c'est ce que tous les pédiatres nous ont conseillé à l'époque.

Membre du groupe. — C'est vrai. C'était une « erreur » de les prendre dans les bras la nuit.

Membre du groupe. — On trouve ça dans beaucoup de livres encore aujourd'hui.

Membre du groupe. — Je ne pense pas qu'il soit utile d'enseigner aux névrosés comment élever leurs enfants.

Membre du groupe. — Un médecin a écrit quelque part : « Vous pouvez même les laisser pleurer vingt minutes, si vous le supportez. » Et *nous* le supportons très bien ! Mais que ressent *l'enfant ?* Quand je pense que j'ai lu ce livre ! Combien de millions de femmes l'ont lu, elles aussi ?

Vivian. — Mais parfois les conseils nous sont de quelque secours. Je me rappelle : quand Ellen était bébé, elle pleurait toujours à une heure fixe, c'était au moment de notre dîner, quand Art rentrait du travail. Le médecin m'a dit — ou je l'ai lu quelque part — de la mettre sur la table pendant le dîner. C'est ce que j'ai fait. Et ce fut un très bon conseil.

Art. — Nous la mettions au milieu de la table et nous mangions.

Vivian. — Elle voulait être avec nous. Je ne le savais même pas.

Art. — Elle jouait avec le ketchup et avec la nourriture tandis que nous essayions de manger. (Rires.)

STARR. — Mon fils a deux ans et il a fait un primal sans parler. Cela s'est passé au supermarché. Il voulait un jouet et nous le lui avons donné. Puis il a commencé à faire des histoires. Le jouet ne lui convenait pas, il n'arrivait pas à l'ouvrir. Mon chariot était déjà à moitié plein quand il se mit à pleurer. Finalement, je lui pris le jouet et je lui dis : « Ce n'est pas ça que tu veux. » Il sanglota de plus belle, et voulut attraper tout ce qui lui tombait sous la main — les crackers, les biscuits, etc. J'arrêtai le chariot et je lui demandai : « Veux-tu descendre ? » « Non ! » Et il pleura et pleura, puis il cessa tout d'un coup, il désigna mon œil, qui se trouvait à son niveau, et il dit : « Aïe ! » Six mois plus tôt il avait mis son doigt dans mon oeil et je l'avais frappé. Je le pris dans mes bras, là, dans le supermarché, et je lui dis: « Oui, ça fait mal. » En vérité, ce n'était pas grave. Il n'y a pas eu de paroles, puisqu'il parle très peu.

ART. — Vous avez recréé exactement cette scène ?

STARR. — C'est lui qui l'a recréée.

ART. — Voici un bébé de deux ans qui fait un primal à propos de son enfance ! (Rires.)

STARR. — Jusque-là il n'avait pas cessé de griffer les yeux de tout le monde ou presque.

ART. — Je parie que vous n'avez pas réagi quand il vous a mis le doigt dans l'œil la première fois. C'était probablement votre période d'inertie... Non ?

STARR. — Oui. Je ne me rappelle pas avoir eu mal. Je me souviens seulement que je l'ai frappé.

ART. — Et il semble vous dire : « Rappelle-toi la fois où je t'ai fait mal et où tu m'as frappé. Ça me fait de la peine. » Ou bien parce qu'il a fait mal à maman ou bien parce que vous l'avez frappé. Mais vous voyez, en frappant un enfant, vous supprimez votre souffrance et la sienne, et ils ne peuvent donc rien regretter, car ils voient seulement votre colère. Si votre réaction n'est pas réelle, cela les rend irréels. Au lieu de sentir la souffrance, ils sont effrayés.

VIVIAN. — Selon vous, pourquoi l'a-t-il fait ? Parce que vous étiez si proche de lui ou parce que vous l'avez laissé pleurer plus longtemps ?

STARR. — Simplement parce que j'étais là, je suppose.

VIVIAN. — Et vraiment là.

STARR. — Et l'histoire n'est pas terminée. C'était tôt le matin et il n'y avait pas beaucoup de monde, mais les caissiers du magasin étaient tous plantés là, éberlués.

Je me trouvais aujourd'hui dans une laverie automatique, et il y avait une femme avec un petit enfant assis sur ses genoux, et elle était en train de la peigner alors que la petite n'en avait manifestement aucune envie. La mère dit : « Reste tranquille, ou je te tape dessus. » David était sur son petit vélo et je lui jetai un coup d'œil. Il réagit à mon regard et j'allai m'asseoir près de lui. On pouvait voir qu'il était très en colère contre cette femme. Je lui dis : « C'est une méchante maman, et je sais que tu souffres. » Il n'a pas encore les moyens de s'exprimer.

VIVIAN. — C'est un enfant qui est en retard pour parler ?

STARR. — Oui, c'est certain.

ART. — Vous pourriez lui dire : « Tu es furieux. » Employez le minimum de mots. Si vous vous écriez : « Oh, que cette maman est méchante ! », peut-être cela ne correspond-il pas exactement à son sentiment.

STARR. — Eh bien, il n'était pas dans le coup.

ART. — Mais si.

STARR. — Oh, je crois que je vois ce que vous voulez dire.

VIVIAN. — Ne craignez pas de vous tromper. Au pire, vous risquez de vous retrouver au même point. Et il vous dira lui-même : « Ce n'est pas ça. »

ART. — La vérité est toujours bonne à dire. « Je n'ai pas envie d'être avec toi aujourd'hui. Je suis fatiguée. Va-t'en. » Ils le supporteront, si cela ne se reproduit pas trop fréquemment.

JANE. — C'est ce que j'ai fait cette semaine car j'ai été tout le temps malade. Je lui ai dit : « Maman est malade ; je regrette, mais je ne peux pas te faire la lecture tout de suite. » Ça m'ennuyait de le dire, mais je ne pouvais pas dire autre chose. Et ensuite j'ai senti que peut-être je n'aurais pas dû le lui dire.

ART. — Dites-lui : « Je sais ce que tu ressens, tu n'es qu'un bébé et je suis ta maman, tu penses que je devrais m'occuper de toi et tu as raison. Je suis ta maman, mais aujourd'hui je ne me sens pas très bien, demain je m'occuperai de toi. » Ne dites que ce qui est réel. (Murmures d'approbation dans le groupe.) Ils sont dépendants, et ils doivent pouvoir compter sur vous.

SÉMINAIRE DE PARENTS PRIMALS

Rencontre suivante, le 1er mars 1971.

ART. — Depuis la dernière fois beaucoup d'entre vous ont eu des expériences dont nous allons parler, et nous discuterons également de certaines techniques plus compliquées concernant les primals des enfants.

VIVIAN. — Avez-vous eu de nouvelles expériences depuis notre dernière rencontre ?

WALTER. — Oui. Environ une semaine après notre réunion (c'était un samedi), Pam — ma femme — n'était pas bien du tout, et le soir Claudia (trois ans) et moi nous l'avons accompagnée à l'Institut pour une séance particulière. Claudia voulait venir par curiosité ; et elle se mit à pleurer pendant vingt bonnes minutes, sans prononcer un seul mot. Je demeurai auprès d'elle et je la laissai pleurer. Elle resta assise sur sa chaise et quand elle eut fini de pleurer, elle ne dit rien, elle me regarda simplement avec tristesse, et je lui demandai ce qui n'allait pas ; elle me répondit qu'elle était triste. Je lui demandai pourquoi et elle dit que c'était parce que maman était partie. Je voulus savoir si elle ressentait la même chose que les autres fois où sa mère était partie, mais elle ne dit rien, et se remit à pleurer pendant encore dix ou quinze minutes. Puis elle s'arrêta, et sans que j'intervienne le moins du monde , elle m'embrassa et me dit : « C'était exactement comme quand tu es parti camper avec maman l'été dernier. » Neuf mois plus tôt, nous étions partis sans elle camper deux semaines dans l'Oregon. Elle fit toute seule la connexion entre le départ actuel de maman et notre ancien voyage.

VIVIAN. — Pour elle c'est le même sentiment.

WALTER. — Exactement. Et elle a établi la connexion sans mon aide. C'était pas mal pour une gosse de cet âge.

ART. — Comment s'est-elle comportée ensuite ?

WALTER. — Elle a été de très bonne humeur. Je lui demandai si maintenant elle voulait aller retrouver maman, et elle dit « non ». Elle voulait seulement jouer. Elle fut de bonne humeur pendant trois jours.

VIVIAN. — C'est stupéfiant de constater que le retour en arrière peut s'imbriquer dans une expérience aussi courte.

WALTER. — Je trouve incroyable qu'elle ait dit que nous étions partis camper l'été dernier. Autant que je sache, elle n'avait aucun sens du temps, et jamais elle n'avait mentionné l'hiver, l'été, ou simplement la saison. Mais elle a bien dit « l'été dernier ». Rien que cela était stupéfiant. Elle est revenue en arrière toute seule.

ART. — Grâce au sentiment.

WALTER. — Oui.

VIVIAN. — A-t-elle dit ce qu'elle ressentait ?

WALTER. — Non. Je le lui ai demandé quand nous sommes rentrés à la maison : « Qu'as-tu ressenti ? » Elle m'a regardé, muette, puis elle m'a répondu : « Je ne veux pas en parler. » (Rires.)

ART. — A-t-elle pleuré quand sa mère l'a quittée à nouveau ?

WALTER. — Non. Avant, chaque fois que Pam s'en allait, elle pleurait, et maintenant cela ne lui arrive plus jamais. Mais je ne crois pas que ce soit terminé, car maintenant elle pleure quand je pars, moi. C'est peut-être différent. Mais avant, elle ne le faisait pas.

VIVIAN. — Savez-vous pourquoi ?

WALTER. — Non, pas encore.

VIVIAN. — Je n'ai pas l'impression que vous ayez été très attaché à elle jusqu'à présent...

WALTER. — Vous avez raison. Peut-être commence-t-elle à s'attacher à moi ; et dans ce cas, je lui manque quand je ne suis pas là. Oui. Au fond, c'est très simple. (Rires.)

VIVIAN. — Elle commence à vous aimer.

WALTER. — Oui, elle a aussi moins peur de moi. Avant, je lui faisais peur quand j'entrais dans sa chambre la nuit ; si elle pleurait et demandait de l'eau — ou autre chose — elle réclamait Pam, mais elle ne voulait pas que je vienne, moi. Et maintenant, cela lui est égal. La nuit, elle appelle l'un de nous, indifféremment, tantôt l'un, tantôt l'autre. Je suppose que cela dépend du premier mot qui lui vient à la bouche. Elle devient très simple et très directe.

ART. — Oui, elle a complètement changé.

WALTER. — Oh oui ! Si vous l'aviez vue à Noël, quand elle est revenue de chez la mère de Pam !... Elle avait l'air d'un zombi. Elle était presque en état de choc. Par exemple, elle restait assise dans la salle de séjour et elle ne voulait pas venir à table... Que c'était triste ! Nous avons alors enlevé la nourriture de la table et nous nous sommes installés par terre, à côté d'elle. Alors elle s'est mise à pleurer. Cela a duré à peu près deux jours. Et puis elle a commencé à émerger un petit peu, elle s'est mise à jouer, etc. Toutes ses larmes semblaient lui être restées sur l'estomac, je suppose que sa grand-mère ne l'avait jamais laissée se soulager. Maintenant elle a complètement changé.

VIVIAN. — Elle est si joyeuse, cela ne lui ressemble pas du tout.

WALTER. — Elle est vraiment turbulente maintenant ; elle fait même des farces : hier soir elle a renversé le paquet de pop-corn ; il y en avait partout. Jamais elle n'aurait fait une chose pareille il y a trois mois ! (Rires.) Il y a quelques jours, elle a trouvé autre chose : nous avons habité un certain temps un appartement situé au-dessus d'un garage, devant un grand arbre. Elle s'est mise à pleurer, je ne sais plus pourquoi, et Pam a essayé de l'aider à trouver le sentiment. Mais tout ce qu'elle pouvait dire, c'est qu'elle avait peur d'être emportée par l'arbre à cause du vent très violent qui soufflait. Cet arbre, disait-elle, allait la donner à manger à un monstre. Ce monstre avait trois yeux, la faisait pleurer et la rendait triste. Pendant une demi-heure nous avons essayé de découvrir à qui ce monstre pouvait bien ressembler. Mais elle voulait manger des biscuits, des crackers, téter son biberon, aller se coucher, tout sauf parler de ce monstre. Alors nous avons finalement renoncé car elle tremblait de frayeur ; je n'ai pas eu le cœur de continuer car elle refusait d'être secourue.

ART. — Et ce fut tout ?

VIVIAN. — Vous n'êtes pas allés jusqu'au bout ?

WALTER. — Non. Je n'en pouvais plus de la voir trembler.

ART. — Mais que faites-vous d'ordinaire quand l'enfant a vraiment peur ? Ou que devriez-vous faire ?

VIVIAN. — Et vous autres, que faites-vous ?

MIKE. — L'histoire de ma fille de neuf ans est vraiment extraordinaire. Mais nous avons un tas de bons résultats. Elle a commencé à avoir peur quand nous sortions. Elle nous le disait. Alors je l'ai fait s'étendre dans une chambre obscure — sur notre lit, en fait — et nous avons parlé de cette peur. Elle a reconnu qu'elle faisait à nouveau les mêmes rêves que quand elle était toute petite. Ainsi elle m'a donné l'occasion d'aborder le problème.Nous avons parlé de l'époque où elle était petite. « De quoi rêvais-tu donc ? » « De dinosaures », répondit-elle. Je me rappelai que quand elle était bébé, Kathy avait une peur bleue des dinosaures. Très souvent je l'avais moi-même terrorisée, j'étais vraiment dingue. Elle voulait toujours venir dans *notre* lit. Mais nous avions des principes et nous ne voulions absolument pas qu'elle partage notre lit, parce que c'était notre lit *à nous*. Comme nous ne pouvions pas l'enchaîner, ni l'enfermer à clé, nous installâmes une barrière : elle put alors nous regarder de son côté de la barrière, mais sans pouvoir nous atteindre. Après les dinosaures, elle parla d'autre chose : il faisait très sombre dans la chambre et elle me vit arriver très en colère à la porte de sa chambre ; elle se cacha sous les couvertures en serrant son oreiller contre elle pour se protéger de moi. Je me rappelle moi aussi cet incident. Elle s'accrochait à son oreiller et se cachait sous la couverture. Maintenant, elle pleurait simplement. C'était un vrai primal. Les sanglots montaient du fond de son ventre. Après, la colère la prit et elle se mit à frapper et à ressentir très fort. Et tout à coup, au milieu de ses larmes, elle me cria : « C'est toi le dinosaure ! » et je répondis simplement : « Oui. » Pourtant je ne me sentais pas calme du tout. C'était extraordinaire. Malheureusement, je ne parvins pas à me retenir. Nous tombâmes dans les bras l'un de l'autre et nous eûmes un primal ensemble. Nous avions rendez-vous pour dîner, et nous arrivâmes avec une heure et demie de retard. Mais ce fut fantastique. Quand elle en sortit, son visage — je n'ai jamais vu un visage comme le sien. Vous la connaissez probablement. Elle avait toujours un sourire très artificiel. Eh bien, ce petit sourire avait disparu. Ça lui était totalement égal que nous sortions. Elle ne nous dit même pas bonsoir. Cela s'est reproduit deux fois. Elle a eu deux primals très importants à propos de nos sorties. Le deuxième concernait la barrière. Et l'ouverture de la barrière. Quand elle était petite, elle croyait qu'il y avait un loup dans le placard. Elle gémissait : « Le loup est la barrière, et c'est toi le loup. »

VIVIAN. — Elle a eu deux primals ?

MIKE. — Je dirais qu'elle en a eu trois, et elle a pas mal pleuré, mais ce n'étaient pas tout à fait de vrais primals. Je ne peux pas raconter les petits primals, je suis vraiment perplexe, je ne sais pas quoi faire. Ce n'est pas possible qu'ils symbolisent tant de choses. Notre fils a quatre ans et quand il se met à ressentir, je le mets au lit et il est furieux contre sa maman. Je lui dis alors : « Frappe maman » (c'est-à-dire : « frappe l'oreiller »). Il s'assied alors et il me demande : « Où est-elle ? » (Rires.) C'est vraiment difficile. On ne peut pas lui faire abandonner cette idée de frapper, car je l'ai beaucoup battu quand il était petit. Il entre et se met simplement à pleurnicher, c'est dur de l'arrêter pour lui faire ressentir le sentiment ! Il a vraiment envie de donner des coups. Mais la colère n'est pas un sentiment et je n'arrive pas à le mener au-delà.

LINDA. — Quand je dis à mon fils de trois ans et demi : « Tu es furieux contre maman », il demande « Où est-elle ? » Si je lui déclare « Dis-le à papa », il s'arrête aussitôt de pleurer. Il regarde dans la pièce et dit : « Où est-il ? », ou « Je ne peux pas, il est parti », ou bien il se lance dans toute une histoire : « Il est à son travail, il n'est pas ici. » Je lui réponds : « Ça ne fait rien. Dis-le-lui quand même. » Il n'a pas l'air très convaincu. Si j'insiste, il le fait.

Depuis notre dernière réunion, je constate que je peux lui dire ce qu'il ressent. Je l'ai fait et cela marche beaucoup mieux. Il s'y met plus vite et ne déjoue pas aussi longtemps. Si je dis : « Veux-tu que papa rentre à la maison ? » ou « Es-tu triste parce que papa est parti ? » il répond « Oui ». Il continue alors de pleurer et il dit : « Je veux mon papa » (ou autre chose, selon le sentiment). Mais je trouve qu'il faut vraiment insister et s'acharner.

Je crois que c'était hier que Bryan est devenu comme fou. Il s'est mis à courir dans toute la maison, à me chasser, à me battre, en me hurlant en pleine figure. Il était livide de colère, puis rouge comme une tomate, et il tremblait comme une feuille. J'essayais de l'éviter parce qu'il peut vraiment faire mal quand il est dans cet état. Et il s'est attaqué aux meubles ; j'avais peur qu'il se fasse mal, mais il a jeté le téléphone par terre et renversé un vase ; j'ai essayé de le maîtriser, je l'ai étendu de force sur le sol, comme je veux que ses bras et ses jambes soient libres, je le retiens simplement un peu par le buste. Dès que je le lâchai, il sauta sur ses pieds et hurla : « Laisse-moi tranquille. Ne me touche pas ! » Il se rua dans la salle de bains et me cria : « Je vais te jeter de l'eau à la figure. » Je restai dans la salle de séjour, me disant que c'était encore un autre numéro qu'il me faisait là. Et en effet, il revint avec un flacon qu'il avait pris dans sa panoplie de médecin. Il était rempli d'eau et Bryan se précipita sur moi et m'en jeta le contenu à la figure. Je le poursuivis jusque dans sa chambre à coucher et il commença à ramper sous le lit, hurlant à tue-tête, tapant contre tout ce qui lui tombait sous la main ; je l'attrapai par les chevilles.

Il se mit à marteler le sol et à pleurer très fort. « Qu'y a-t-il, Bryan ? » lui demandai-je. Il se calma, et je ne dis rien d'autre. Il recommença à pleurer, et il dit : « Je veux que mon papa rentre à la maison... » Parce que Ben était parti skier le jeudi précédent. A l'aéroport, il s'était mis à pleurer, mais sans vraiment avoir un sentiment ; il avait simplement dit qu'il ne voulait pas que l'avion s'envole. Hier seulement il s'est mis à pleurer sérieusement. Une fois qu'il avait dit son sentiment, je l'ai laissé tout seul. Au bout de quinze ou vingt minutes, il est sorti de la chambre en souriant. Je l'ai regardé et je lui ai demandé « Ça va ? », et il m'a répondu « Oui ». Puis il a couru vers moi et il a sauté dans mes bras, puis il s'est assis un moment sur mes genoux. Ensuite il m'a laissée pour aller jouer, et il a eu l'air très content tout le reste de la journée.

MIKE. — Quand j'étais petit, les autres gosses m'appelaient « le professeur » parce que je portais des lunettes. Quand je le dis à ma mère, elle me répliqua : « Tu vaux mieux qu'eux ! Tu es intelligent. » Elle me coupa immédiatement du sentiment. Je voulais qu'elle me dise : « Mon Dieu, comme cela doit être pénible pour toi. » Et maintenant c'est ce que je dis à mes enfants : « Comme tu dois te sentir triste, ou furieux, ou... », ce qui correspond au sentiment. Je les aide à formuler leur sentiment et je leur dis que je les comprends. Parce que c'est vrai. Je ne leur raconte pas d'histoires.

BETTY. — J'ai un fils, Joey, qui a quinze ans ; j'ai appris à lire la souffrance dans son regard. Dès que ses larmes jaillissent, je le fais s'étendre. Il vaut mieux le faire sur place que de choisir un lieu fixe — comme le divan par exemple. Les quatre premières fois, je n'ai eu aucun mal à déclencher ses primals. Cela venait tout seul. Mais la semaine dernière, nous revenions d'un spectacle. Il me dit : « J'ai peur quand toi et Doug (son beau-père) vous sortez. » Et je lui dis : « Étends-toi et ressens-le. » Il n'y réussit pas. Alors j'essayai de l'aider.

ART. — Comment ?

BETTY. — Je lui ai donné un bandeau pour couvrir ses yeux.

ART. — Vous lui avez donné *l'ordre* de sentir. Ne le faites jamais car cela ne marche pas.

VIVIAN. — Attendez la phrase primale dont nous parlons pendant nos séances. Écoutez-le longtemps et attentivement. Tout d'un coup il prononcera une phrase contenant le sentiment. Arrêtez-le à ce moment-là. Il se mettra à pleurer. Ou bien, dès que vous voyez ses yeux changer d'expression — vous le connaissez si bien — (ou si vous remarquez un autre signe) dites-lui « chut », pour arrêter le flot de paroles. Dites : « Tu le ressens vraiment, n'est-ce pas ? »

KAROL. — Mes trois enfants adorent regarder les albums de photos où on les voit bébés. C'est leur occupation préférée. Ce sont ces photos qui ont déclenché le primal de ma plus jeune fille. Pendant que j'étais en thérapie primale elle se promenait avec un minuscule album de photos de la taille d'un portefeuille. Elle l'avait près de son lit et le regardait le soir avant de s'endormir, et, pendant la journée, elle allait le chercher de temps en temps. Elle se raccrochait à son contexte enfantin car elle croyait que si elle grandissait, je cesserais de l'aimer. Il fallait qu'elle reste un bébé. Je lui dis un jour : « Tu ne peux plus être un bébé, n'est-ce pas ? » et elle me répondit « Non », et eut son premier primal : elle se mit à brailler et redevint exactement un bébé. Mais cela ne lui arrive plus très souvent. Elle n'a pratiquement plus de primals. Elle est seulement perturbée quand son chat se perd, ou des trucs comme ça.

ART. — Est-elle réelle ?

KAROL. — Oui.

ART. — Eh bien, c'est pour cela.

VIVIAN. — J'ai l'impression que ce soir, quelques-unes des personnes qui ont parlé des primals de leurs enfants paraissaient un peu déçues des résultats. Est-ce exact ?

KAROL. — Oh non, pas du tout. C'est lent, c'est la seule chose qui soit un peu décevante, mais ce n'est pas grave. C'est comme ça. Et je suis très satisfaite des résultats.

VIVIAN. — Eh bien, peut-être avons-nous beaucoup à apprendre de nos enfants. Nous devons seulement attendre qu'ils soient prêts.

KAROL. — Je ne peux pas encourager mes enfants à faire des primals en leur disant de s'étendre. Ils ont besoin d'être déjà plongés dans le sentiment.

LINDA. — Bryan en parle après — deux ou trois heures plus tard. Et il dit : « Maman, j'ai pleuré. » Et je lui réponds « Oui, c'est vrai. » Et hier, il a ajouté : « J'aime pleurer. » « Pourquoi ? » lui ai-je demandé. « Parce que je me sens mieux après. » (Rires.)

VIVIAN. — Il aime pleurer parce qu'il en a la permission et parce qu'il en ressent réellement le besoin.

LINDA. — Oui. Et quand je lui ai encore demandé « Pourquoi ? » il m'a répondu : « Parce que ça me fait du bien. » Et c'est vrai. Il se sent mieux, il se comporte mieux et il a meilleure mine. Ben a rapporté à la maison cette grande photo qu'il a gardée longtemps sur un mur de son bureau : Bryan n'avait pas tout à fait deux ans, et ses cheveux blonds étaient longs. Il n'a pas beaucoup changé, mais son visage est moins enfantin. Il s'est mis très en colère en voyant la photo : « Moi pas comme ça », a-t-il dit. « Pourquoi ? » lui ai-je demandé. « Ce n'est pas moi. » « Mais si », lui ai-je affirmé. « Non », a-t-il déclaré. « Non, ce n'est pas moi », a-t-il répété. « Mais pourquoi ? » Il était incapable de l'expliquer. A un an et demi, il était entièrement différent de ce qu'il est maintenant.

MEMBRE DU GROUPE. — Nous élevons une nouvelle génération d'enfants primals.

ART. — Ce groupe sera le plus passionnant à suivre, à observer et à étudier.

BETTY. — Je voudrais parler de l'aspect théorique de la question car il semble être différent de ce que j'ai lu dans votre livre. J'avais l'impression que l'enfant est irréel dès qu'il se ferme, et d'après ce que j'entends ici, je crois comprendre que très jeune, il a la possibilité de renverser le processus. Vous avez par exemple affirmé que même un bon instituteur n'y suffira pas. Pensez-vous toujours que seul le parent puisse faire revenir l'enfant en arrière ?

ART. — C'est exact.

BETTY. — Uniquement le parent ?

ART. — Si vous encouragez vos enfants à diriger contre vous leur colère et à vous frapper, les bagarres à l'école disparaîtront en une journée. Si vous bloquez constamment ces sentiments, les gosses se battront tous les jours à l'école.

RICKY. — Tu as dit qu'une personne réelle devrait être capable de s'occuper d'enfants névrosés à l'école. Je ne suis pas d'accord. Ce n'est pas son rôle.

ART. — Pourquoi ?

RICKY. — Parce qu'on ne veut pas vivre de cette façon, avec des névrosés.

ART. — C'est vrai.

RICKY. — Ni avec des enfants névrosés.

ART. — Alors que penses-tu ?

RICKY. — Je recommande la création d'une école primale.

ART. — Pour ta génération, Ricky, peut-être.

MEMBRE DU GROUPE. — J'essaie de réfléchir et d'aller un peu plus loin. Je pense qu'il y a des problèmes réels et des problèmes primals. Et pour certains enfants, c'est un problème réel que de devoir supporter l'école. Ils sont blessés quotidiennement, par leurs professeurs, par tout ce qui les entoure.

RICKY. — Par les autres gosses aussi.

ART. — Ils souffrent d'être obligés de rester immobiles sur leur chaise pendant huit heures d'affilée. C'est fou ! Absolument dingue ! Comment un petit enfant peut-il rester tranquille dans une salle de classe une heure seulement ?

VIVIAN. — Mais même les primals sur l'école sont toujours liés au père et à la mère.

MEMBRE DU GROUPE. — De quelle manière ?

VIVIAN. — L'enfant a peur de raconter à ses parents que les autres gosses lui cherchent noise. Il existe des tas de formes de rejet.

MEMBRE DU GROUPE. — L'enfant craint de perdre la face vis-à-vis de ses parents en l'admettant.

VIVIAN. — Oui, c'est tout à fait ça.

ART. — Si l'enfant avoue que les autres gosses ne l'aiment pas, peut-être les parents ne l'aimeront-ils pas non plus. C'est un risque à éviter.

KAROL. — Ma fille a échappé aux punitions d'un certain professeur car je venais toujours à l'école pour l'engueuler quand elle ne la traitait pas bien. Et maintenant, quand ma fille veut faire quelque chose, elle n'hésite plus. Si elle en a envie, elle mâche du chewing-gum, mais sans se laisser surprendre par le professeur. Grâce à moi, elle sait comment s'en sortir.

RICKY. — Je repense à ce que j'aurais dû faire quand j'allais à l'école communale. Ils nous contrôlaient en tout. Je me demande pourquoi nous n'avons pas résisté, car au fond, ils n'auraient rien pu faire contre nous. Mais ils nous faisaient peur dès l'âge de quatre ou cinq ans, dès la maternelle. On nous terrifiait constamment.

SELMA. — Je me rappelle que des gosses disaient à Sam : « Je vais le dire à ta maman. » Il savait que ça n'avait pas d'importance, mais ça le préoccupait tout de même. Il venait me voir en pleurant : « Il m'a dit qu'il allait te dire ce que j'ai fait... » Il pleurait mais ce n'était pas parce qu'il avait peur de moi, mais parce que les autres jouaient là-dessus.

ART. — Si vous sentez que quelque chose ne va pas avec vos enfants, vous pouvez faire en sorte qu'ils disent leur vrai sentiment. C'est le fondement de la thérapie primale. Pendant leurs primals, vous devez être assis derrière eux, et non devant eux. Faites-les s'étendre dans une semi-obscurité. Puis parlez-leur du sentiment, et attendez le bon moment.

MEMBRE DU GROUPE. — Oui, c'est important d'être dans le noir. Je m'en suis moi-même aperçu.

RICKY. — Il faut qu'il fasse complètement noir.

ART. — Oui. Aussi noir que possible. Je reconnais humblement mon erreur. (Rires.)

LINDA. — J'ai essayé de m'asseoir derrière Bryan dans la pénombre, mais comme il entendait ma voix et me voyait presque, il avait tendance à se lever pour me chercher. Dans le noir, cela lui était égal. Mais autrement il était distrait.

RICKY. — On voit mieux ce dont on parle ; on distingue plus facilement le passé.

ART. — Vous savez, c'est un concept miraculeux : remonter dans le passé et faire savoir à votre enfant que c'est bien de ressentir. Admettons-le. Tous les parents ne suivent pas la thérapie. Certains pensent que c'est bien d'apprendre très tôt aux enfants à faire leur nuit. Ils agissent ainsi parce qu'on leur a appris qu'il le fallait. Mais ils abandonneront cette méthode s'ils comprennent à quel point elle est mauvaise. Ce sont de petites choses, mais c'est cela que j'entends par mesures préventives. Ce que nous pouvons faire, c'est changer les normes établies. Ainsi les enfants pourront vivre dans un système qui n'emprisonne pas les sentiments.

SÉMINAIRE DE PARENTS PRIMALS

Le 12 décembre 1972.

VIVIAN. — Quelques-uns d'entre vous ont mis des mots sur mon bureau, me demandant quand aurait lieu la prochaine réunion de parents. Nous en avons déjà organisé plusieurs, et je pense qu'il serait bon de parler de ce que vous attendez de cette rencontre, des découvertes que vous espérez, ou des contributions que vous désirez apporter.

DOTTIE. — Eh bien, je suis très troublée à cause de mes enfants. Je n'ai jamais su quoi faire avec eux, et depuis que je suis en thérapie, je suis préoccupée et je ne sais plus du tout quoi faire.

VIVIAN. — Voulez-vous exposer certains de vos problèmes ?

DOTTIE. — J'ai un gros problème avec mon fils de six ans. Il vole de l'argent. Il y a une semaine, il a volé une pièce de monnaie à l'école. Je ne sais pas si j'ai eu raison, mais je ne l'ai pas obligé à la rendre. Hier soir il a pris de l'argent chez le voisin, puis il s'est caché dans le placard car il avait peur de le dire à mon mari. Il a préféré l'avouer à ce jeune Canadien de dix-neuf ans qui vit avec nous. Je ne sais vraiment pas quoi faire.

VIVIAN. — Il a dit à ce garçon qu'il avait volé cette pièce de monnaie ?

DOTTIE. — Oui. J'étais à ma séance de thérapie de groupe et mon mari était à la maison. Il avait vraiment peur de le dire à son père, qui l'avait une fois obligé à rendre l'argent qu'il avait volé quand il avait quatre ans.

VIVIAN. — Lui avez-vous demandé pourquoi ?

DOTTIE. — Ce matin il m'a dit qu'il ne savait pas pourquoi il volait, il a pleuré et crié qu'il se détestait. Je lui ai demandé ce qu'il avait ressenti en prenant cet argent, et il m'a répondu que tout simplement il ne pouvait pas s'en empêcher. Il se dit : « Voyons, Tom, tu ne peux pas prendre cet argent ! », mais avant même qu'il ne s'en aperçoive, l'argent se trouve déjà dans sa poche. Aujourd'hui il n'a pas voulu aller à l'école.

VIVIAN. — D'autres parmi vous ont-ils aussi ce problème ?

NORMA. — Je l'ai avec ma seconde fille ; mais nous ne le savons que depuis que nous sommes en thérapie et nous ne lui avons pas encore parlé. Elle le sait et elle sait que nous le savons. En venant ici après avoir quitté l'Ohio, nous nous sommes arrêtés chez ma sœur à San Francisco. Nous sommes tous allés à Chinatown faire des achats pour les enfants. Il semble que ma fille ait pris beaucoup d'argent à son cousin, ce que j'ignorais. Cela ne faisait aucun doute car il manquait une pièce d'un dollar, et elle n'en avait jamais possédé une. Elle savait qu'elle était coincée. Je n'ai pas voulu en faire toute une histoire. Mais je ne sais vraiment pas quoi faire. Quand j'aborde le sujet, elle essaie immédiatement de détourner la conversation. Son regard devient fuyant. Elle fait tout pour ne pas en parler et je le sais. Voilà où j'en suis. Je ne sais pas comment arriver à ses sentiments.

VIVIAN. — Linda, je pense que vous avez eu ce genre d'expérience avec Bryan.

LINDA. — Bryan le fait tout le temps avec Ben et moi. Il prend le portefeuille de Ben, ou il va fouiller dans mon sac, puis il va ranger l'argent dans sa chambre.

DOTTIE. — Mais est-ce qu'il le dépense ?

LINDA. — En général, non. Il veut le garder et en amasser autant que possible. Si nous allons faire des courses, je lui dis : « Prends ton porte-monnaie et dépense ton argent. » « Non, je ne peux pas, répond-il. Je veux l'économiser. »

DOTTIE. — Lui reprenez-vous cet argent ?

LINDA. — Non.

VIVIAN. — Qu'est-ce que cela signifie pour lui, et pour vous ?

LINDA. — Je le lui demande et je n'obtiens aucune réponse. Il dit seulement qu'il veut de l'argent. Il a cinq ans, et je suis sûre que c'est une idée qui lui vient de l'école. Il dit souvent : « Je veux beaucoup d'argent pour être riche. » Si je lui réponds : « Qu'est-ce que ça veut dire pour toi, " être riche " ? », il s'écrie : « Avoir beaucoup d'argent pour faire ce que je veux. » C'est cela son sentiment. Je ne pense pas que l'argent soit important en soi. Ce qui compte pour lui, c'est qu'il puisse le prendre et le garder. Nous le laissons faire. Il ne sait pas la différence entre une coupure de dix dollars et un billet d'un dollar. Si le soir il me prend dix dollars, je les reprends à son insu et je les remplace par un dollar. Ben a essayé de lui reprendre l'argent en disant : « Ce n'est pas à toi, c'est à moi », mais Bryan se met dans tous ses états et a des accès de violence, il hurle et ne semble éprouver que le sentiment du moment. C'est-à-dire la rage de ne pas obtenir ce qu'il veut.

BERNARD. — Lui donnez-vous régulièrement de l'argent de poche ?

LINDA. — Non.

BRITT. — S'il vous en demande, le lui donnez-vous ?

LINDA. — Bien sûr, si nous allons faire des courses, je lui donne des pièces. Il ne fait pas la différence entre les grosses et les petites.

VIVIAN. — Il ne faut pas s'arrêter aux apparences, mais découvrir ce qu'elles cachent, comme en thérapie. C'est ce qu'il faut faire avec les enfants, pour comprendre leur motivation profonde. Pourquoi veulent-ils votre argent, ou l'argent des autres ?

PAT. — Quand j'étais petite, je volais tout le temps ; de la nourriture dans les magasins, des bonbons, etc. Je volais même sur le chemin du confessionnal. Je pense que personne ne le savait, sauf peut-être ma mère. Je volais de l'argent dans son sac. En fait, personne ne faisait attention à moi. Mon père n'était pas là et ma mère travaillait. Je n'avais personne.

VIVIAN. — Pourquoi le faisiez-vous ?

PAT. — Parce que cela me permettait d'offrir des bonbons à mes amis et d'avoir de l'argent pour moi, pour m'acheter des sucreries. J'étais petite et c'était agréable.

VIVIAN. — Je pense qu'il est dangereux de généraliser l'interprétation freudienne classique selon laquelle les gens qui volent de l'argent volent de l'amour, mais nous pouvons l'admettre en principe en ce qui concerne les enfants voleurs. Nous devons surtout en discuter plus sérieusement et arriver à comprendre ce que chaque enfant désire. En d'autres termes, votre enfant veut de l'amour dans le sens le plus large, mais que veut-il faire de l'argent ? Qu'espère-t-il obtenir en volant ? Que désire Bryan quand il prend l'argent de Ben et de Linda, et non l'argent d'autrui (ce qui est un peu différent) ? Comment découvrir le message que nos enfants cherchent à nous transmettre ? L'enfant est comme le patient qui adopte un comportement symbolique pour communiquer quelque chose à son thérapeute.

LINDA. — Vous voulez dire comment arriver à savoir ?

VIVIAN. — Oui. J'aimerais savoir si, d'après vous, il existe un moyen de traiter ce problème, comment vous vous y prendriez, ou quelles en sont les raisons. Je pense qu'au fond d'elle-même, chaque mère sait pourquoi ses enfants se comportent de telle ou telle façon. Dottie, pour quelle raison, d'après vous, votre fils vole-t-il ?

DOTTIE. — Je ne sais pas. Je lui donne de l'argent.

VIVIAN. — Dans ce cas, ces vols sont encore moins compréhensibles.

DOTTIE. — Je ne lui donne pas de l'argent tous les jours. Je ne sais pas si je devrais lui donner régulièrement une somme déterminée, pour qu'il dispose de son propre argent.

VIVIAN. — Que veut-il faire de cet argent ?

DOTTIE. — Je ne sais pas. Ce n'est pas pour le dépenser. Il le cache seulement.

LINDA. — Je ne crois pas que ce qu'il en fait soit vraiment important. Quel âge a-t-il ?

DOTTIE. — Six ans.

LINDA. — En avez-vous jamais discuté tranquillement ?

DOTTIE. — Oui.

LINDA. — Que se passe-t-il alors ?

DOTTIE. — Il pleure et se déteste et ne sait pas pourquoi il le fait.

LINDA. — Mais comment abordez-vous le sujet quand vous lui parlez ?

DOTTIE. — Hier soir, quand je suis rentrée à la maison, je lui ai dit : « J'ai appris que tu avais pris de l'argent chez les voisins. » Il s'est mis à pleurer et je n'ai rien fait. Il dit qu'il se déteste, qu'il ne comprend pas pourquoi il le fait et qu'il sent que ce n'est pas bien.

VIVIAN. — Quand les enfants volent, ils essaient de dire qu'ils ont besoin de quelque chose, parfois sans même savoir ce que c'est.

DOTTIE. — C'est vrai. Je lui ai dit : « Tom, que veux-tu faire avec cet argent ? » Il m'a répondu qu'il ne le savait pas.

LINDA. — C'est probablement vrai.

VIVIAN. — Même certainement. Alors que faites-vous, vous qui êtes sa mère ?

GEORGE. — Je pense que cela ne sert à rien de lui donner de l'argent de poche. Ce peu d'argent ne lui suffirait jamais. Il ne volera jamais assez pour en posséder une quantité suffisante.

DOTTIE. — C'est le goût du risque. Je le sais. Je le sens encore.

VIVIAN. — Quel est ce « goût du risque » ? Que voulez-vous dire ?

DOTTIE. — J'éprouve un immense plaisir à voler. A ce moment précis de ma thérapie, j'ai constamment envie de voler. S'il me manque quelque chose, j'ai envie de voler.

VIVIAN. — Qu'est-ce que le vol représente pour vous ?

DOTTIE. — Cela m'excite énormément. C'est la seule chose qui me fasse cet effet. Je vois que c'est pareil pour Tom.

VIVIAN. — Sentez-vous pourquoi vous volez ?

DOTTIE. — J'ai l'impression d'obtenir quelque chose pour rien.

VIVIAN. — Et votre fils obtient quelque chose sans avoir besoin d'être comme ci ou comme ça, ou de faire quelque chose de particulier, mais il ne le sait même pas. Il est complètement inconscient.

GEORGE. — C'est aussi de la colère et du ressentiment. Le vol du bien d'autrui fait probablement remonter des sentiments à la surface : « Je mérite quelque chose ; ceci doit donc être à moi. »

VIVIAN. — Ici encore, ce n'est pas le comportement apparent qui nous intéresse. Nous cherchons, en tant que parents primals, le moyen d'agir autrement que les gens ordinaires qui punissent leur enfant ou lui donnent de l'argent de poche, ou réagissent superficiellement à son comportement superficiel. Nous nous devons d'aller plus loin.

DOTTIE. — Faut-il donc les faire s'étendre et parler avec eux, comnie en thérapie ?

VIVIAN. — Oui, mais ne le faites pas systématiquement. Ils n'ont pas besoin de s'étendre pour ressentir et parler. D'une façon générale, je vous recommande de ne pas le faire, car ils risquent de considérer qu'il s'agit d'un rituel et non d'un simple échange humain. Mais soyons précis. Comment allez-vous découvrir le sens profond de la déclaration inconsciente de votre enfant ? Et que ferez-vous ensuite ?

NORMA. — Je me suis mise à réfléchir aux raisons qui poussent ma fille à voler. Je savais que c'était un comportement superficiel. Mes autres enfants ne volent pas. C'était donc un signe. Je me suis concentrée sur le passé. Mes enfants ont six, sept et huit ans. Ma fille est la seconde de la famille comme je l'ai été, moi. J'avais l'impression d'être prise entre le marteau et l'enclume : ma petite sœur était le bébé, ma grande sœur avait tout, et moi rien. Je ne volais pas, mais je crois que ma fille sent qu'elle est assise entre deux chaises, car elle n'est ni assez âgée, ni assez jeune : elle n'est pour ainsi dire rien.

VIVIAN. — C'est peut-être cela la raison.

NORMA. — J'ai réfléchi à la situation. Qu'avais-je donc fait à ma fille ? Je m'étais beaucoup occupée de mon aînée, puis ma cadette arriva et tant qu'elle fut un bébé, il n'y eut pas de problème. Mais j'avais encore beaucoup à faire avec sa sœur. Donc la petite resta davantage dans sa poussette que sa sœur. Puis ma troisième fille naquit, et pour la seconde ce fut la fin de tout. Je crois que je l'oubliais car il y avait tant à faire. J'ai récemment commencé à la prendre dans mes bras, ou à la caresser chaque fois qu'elle passe près de moi. Avant cela, elle était raide comme un bout de bois. Cela me fait mal d'en parler. Mais depuis ma thérapie, j'essaie d'être affectueuse, de l'embrasser sur la joue ou d'établir un contact physique quelconque. Je ne l'avais pas fait auparavant car je n'avais moi-même jamais connu la tendresse. Quelquefois je n'en ai pas envie, mais je le fais tout de même, et son corps s'adoucit et s'assouplit. Maintenant elle s'assied sur mes genoux. Je sais que ce n'est qu'un début, mais je pense que c'est cela son problème.

VIVIAN. — Vous avez été sage de suivre votre intuition, car vous êtes restée en accord avec la thérapie. Nous ranimons chez les patients le désir de choses qu'ils n'ont jamais eues et dont ils ont eu besoin, et c'est ce que vous faites avec vos enfants. Le besoin de contact physique est essentiel pour les bébés et les petits enfants. En prenant de l'argent, votre fille dit peut-être : « Je veux une maman, je veux quelque chose, j'ai besoin de... » Mais elle ne sait pas de quoi. Elle déjoue son désir par son besoin d'argent, mais elle sait qu'il s'agit d'autre chose. Elle essaie donc de se donner à elle-même ce qu'elle n'a pas.

BILL. — Les gosses désirent la même chose que nous. Nous voulons nos mamans et nos papas, et eux aussi. Dans un certain sens, votre fils obtient votre amour en volant, car quand vous restez auprès de lui et qu'il peut ressentir ses sentiments, vous lui donnez de l'amour.

VIVIAN. — Pour résoudre ce problème, et beaucoup d'autres questions difficiles, il faut se donner le mal de réfléchir : « Quelle chose indispensable ai-je omis de donner à mon enfant ? » Puis il faut remédier à ce manque. Vous pouvez également attaquer le désir inconscient en discutant avec votre enfant. Le moment venu, essayez par exemple de lui dire : « Je ne pense pas que tu veuilles vraiment de l'argent. Je crois que c'est maman que tu veux. » Cette phrase doit venir de vous. Ensuite, voyez comment votre enfant réagit.

PAT. — Je sais que cela marche. C'est une réflexion qui a l'air idiote, mais mes enfants me répondent : « Oui. »

VIVIAN. — Qu'avez-vous dit ?

PAT. — « Je pense que vous voulez rester avec moi dans la cuisine pendant que je fais la vaisselle ou le repas », ai-je dit à mes deux enfants, et ils m'ont répondu « Oui ». Ils me harcelaient depuis une heure, mais ils étaient incapables de dire qu'ils voulaient rester avec moi.

VIVIAN. — En d'autres termes, beaucoup d'entre vous ont découvert que si vous dites ce que, d'après votre intuition, l'enfant déjoue, celui-ci saute sur l'occasion ?

BILL. — Ils deviennent furieux et la colère ou le sentiment refoulé éclate.

VIVIAN. — Je ne comprends pas.

BILL. — L'enfant peut être en colère, et ne pas réussir à faire sortir le sentiment, mais il est méchant avec son petit frère ou il s'attaque aux objets.

VIVIAN. — Que lui dites-vous alors ?

BILL. — « Papa ne s'est pas assez occupé de toi ces derniers temps, n'est-ce pas ? » Et le sentiment déborde alors.

KATHY. — Je pense que c'est très juste. Je l'ai constaté avec mon fils. Je lui dis par exemple : « J'ai été une mauvaise mère », et tout de suite il réagit à cela, ou il se met en colère, et je dis : « As-tu envie de pleurer ? » ; il arrête sa crise de rage et me répond « oui » et éclate en larmes.

VIVIAN. — Avez-vous eu des expériences similaires ?

BARBARA. — Ma fille a huit ans. Je commence par lui dire « Est-ce que cela ressemble à quelque chose que tu as déjà ressenti ? », et si je crois connaître son sentiment — tandis qu'elle l'ignore — je la laisse le découvrir en parlant. Parfois elle dit qu'elle ne sait pas ce que c'est. Ou bien elle me dit : « Aide-moi, maman. Tu vas à l'Institut et tu dois t'y connaître en sentiments... » Hier elle pleurait parce que l'assistante de l'instituteur nous quitte après avoir passé trois mois avec nous. Ma fille supporte mal les départs.

VIVIAN. — Vous voulez dire une bonne à demeure ?

BARBARA. — Non. Une assistante de l'école. Elle passe deux ou trois mois avec nous, et en échange de sa nourriture et de son logement, elle m'aide et emmène ma fille à l'école.

VIVIAN. — C'est sans doute ce qu'on appelle parfois une jeune fille au pair.

BARBARA. — Bref, ma fille pleurait comme une fontaine parce que cette personne partait et allait lui manquer. Je lui dis : « Allons dans ta chambre. » Je savais de quoi il s'agissait et je lui dis : « As-tu déjà ressenti quelque chose de ce genre ? » « Quand papa est parti », me répondit-elle, pleurant de plus belle. Puis elle s'assit et me dit : « Mais cela faisait encore plus mal » ; son sentiment s'acheva ainsi. D'ordinaire je devine ce qu'elle ressent, mais je peux me tromper lourdement. Cela pourrait par exemple remonter à cinq ans. Parfois je lui fais des suggestions, mais d'abord je la laisse libre de s'exprimer.

VIVIAN. — C'est très bien. Il faut dire une généralité et laisser les enfants nommer leur sentiment les premiers. Vous vous trouviez dans la position idéale pour faire des suggestions, mais le problème du vol ne vous donne pas la possibilité de dire : « Est-ce que c'est quelque chose que tu as déjà ressenti ? » Quand votre enfant dit qu'il se fait horreur à lui-même, répondez-lui : « Est-ce parce que... ? » ou « Penses-tu que c'est parce que... ? »

BARBARA. — Ou : « Qu'attends-tu de cet argent ? »

DOTTIE. — Pourquoi est-il horrifié par son acte ?

CAL. — Parce qu'il a peur d'être privé de votre amour.

BARBARA. — Car il s'est montré « vilain ».

CAL. — S'il vous dit cela, vous pourriez lui répondre : « As-tu peur que je ne t'aime plus parce que tu voles ? »

VIVIAN. — Je ne pense pas que les enfants se détestent. Je crois qu'ils se voient seulement par nos yeux. Ils disent : « Vas-tu me détester parce que j'ai fait quelque chose de vilain ? » C'est un comportement compulsif. Vous devez comprendre qu'il n'a pas l'intention de faire quelque chose de vilain et de voler. Il a autant besoin de le faire que nous avons besoin de manger. C'est ainsi que vous devez considérer son acte. Ne croyez pas que ce soit quelque étrange aberration. Il a besoin de le faire.

CAL. — Rappelez-vous le livre de A.S. Neill, *Libres enfants de Summerhill.* Les enfants qui volaient se trouvaient récompensés. J'ai essayé d'agir ainsi avec des gosses délinquants, et je les ai eus complètement, car ils ne comprenaient pas mes raisons.

VIVIAN. — Tous ceux qui ont lu *Libres enfants de Summerhill* sont très impressionnés ; c'est, d'une certaine manière, un livre pré-primal. Toutes les idées de l'auteur étaient très belles, et il fut très déçu quand il s'aperçut qu'elles ne pouvaient pas s'appliquer aux enfants plus âgés, car la souffrance était déjà trop profondément ancrée en eux ; il lui fut très difficile d'y remédier avec des méthodes prévues pour les enfants de quatre ou cinq ans, nullement applicables à un adolescent endurci.

CAL. — A ce moment-là les défenses sont trop fortes.

VIVIAN. — Est-ce que notre entretien vous a été utile pour l'éducation de vos enfants ?

DOTTIE. — J'ai essayé de dire à ma fille de huit ans les mêmes choses que Barbara, mais elle réplique : « Ces histoires de thérapie ne m'intéressent pas. Je ne veux pas en entendre parler. »

VIVIAN. — Il m'est aussi arrivé de ne pas réussir à parler de thérapie à la maison. Rick déclare : « Si tu dis un mot de plus là-dessus... » Il avait dix ou onze ans quand tout cela a commencé ; c'est dur pour les enfants. Mon fils pense que ce sont strictement des affaires d'adultes et il refuse d'en entendre parler. « Ils ne se préoccupent pas de moi. Ils ne parlent que de souffrance », affirme-t-il d'un ton péremptoire. Je ne l'en blâme pas. Peut-être votre fille ressent-elle la même chose, et il se peut aussi que vous lui demandiez quelque chose qu'elle est incapable de faire.

DOTTIE. — Elle ne sait pas comment elle se sent. Que puis-je faire ?

BARBARA. — C'est une question très douloureuse, tout comme ces réunions sont douloureuses pour tout le monde. Plus vous ressentez, et mieux vous vous rendez compte à quel point vous avez nui à vos enfants, par inadvertance. C'est ainsi. C'est la conséquence directe de cette thérapie. Chaque jour je le ressens d'une façon plus aiguë. J'ai beaucoup désiré cet enfant. Je l'aime et elle compte énormément dans ma vie. Nous voulons aider nos enfants à nous rendre la vie moins douloureuse. C'est un fait. Il n'y pas de raccourci, ni pour nous ni pour eux, si l'on veut devenir réel. Il faut se dégager de cette pression, être présent et essayer de devenir aussi réel que possible et disponible pour les enfants, de supporter cette prise de conscience, et de faire au mieux. Nous ne pouvons pas plus. Nous pouvons nous réunir des journées entières, sept jours sur sept, et discuter de ce qu'a dit tel ou tel. Cela nous aide parce que cela nous renforce dans notre attitude. Nous avons tous les mêmes problèmes, mais il n'y a pas de solution immédiate et cela fait mal.

LAURA. — Ma réaction à moi est tout à fait inverse. Jamais je n'ai désiré ma fille, mais j'ai toujours réussi à le cacher. Cela dure depuis sa naissance. Maintenant ce n'est plus possible. Je ne peux plus faire semblant. C'est atroce pour moi de rester avec elle. Je me sens de plus en plus faux jeton. Je sens que je dois dissimuler mes sentiments pour ne pas aggraver le mal que je lui ai déjà fait, bien que je sache qu'elle n'est pas dupe. Je ne sais que faire. Si elle s'en allait pour ne jamais revenir, je serais heureuse. Mais cela n'arrivera pas. Je me trouve dans un dilemme impossible.

VIVIAN. — Il faudra que vous le ressentiez jusqu'au bout.

LAURA. — Je le ressens, mais en attendant je dois faire face à la réalité et subir sa présence. En faisant cette thérapie, j'espérais qu'après avoir ressenti l'essentiel de ma souffrance je découvrirais mon amour pour elle, mais ce n'est pas le cas.

VIVIAN. — Avez-vous ressenti pourquoi vous ne la désiriez pas ?

LAURA. — Je n'ai moi-même pas été désirée, et j'ai eu des sentiments à ce sujet. Mais cela n'a pas l'air d'arranger les choses. C'est le contraire qui se passe. Je la déteste de plus en plus et j'ai de moins en moins envie d'être avec elle. Quand elle a peur, je me dis « Va-t'en, je ne veux rien savoir. »

VIVIAN. — Avez-vous des conversations ?

LAURA. — Oui. Cela m'a aidée de ne pas vivre avec elle. Elle vient le week-end et c'est horriblement artificiel. Nous parlons, et elle me dit qu'en étant loin de moi cette année elle se sent beaucoup mieux dans sa peau ; c'est une bonne chose. Et je sais pourquoi. C'est parce que je ne suis plus là pour l'écraser. J'encourage ces sentiments. Mais cela m'est très difficile. Elle vient vers moi et me dit : « Je t'aime, tu m'as manqué. » Elle m'embrasse, et je n'en ai pas envie. C'est lamentable de dire des choses pareilles, mais c'est la vérité. Je n'aime pas ma fille. D'autres que moi ont-ils éprouvé la même chose ?

DOTTIE. — Je ressens cela avec ma fille. Je ne peux pas la prendre dans mes bras. Je ne veux pas qu'elle me touche. C'est le contraire avec mon fils. Mais le corps de ma fille est comme un bout de bois. Elle a tellement besoin d'affection. C'est écrit sur son visage. Elle a besoin de moi. Elle passe ses mains sur mes seins en parlant à toute vitesse pour que je ne m'en aperçoive pas. Mais je le supporte si mal que mon corps se glace.

LAURA. — Oui. Le besoin est si tangible, si présent. Chaque fois que je regarde ma fille, j'en suis malade.

DOTTIE. — Pendant mes trois semaines de thérapie j'ai beaucoup pleuré à cause d'elle. Mais je suis incapable de ressentir ma souffrance.

BILL. — Cela a déjà été dit : nous ne pouvons donner à

nos enfants ce que nous n'avons pas eu. Je l'ai ressenti moi-même avec mon propre fils, et j'ai entendu d'autres gens le dire. Il est essentiel d'atteindre notre propre souffrance, et de devenir réel. Pendant un moment tout va bien, puis, sans raison apparente, notre enfant a un certain problème. C'est ainsi. Notre problème devient forcément le sien, il est transmis. C'est pour cela qu'il est si difficile à résoudre.

NORMA. — Dottie a dit ce que je n'aurais jamais eu le courage de dire. Maintenant que c'est fait, je pense que c'est également mon problème ; c'est très dur à accepter. Je vous admire vraiment d'avoir eu l'audace de le dire. Si l'on n'a pas été désiré du tout, comment, bon sang, peut-on donner de l'amour à un enfant ?

GEORGE. — On ne peut pas. Cela fait si mal.

NORMA. — Moi, je peux, je le fais tous les jours. J'en ai un sur chaque bras, et encore un dans les jambes. Je me traîne comme je peux. Maintenant je ne porte plus de soutien-gorge, et mes gosses fourrent tout le temps leur nez dans ma poitrine. C'est vraiment douloureux, mais ils en ont besoin.

PAT. — Vous disiez que vous ne vouliez pas toucher votre fille. Quand je nourrissais mes enfants (je n'ai moi-même été nourrie que deux mois et on m'a presque laissée mourir de faim), je pleurais beaucoup parce que je savais que j'avais été insuffisamment nourrie, et à ce moment-là je ne savais pas encore toutes les choses compliquées que j'ai maintenant apprises. Mais je leur donnais le sein et je leur montrais de la tendresse. Jamais je n'avais connu cette intimité. Je pleurais. Cela faisait si mal. J'ai sangloté pendant tout mon accouchement. Ce n'était pas de l'hystérie, mais de la souffrance.

VIVIAN. — Je ne pense pas que vous arriviez à quoi que ce soit avec votre enfant si vous ne commencez pas par dire la vérité.

LAURA. — Je ne peux pas dire à ma fille que je ne l'ai pas désirée.

VIVIAN. — Si vous ressentez quelque chose jusqu'au bout, même si c'est votre haine pour votre fille, cela vous amènera à être capable de l'aimer. C'est l'aspect théorique de la thérapie.

BRITT. — Je pense que c'est vraiment difficile pour les enfants que nous soyons en thérapie. Nous sommes absents trois soirs par semaine. De plus, nous leur donnons maintenant ce qu'ils n'ont jamais eu.

VIVIAN. — Mais vous êtes deux, vous devriez vous absenter à tour de rôle pour venir aux séances de groupe.

BRITT. — Mais Bill est absent beaucoup plus souvent que moi.

VIVIAN. — Vos enfants viennent avant tout le reste. Si vous êtes deux, l'un d'entre vous doit rester à la maison avec les enfants et leur donner tout ce qu'il peut. La première étape consiste à ressentir, comme l'ont dit Dottie et Norma, à quel point vous ne les avez pas désirés. Je ne sais pas si ce sentiment prendra jamais fin, et j'ignore si vous serez capables d'aller au-delà. En second lieu, ces enfants sont là et, sachant ce que vous a enseigné la thérapie primale, vous devez vous occuper d'eux car ils ont besoin de vous. Leur naissance fut peut-être une erreur, mais il est trop tard maintenant pour la réparer et vous devez accepter vos responsabilités. Vous ne pouvez pas y échapper. Ce serait vraiment de la folie de faire cette thérapie et en même temps de détruire votre propre enfant.

DOTTIE. — Je n'ai pas très bien compris ce que vous venez de dire. Est-ce en ressentant que je ne supporte pas le contact de ma fille que j'aurai envie de la toucher ?

VIVIAN. — Si vous découvrez tout ce que vous ressentez à ce sujet, vos mauvais sentiments disparaîtront. Si vous approfondissez suffisamment un sentiment, il disparaît.

BILL. — Moi, par exemple, je trouvais toujours le moyen de ne pas mettre moi-même les enfants au lit. J'étais occupé à ce moment-là, ou bien le soir j'étais occupé à l'extérieur. C'était Pat qui couchait les enfants. Je déjouais. Un soir je décidai de le faire, je m'étendis avec eux et je commençai à ressentir. J'ai découvert beaucoup de choses. Maintenant c'est très souvent un plaisir (c'est une petite séquence de ma vie, et je ne prétends pas que ça marche toujours). Mais je suis passé du déjouement aux sentiments réels, puis j'ai eu du plaisir à le faire. Ce n'est pas le cas tous les soirs, mais parfois, je suis vraiment content de le faire.

VIVIAN. — Ces petits êtres ne sont pas des monstres prêts à nous sauter dessus. S'ils obtiennent ce dont ils ont besoin, ils sont vraiment gentils. Vous devez penser au rapport que vous pouvez avoir avec votre enfant, une fois que vous avez ressenti que vous ne vouliez rien lui donner. C'est là le fond du problème. Vous êtes pour ainsi dire pris au piège. Toute votre vie vous n'avez rien eu, puis vous donnez naissance à un bébé, et vous devez tout donner à cet enfant. Et vous voici une fois de plus démuni.

KATHY. — Je ne sais pas comment cela se passe avec des enfants plus âgés, mais en ce qui me concerne, c'est exactement cela. Dès que je ressens mes propres sentiments, tout s'arrange avec les enfants. Je peux me quereller interminablement avec mon fils, jusqu'à ce que je ressente mes sentiments. Après, je ne comprends plus pourquoi j'ai pu avoir ce problème.

VIVIAN. — S'est-il passé quelque chose de spécifique ?

KATHY. — J'ai eu beaucoup d'ennuis parce que je voulais qu'il se couche tôt. Je voulais qu'il aille dormir pour avoir des soirées à moi. C'était très important et nous avions une grosse scène, et je lui faisais vraiment des difficultés. Je ne sais pas si je me rappelle tout. Ce seul problème a été la source de tant de choses. En quelque sorte, je ne voulais pas ressentir mes sentiments, et je lui en faisais endosser la responsabilité. C'était à lui de pleurer le soir.

VIVIAN. — Vous vouliez être libre le soir ? C'était votre sentiment ?

KATHY. — Je ne voulais pas ressentir ma souffrance. Mes sentiments étaient multiples et variés, mais c'était lui qui ressentait la souffrance et s'endormait en larmes. Après, je commençai à ressentir mes sentiments et je découvris leur vraie nature. Tout ce que je criais à mes parents pendant mon primal, je le disais à mon enfant. Je lui déclarais : « Va au lit, j'ai besoin d'avoir du temps pour moi », et je sentais « j'ai besoin de temps pour moi », puis simplement « j'ai besoin ». C'était ridicule, parce que la télévision était plus importante que mon fils. Il devait aller au lit, pour que je puisse m'asseoir et regarder la télé. Quand je le compris enfin, je me dis : « Comment ? Je troque mon fils contre la télévision ! » C'est ainsi que je vois les choses maintenant. Je veux encore vous dire ceci : Essayez de prononcer les premiers mots que vous adressez d'habitude à vos enfants. Ce sera le début de votre primal. En tout cas, c'est vrai pour moi.

LINDA. — Je pense encore à ce que Dottie et Laura ont dit. Mon sentiment revient de temps à autre, mais pas aussi souvent qu'avant. J'étais en thérapie pendant un an et demi, esssayant d'être simplement une bonne maman et je me répétais que je n'avais pas désiré Bryan, mais que je l'avais et que je devais bien m'occuper de lui. Je me suis donc mise à jouer la comédie, et j'ai essayé d'accepter la réalité. Cela a bien duré dix-huit mois. Je me suis alors rendu compte qu'il s'apercevait de mon hypocrisie car il faisait éclater tout ce que je disais ou faisais en remarquant : « Qu'est-ce que tu as, maman ? » ou « Ce n'est pas ce que tu ressens vraiment », ou « En réalité, tu veux dire autre chose. »

J'ai mis longtemps à me rendre compte qu'il avait raison, et je me demandai « Qu'est-ce que cela signifie ? ». Puis j'ai eu un tas de primals de haine et de refus : « Je ne veux pas de toi », « tu prends tout mon temps », « je n'ai pas de temps pour moi » ; je revins ensuite à mon sentiment initial : « Personne n'a pris le temps de s'occuper de moi, je n'ai pas été désirée, ils n'ont jamais eu besoin de moi et je les ai emmerdés. » Ces primals ont duré très longtemps et pendant cette période, il m'a été difficile de rester avec mon fils. Il me fallait être honnête avec lui et parfois je devais lui dire : « En ce moment, je ne veux pas que tu restes près de moi », « Je ne veux pas m'occuper de toi, Bryan », et « Je ne veux plus te parler, va jouer et laisse-moi tranquille ». J'étais honnête avec lui et il le sentait. Cela valait mieux que mes comédies précédentes. Il voyait que j'étais honnête avec lui et que je lui parlais de ce que je ressentais vraiment. Il pouvait donc en toute sécurité vivre selon ses sentiments et me dire ce qu'il ressentait vraiment.

La plupart du temps maintenant, c'est comme s'il était un petit garçon, mon petit garçon, et nous nous amusons ensemble. Je l'aime vraiment, et c'est facile de lui donner ce dont il a besoin. Mais à certains moments, je veux que mes désirs passent avant les siens. Mais il est là et c'est mon enfant ; il me fait remarquer les moments où je rejette ses demandes, physiquement ou verbalement. Parfois il le devine simplement à l'atmosphère. Il me dit : « Mais tu es ma maman », et il a raison de me le rappeler. Il sait qu'il doit avoir la priorité. Il est assez âgé maintenant et nous avons été assez longtemps en thérapie pour qu'il se batte (littéralement) de toutes ses forces afin de s'en assurer. Aucun de nous ne pourrait le faire. Il insiste, il hurle, et se bat physiquement pour obtenir ce qu'il veut et veiller à ce que ses parents s'occupent de lui et ne s'apprêtent pas à l'écraser. Quand je le vois agir de la sorte, je retrouve un tas de sentiments.

PAT. — Mon fils dit : « Je ne suis qu'un gosse. »

GEORGE. — J'ai dit à ma femme, qui ne fait pas de thérapie, que je partirais après Noël. Je ne sais comment emmener mon fils avec moi et continuer à travailler en même temps.

ELLEN. — Si vous étiez une femme, vous n'hésiteriez pas à prendre votre enfant avec vous. J'ai dû quitter mon mari et m'occuper de mon fils. C'est difficile. Il m'a fallu trouver du travail. Mais cela vaut mieux que de vivre dans un foyer perturbé. Au moins, mon fils peut compter sur moi.

VIVIAN. — Mais votre femme renoncera-t-elle à votre fils parce que vous le voulez ? Elle ne veut pas de lui ?

GEORGE. — Je ne le lui ai pas demandé. J'ai toujours pensé qu'il vaut mieux avoir une maman avec tous ses défauts que pas de maman du tout.

JULIUS. — Il me semble qu'un papa réel vaut mieux qu'une maman perturbée.

ELLEN. — Certainement.

GEORGE. — Elle aura le droit de lui rendre visite et de le voir pendant le week-end.

VIVIAN. — Toutes ces solutions sont fausses. Ce sont des choses faites à moitié. Pour résoudre cette question, la seule chose à faire c'est de devenir tous les deux des parents qui ressentent.

BRITT. — Peut-être la femme de George n'est-elle pas capable de ressentir devant lui. Je sais que devant Bill cela m'était impossible, et que je ne voulais pas qu'il fasse de la thérapie avec moi. S'il essayait de me faire trouver des sentiments, j'étais de plus en plus irritée et je ressentais de moins en moins.

BILL. — J'ai le sentiment que votre femme va s'accrocher à votre fils car c'est ainsi qu'elle vous tient.

VIVIAN. — C'est fou de parler d'une chose pareille. Il faut l'aider à devenir une personne plus proche de ses sentiments.

GEORGE. — L'Institut constitue une menace pour elle.

VIVIAN. — Parfois il faut obliger les gens à faire certaines choses, même si cela paraît artificiel. Peut-être devriez-vous la prendre par la main et l'emmener chez un thérapeute ; non parce que vous vous souciez de ce qu'elle fait, mais parce que vous aimez votre fils. C'est la seule bonne réponse. Il faut l'obliger à ressentir.

BARBARA. — Vous est-il déjà arrivé de partir ?

GEORGE. — Non.

CARLOS. — Deux de mes fils sont déjà des hommes d'une vingtaine d'années, j'ai un garçon de quatorze ans, et une fille qui en a onze. Voici donc ce que je ressens :

« Comment dois-je procéder pour aider mes enfants, et à quel moment devront-ils entrer en thérapie primale pour devenir réels ? » Bien que mes deux jeunes enfants vivent dans un contexte réel, je ne pense pas qu'ils puissent exprimer leurs sentiments. Je n'arrive à aucun résultat avec mon fils de quatorze ans. Il cache ses sentiments et il le nie. Tous mes enfants devront-ils faire la thérapie primale ?

VIVIAN. — Oui.

CARLOS. — Je pensais que les deux plus jeunes pouvaient être traités à la maison.

VIVIAN. — Vous et votre femme pourrez faire la thérapie de tous vos enfants une fois que vous aurez fini la vôtre.

CARLOS. — J'ai déjà eu une expérience avec mon second fils qui est plus proche de ses sentiments. Nous avons eu une confrontation assez sérieuse : je voulais qu'il baisse le volume de la télévision. Il a refusé. Je sentis ma colère monter, je lui dis qu'il était mon fils et qu'il me devait amour et respect. Je pleurai devant lui. Il reconnut qu'il faisait marcher la télé très fort parce que jamais je ne l'avais écouté ; c'était sa manière de me montrer que je devais l'écouter. Puis il dit qu'il avait le sentiment d'avoir envie de me tuer. Que dois-je faire ? Le laisser me tuer symboliquement en donnant des coups dans le mur, ou me faire carrément attaquer ?

VIVIAN. — Je pense qu'il peut extérioriser ce sentiment de plusieurs façons, par des cris ou des coups.

CARLOS. — Puis-je être le thérapeute dans cette situation ?

VIVIAN. — Je pense qu'il serait préférable d'en charger quelqu'un d'autre. Mais si ce n'est pas possible, cela vaut mieux que rien du tout.

JEAN. — Vous voulez dire qu'il n'est jamais bon que le parent soit le thérapeute ?

LAURA. — Non, ce n'est pas ça ; il vaut mieux avoir un parent thérapeute que d'être tout seul.

BERNARD. — Il y a une différence entre la thérapie à proprement parler et une présence thérapeutique. Je ne pense pas que cela soit très utile *d'essayer de faire* une thérapie.

MARY. — Ma fille a très envie de faire une thérapie, car elle comprend ce que je suis en train de traverser. Quand elle pleure, elle vient me voir pour m'en parler. Presque toujours je me mets aussi à pleurer avant qu'elle n'ait entièrement compris son sentiment. Nous sommes toutes les deux en larmes et je peux à peine écouter ce qu'elle dit.

VIVIAN. — C'est parce vous n'êtes pas encore restée assez longtemps en thérapie, mais quand vous serez un peu plus forte, vous serez capable de retenir vos sentiments jusqu'au moment où vous serez seule. C'est ce que je fais avec mes enfants. Je ne suis jamais restée auprès d'eux sans pleurer, mais ils ne s'en sont pas rendu compte. Vous ne pouvez pas ne rien ressentir quand votre enfant verse des larmes sur sa vie.

MARY. — D'ordinaire je finis par rester couchée là en la tenant dans mes bras, tout en larmes.

VIVIAN. — C'est bien. Cela permet d'en dire beaucoup sans prononcer un mot.

PAT. — Vivian, vous avez dit auparavant que l'enfant choisit le parent auquel il désire parler. S'il ressent quelque chose à propos de sa mère, il va voir son père, et inversement. C'est ce que font mes enfants.

DOTTIE. — Si les deux parents ont fait la thérapie primale, l'enfant peut confier à un parent ses sentiments à propos de l'autre.

VIVIAN. — C'est vrai. Si mon enfant ressent quelque chose à mon sujet, et que je me trouve auprès de lui, il arrange un peu sa pensée : « Je sais que tu ne pouvais pas faire autrement, maman, mais... » Si quelqu'un d'autre était à ma place, il me hacherait en menus morceaux ; et c'est de cela qu'il a besoin.

CARLOS. — Vous voulez dire que finalement l'enfant se rend compte, et va donc voir son autre parent s'il est là ?

VIVIAN. — S'ils sont doués de l'intelligence primale, c'est-à-dire s'ils sont très vifs et comprennent tout le processus, ils font d'eux-mêmes ce qui est bien. Votre présence les aide beaucoup. Il y a trois choses que vous devriez savoir en tant que parents primals :

1. Soyez beaucoup plus sensibles de façon à être déterminés à ne plus faire souffrir vos enfants. Ne leur faites plus supporter votre souffrance. Pensez à la manière dont vous les avez fait souffrir. Nous avons souligné l'importance du contact physique. Reconnaissez que vous en avez privé votre enfant et agissez en conséquence.

2. Laissez votre enfant ressentir sa souffrance passée. Je n'ai pas dit « faites-lui faire des primals », car je n'aime pas l'idée d'une thérapie organisée pour les enfants. Au cours de nos réunions précédentes nous avons décidé qu'une méthode de ce genre détruisait souvent le rapport

et que l'enfant risquait de faire des primals « pour faire plaisir à maman », ce qui est une nouvelle défense. Permettez à votre enfant de ressentir le présent et le passé dans un endroit protégé. C'est ce que Barbara a fait pour sa fille qui souffre aujourd'hui à cause du départ de la jeune fille au pair. Elle lui a assuré la protection dont elle avait besoin pour ressentir ce départ, et celui, plus lointain, de son père. Elle n'a pas dit : « Allons faire un primal. » Comprenez-vous la différence ? C'est tout ce que vous pouvez faire.

3. Devenez aussi réels que possible en ressentant votre souffrance, et aussi les choses dont nous avons parlé ici. Prenons le cas de Kathy, qui avait besoin de temps pour regarder la télé ; elle l'a ressenti et pouvait donc permettre à son fils de se coucher tard.

CARLOS. — En ce qui concerne ce que vous avez dit à propos des parents dont l'un doit toujours rester auprès des enfants — est-ce que cela s'applique uniquement aux enfants très jeunes ? J'ai laissé mes enfants de onze et quatorze ans avec mon fils de vingt et un ans, qui retourne dans l'Est après Noël. Si ma femme et moi nous venons aux séances de thérapie de groupe, nous les laisserons seuls, à juste titre je pense. Ils sont assez grands pour se garder tout seuls.

SANDY. — Je pense qu'ils sont assez grands pour cela.

VIVIAN. — Je pense qu'ils sont assez grands pour que vous puissiez leur demander ce qu'ils en pensent.

CARLOS. — Si cela leur fait quelque chose qu'on les laisse seuls ?

VIVIAN. — Oui. Ce n'est pas toujours le temps de présence qui est important, mais aussi la qualité de cette présence. S'ils sentent que vous leur donnez beaucoup de vous-mêmes, votre absence de quelques heures n'aura pas de signification particulière. Mais elle en prendra une s'ils peuvent l'étiqueter : « Les voilà encore partis. Ils ne me donnent jamais rien. » Cela risque de les faire beaucoup souffrir. Il faut donc en discuter avec eux. Cela dépend aussi du climat qui règne chez vous : certaines familles disent toujours la vérité. Vous pouvez dire à votre fille de onze ans : « Écoute, nous devons aller ce soir à notre séance de groupe, mais si tu le désires l'un de nous restera à la maison. » L'enfant devrait — si le climat familial le permet — avoir l'honnêteté de reconnaître : « J'ai peur ce soir. J'aimerais que l'un de vous reste à la maison. » Mais l'enfant sent souvent qu'il ne peut pas dire une chose pareille à ses parents car ils ne lui permettraient pas ou le laisseraient seul avec sa peur. Dans votre maison, tout doit se passer ouvertement. C'est essentiel.

Vous avez parlé de respect. Que voulez-vous dire par là ? Vous avez dit que votre fils ne respectait pas vos exigences et ne se comportait pas selon votre désir. Je ne comprends pas.

CARLOS. — Je sentais qu'il ne m'aimait pas.

VIVIAN. — Il ne vous craignait pas non plus.

CARLOS. — Non. Si je n'avais pas été en thérapie, nous nous serions querellés.

VIVIAN. — Le traditionnel « respecte ton père et ta mère » se traduit généralement par la peur. Ce n'est plus du respect véritable.

CARLOS. — Je n'ai pas réprimé mes enfants au point d'être craint par eux. Tous mes enfants me résistaient. Avant ma thérapie, quand je rentrais à la maison, ma femme me disait « ils ont fait ceci ou cela », et je les punissais. Je sais que ce n'était pas bien. Mais ils savaient aussi qu'en les punissant je ne ressentais aucun sentiment réel. Je sais qu'ils me perçaient à jour.

VIVIAN. — C'est une affreuse expérience pour les enfants. Pendant la journée ils font quelque chose de mal et leur mère leur refuse son amour en disant « ce n'est pas bien, je vais le dire à ton père », ou « attends que ton père rentre ». L'enfant est terrifié jusqu'au soir. Il subit une horrible punition : il se conduit mal, sa mère ne l'aime plus, et il attend jusqu'au soir la punition de son père. Il vaut beaucoup mieux que sa mère le gifle une fois pour toutes. Cette attente du retour paternel et de la raclée est insensée. Pourquoi acceptiez-vous de faire une chose pareille ?

CARLOS. — Je sais que ce n'était pas bien et j'en suis malade. Je rentrais à la maison et ma femme me racontait ce qu'ils avaient fait.

VIVIAN. — Mais pourquoi le faisiez-vous donc ? Cela n'éveillait en vous aucune passion !...

CARLOS. — J'étais très préoccupé par mon travail.

VIVIAN. — Pourquoi les battiez-vous ?

CARLOS. — Ma femme me disait que c'était à moi de le faire et pas à elle, et elle me racontait ce qu'ils avaient fait.

VIVIAN. — Sentiez-vous que c'était votre rôle ?

CARLOS. — Non.

CAL. — Est-ce que cette distribution des rôles est due à vos origines ?

CARLOS. — Non, ma femme est nord-américaine. En fait, à Porto Rico, c'est presque toujours le père qui punit les enfants. C'est peut-être une explication.

VIVIAN. — Mais non. Le même phénomène se produit dans les familles juives de Brooklyn.

DOTTIE. — Ron et moi nous sommes en train de construire une chambre primale. Mais de l'extérieur on entend des cris étouffés. Est-ce mauvais pour les enfants ?

VIVIAN. — Si votre famille en est à ce stade, je pense qu'il est très naturel de pleurer. Cela arrive, et ce n'est pas la peine d'en faire une montagne. Les larmes ne devraient jamais rester secrètes.

DOTTIE. — Vous voulez dire que nous pouvons faire des primals devant nos enfants ?

MARY. — J'ai une chambre primale, et quand je m'y trouve et que mon fils veut que je m'occupe de lui, il vient tambouriner à la porte.

DOTTIE. — Je ne me sers pas de ma chambre primale quand mes enfants sont debout. Ils ont assisté aux primals de nos voisins un jour où ils étaient chez eux et mon fils m'a dit : « Pendant tout le temps de ma visite, ils n'ont pas cessé de faire des primals. » Ça n'a pas eu l'air de lui plaire du tout.

VIVIAN. — Je pense que c'est très effrayant pour un enfant.

KATHY. — Je le crois aussi. Il est tout à fait normal que vous vous enfermiez dans votre chambre primale et qu'ils sachent que vous y exprimez vos sentiments. C'est très bien ainsi.

VIVIAN. — Cela dépend du niveau de compréhension des enfants. Si c'est un grand mystère que le parent refuse de dévoiler, l'enfant sent aussitôt : « Je n'ai plus de maman ; ma maman est en train de s'effondrer. »

DOTTIE. — C'est ce que j'ai ressenti en voyant mon thérapeute pleurer. Je ne pouvais l'admettre. Mes enfants ressentent peut-être la même chose.

VIVIAN. — Comme je l'ai dit à Carlos, tout dépend du stade auquel se trouve votre famille. L'idéal serait que tout le monde comprenne que la souffrance est une chose ordinaire, et qu'on peut faire quelque chose. Parfois les enfants doivent être amenés à ce point en douceur.

NORMA. — Je veux juste dire que pendant mes trois semaines de thérapie, mon mari s'est promené avec les enfants et les a emmenés devant l'Institut. C'était pendant une séance de groupe, et ils sont arrivés à l'arrière du bâtiment, d'où on peut entendre les cris. Les enfants écoutèrent et demandèrent s'il y avait des bébés à l'intérieur. Mon mari répondit que non : les gens qui se trouvaient là, expliqua-t-il, étaient en train de ressentir d'anciens sentiments. Cela fait près d'un an que nous en parlons devant les enfants. Ils n'ont fait aucun commentaire particulier. Cela ne leur faisait pas peur, et j'en fus surprise. Je croyais qu'ils seraient aussi terrifiés que je l'avais été la première fois en entendant les cris du groupe. J'avais même voulu m'enfuir.

VIVIAN. — Vous devez comprendre qu'à ce moment-là, ils tenaient la main de leur père. Ils n'étaient pas abandonnés dans le salon tandis que leur père hurlait dans la cuisine. Quand ils sont seuls, la situation est entièrement différente.

BARBARA. — Vous dites que cela dépend des familles. Beaucoup d'entre nous sont des parents célibataires ; nous avons des problèmes spécifiques. C'est merveilleux quand l'enfant a deux parents qui ressentent : l'un peut rester avec lui tandis que l'autre va exprimer ses sentiments dans une autre pièce. Mais quand il y a un seul parent, cela peut être terrifiant pour l'enfant. Je ne fais pas de primals à la maison. Je viens ici.

VIVIAN. — Il peut distinguer entre les pleurs et les hurlements d'un primal. Je pense que l'enfant devrait savoir que ses parents pleurent ; mais le spectacle d'une mère qui a l'air de devenir folle est tout à fait autre chose.

SANDY. — Quand la souffrance devient insupportable, je pense quelquefois qu'il vaut mieux faire un primal que de déjouer ses sentiments au détriment des enfants. Je souffre tant en ce moment que je deviens comme fou si je ne ressens pas ma souffrance sur-le-champ. Je dois alors sortir de la pièce pour la ressentir autant que possible. Sinon, je fais des bêtises, comme battre mes enfants.

MARY. — C'est la même chose pour moi, mais je ne bats jamais mes enfants, même si je suis très en colère. Quelquefois ma fille se met à torturer mon fils de cinq ans et je ne supporte pas ça. Je ressens une énorme colère contre elle. Je ne veux pas qu'elle lui fasse mal. Dans cette situation, je m'efforce de rester présente. Mais à un moment donné, je dois contenir mon sentiment très fermement et essayer de le ressentir plus tard. Ma chambre primale semble m'aider à devenir aussi réelle que possible avec mes enfants.

VIRGINIA. — Dans ma famille, mon fils est jaloux de sa jeune sœur. C'est notre problème essentiel. Elle ne semble pas s'en rendre compte, mais déjà elle lui en veut de la façon dont il la traite. J'ai essayé de donner le maximum d'amour à mon fils, en le dorlotant, en nouant ses lacets, et en nettoyant derrière lui plus souvent qu'à l'ordinaire. Cela m'irrite de faire tout cela. J'ai compris au cours de notre réunion d'aujourd'hui que je n'avais pas été honnête avec lui. Je sens que je ne pourrai jamais le dédommager du temps que j'accorde à ma fille, malgré tout ce que je fais pour lui maintenant. Je devrai le lui dire. Il a expliqué qu'il voulait que sa sœur quitte la maison. Je pense qu'à ce stade-là il devrait le ressentir, mais je ne crois pas pouvoir l'y amener.

SANDY. — Il semble prêt.

VIRGINIA. — Il connaît ses sentiments.

VIVIAN. — Vous devez laisser s'accumuler la colère et la haine, jusqu'à la crise de larmes, qui signifie habituellement « je te veux pour moi tout seul ».

VIRGINIA. — Comment puis-je laisser s'accumuler ses sentiments sans que cela fasse mal à ma fille ?

VIVIAN. — Faites-le avec lui tout seul. Laissez-le vider son sac. C'est l'expression qui fera tout éclater.

VIRGINIA. — C'est ce que je fais.

PAT. — Voulez-vous dire qu'elle ne devrait pas nouer ses lacets et nettoyer derrière lui pour permettre aux sentiments de s'accumuler ?

VIVIAN. — Cela serait certainement très utile.

BILL. — Essayez de dire : « Quoi que je fasse pour toi, cela ne sera jamais assez. »

MARY. — Je veux vous décrire une scène insensée qui s'est récemment déroulée chez moi. Ma fille de neuf ans s'est mise en colère contre son frère qui a cinq ans et ils se sont battus dans la salle de séjour ; je m'en suis mêlée parce qu'elle lui faisait mal. Elle s'effondra en larmes et je restai avec elle dans notre chambre primale parce qu'elle voulait pleurer et me parler. Elle commença par ressentir sa haine contre lui : elle voulait tant qu'il parte. Et pourquoi était-il né ? Elle était si en colère qu'elle dit : « C'est à cause de lui que tu t'es séparée de papa. » Elle m'affirma qu'elle l'avait toujours su. A ce moment-là, mon fils insista pour venir s'asseoir sur mes genoux. Il voulait rester là, lui aussi. Ma fille en était malade. Je ne pouvais rien faire. Nous sanglotions tous les trois.

VIVIAN. — Ce n'est pas une mauvaise expérience.

MARY. — C'est vrai. Je m'aperçois que l'atmosphère est plus saine qu'elle ne l'a été depuis longtemps. Mais je m'inquiète pour mon fils, car il ne peut pas exprimer ses sentiments. Sa sœur le fait constamment souffrir, et il chantonne et prétend être très content ; mais il ne veut pas ressentir ce qu'il éprouve parce qu'elle ne l'aime pas.

BARBARA. — D'habitude c'est ce qu'un enfant ressent à propos de sa mère.

MARY. — Il cherche partout des miettes d'amour. Il est vraiment bloqué et il ne peut pas ressentir. Il ne se sent pas assez en sécurité avec moi pour parler de ses sentiments ou les ressentir.

VIVIAN. — Mais votre fille le fait. Il se passe donc quelque chose. Répétons : le but est de mettre les enfants en confiance pour qu'ils puissent ressentir. Mais il n'y a pas de solution miracle. Ils seront sécurisés si vous l'êtes. Certains enfants sont incapables de vous regarder quand ils sont en train de ressentir. Dans ce cas, assurez-vous que la lumière est éteinte et asseyez-vous derrière eux. Cela aide parfois. Il faut aussi que cela vous paraisse le bon moment. Et ne forcez rien. Laissez les choses venir naturellement. Mon fils ne pleure jamais si la lumière est allumée. Il ne peut pas me regarder à ces moments-là.

MARY. — Mon fils est le plus proche de son sentiment lorsqu'il exprime sa colère contre moi. Il me dit que je suis de la merde et qu'il me déteste, mais c'est tout. De plus, il a terriblement envie d'être un bébé. Je sais que quand il était plus jeune, je ne lui permettais pas de se mettre en colère. Je ne supportais pas qu'il me demande trop.

VIVIAN. — On dirait que beaucoup de choses se passent actuellement.

MARY. — Maintenant ils sont si exigeants et je suis tellement démunie ; c'est vraiment dur, mais c'est comme ça.

VIVIAN. — Votre fille constitue un exemple admirable quand elle attaque l'objet de sa colère et passe ensuite au sentiment réel qui l'a déclenchée — la souffrance. N'oubliez jamais cela. Si c'est la première fois que vous leur permettez de se mettre en colère, laissez-les suivre leur propre rythme. Mais vous savez qu'il faut aller jusqu'au bout. Cela arrivera au moment voulu.

BILL. — Nos enfants ont un comportement très adulte. Cela nous a beaucoup aidés. Un enfant normal de six ans se comporte à peu près comme un bébé névrosé de trois ans. C'est peut-être exagéré. Il faut aussi leur permettre de rester petits. En quelque sorte, cela aide à progresser. C'est un besoin réel, que vous pouvez satisfaire vous-mêmes s'ils sont encore assez jeunes. Cela demande un effort encore plus grand.

VIVIAN. — Je pense que c'est tout à fait vrai. J'ai commis l'énorme erreur de pousser mes enfants à grandir trop vite. Je n'en étais pas consciente, mais les performances me rendaient trop fière.

BILL. — C'est notre société qui le veut.

VIVIAN. — C'est tellement stupide de pousser ses enfants tout le temps. Mon fils est allé tôt à l'école sans raison valable. Je pourrais vous donner une liste entière de mes erreurs, mais ce serait trop déprimant. Je pense que nous ne prenons jamais la peine de penser que nos enfants ont besoin d'être petits pendant longtemps. Car plus longtemps vous les laissez rester petits, plus vite ils seront grands — c'est cela le paradoxe.

BILL. — C'est la même chose en thérapie.

KATHY. — Nos enfant font la même chose. A deux ans, Don s'est mis à porter des couches alors que je le croyais propre. Il en est fier.

VIVIAN. — Bryan a encore un biberon. Quand j'étais plus jeune, cela m'aurait paru une catastrophe. J'aurais eu peur des ragots des voisins, des problèmes à l'école. C'est ainsi que les parents ratent l'éducation de leurs enfants, car au fond, leur enfant est encore un bébé. Quelle joie de dorloter vos enfants !

CAL. — J'ai lu quelque part que les enfants de certains Indiens tètent jusqu'à l'âge de huit ou neuf ans ; ils sont alors assez grands pour atteindre le sein de leur mère en restant debout !

MARY. — Votre fils a encore un biberon ?

VIVIAN. — Non ; c'est Bryan, le fils de Linda.

BARBARA. — Liz écrit des tas de petits mots à mon intention. Quand je rentre le soir après mes séances de thérapie, je trouve une longue lettre sur l'oreiller, comme l'autre soir. Je ne suis pas là pour l'écouter, alors elle m'écrit.

VIVIAN. — Les gardez-vous pour ses futurs primals ?

BARBARA. — Oui, j'en ai déjà toute une liasse. L'autre soir, elle m'a écrit : « Maman, je sais qu'il y a des soirs où tu dois sortir », et elle m'a demandé son biberon pour ces moments-là. Je le lui ai accordé sans hésiter.

VIVIAN. — Que cela signifie-t-il donc ?

BARBARA. — Elle sent qu'elle est petite et elle désire être traitée en conséquence.

VIVIAN. — Elle a déjà souffert de nombreuses frustrations. Vous devez donc satisfaire ces besoins-là.

PAT. — Avec des livres pour bébés, des oreillers, n'importe quoi.

VIVIAN. — Pat et Bill ont transformé leur chambre d'une manière extraordinaire. Voulez-vous nous la décrire ?

BILL. — Une mer de matelas.

PAT. — Nous avons toujours eu des appartements très petits et nous avons donc dû dormir tous ensemble de toute manière, mais maintenant nous avons une grande maison, et depuis que nous avons appris en thérapie que toute la famille devrait dormir ensemble, nous avons fourré tous les lits dans la même pièce. Je craignais que mon fils de six ans ne fasse des objections, mais c'est tout le contraire : il veut être au milieu de nous tous.

NORMA. — Quand Joe a passé ses trois semaines en thérapie j'ai failli devenir folle. Je ne dormais plus de la nuit car je devais courir d'une chambre à l'autre ; tout le monde avait besoin de quelque chose. J'en ai eu ras le bol, et un soir où les enfants rentraient de l'école nous avons transporté tous les lits dans une seule pièce. Et ma course nocturne s'est arrêtée. Ils sont emballés. Mais quand je le leur ai proposé la première fois, ils ne pouvaient pas y croire. « Tout le monde va dormir ensemble ? Chic alors ! »

VIVIAN. — C'est tous les jours dimanche. Car ils veulent être le plus possible avec les deux êtres dont ils ont le plus besoin.

DOTTIE. — Nous ne dormons pas dans des lits. Nous campons tous sur le plancher de la salle de séjour.

MARY. — Nous aussi. Mais j'ai eu des sentiment à cet égard. J'ai un gosse de chaque côté. Ils se rapprochent et me coincent.

VIVIAN. — Vous dormez dans le même lit ?

MARY. — Oui. Par terre.

VIVIAN. — Bill et Pat ont été plus raisonnables. Chacun a son lit, mais tout le monde dort dans la même pièce.

MARY. — Mais mes enfants veulent être tout près de moi. Mon fils s'allonge sur moi. Il ne me laisse pas de place du tout.

PAT. — Mon fils voulait se coucher tout près de moi. Je

lui ai répondu que j'étais là. Et il m'a dit (elle se frotte le bras) : « Non, tout près, c'est là ! »

KATHY. — Don vient tous les soirs après être allé se coucher dans sa chambre. Deux heures plus tard, il entre dans notre chambre pendant que nous dormons. Il ne vient pas se coucher près de moi : il se met carrément entre nous et nous sépare si nous sommes trop près l'un de l'autre. Puis il se rendort.

NORMA. — Je voudrais savoir ce que font les familles primales pour Noël. Je suis vraiment emmerdée.

TOUS. — Pleurez beaucoup !

NORMA. — Non, ce n'est pas ce que je veux dire. Je parle du père Noël et de tous ces bobards et ces mensonges. Ils croient que le père Noël peut leur apporter tout ce qu'ils veulent. « Nous savons bien que tu n'as pas d'argent, maman, mais le père Noël va m'apporter... » Enfin, ils n'ont pas besoin de cinquante mille jouets ! Je ne sais que faire. Dois-je dire : « Papa et maman sont le père Noël, mon chéri. » Cela ne me semble pas bien.

DOTTIE. — C'est ce que nous avons fait. Et savez-vous ce qu'ils nous ont répondu ? Pamela a déclaré : « Nous le savons depuis toujours. » Et ça m'a vraiment déprimée. J'en ai pleuré.

VIVIAN. — Vous me demandez s'il faut maintenir ce mythe ?

BILL. — Ça fait partie de l'enfance, ce mythe. Et ça me plaît.

BERNARD. — Maintenez le mythe, même après avoir dit la vérité. Nous l'avons dite à Sophie, mais elle veut toujours croire au père Noël, alors nous lui écrivons une lettre.

BRITT. — C'est la même chose chez nous. Michael le sait depuis des années. Mais l'autre jour, il m'a dit que le père Noël allait descendre par la cheminée et parler à ses amis. Ils veulent vraiment y croire.

CAL. — Mon fils de douze ans m'a rapporté une carte qu'il avait faite à l'école. On peut y lire « Joyeux Noël, papa et maman », et tout le bazar, et à l'intérieur d'un petit encadré, il y a le message suivant : « N'oubliez surtout pas de m'envoyer des tas de cadeaux. » J'ai l'impression que c'était le but de toute l'affaire !

DOTTIE. — Mon fils m'a envoyé une carte où il me dit que pour Noël il veut « de l'amour » !

BERNARD. — Je voudrais poser encore une question. L'idée d'avoir les gosses dans ma chambre, et même dans mon lit, me plaît beaucoup. Mais comment faites-vous pour baiser ?

PAT. — Nous avons un divan-lit dans la salle de séjour.

BERNARD. — Alors vous sortez en douce ?

PAT. — C'est très romantique. Nous fermons la porte à clé.

VIVIAN. — Vous pouvez le faire à d'autres heures de la journée, quand vos enfants ne sont pas dans votre lit.

KATHY. — Pas avec un petit enfant de deux ans ! Il ne nous quitte pas d'une semelle !

PAT. — Il doit bien dormir de temps en temps...

KATHY. — Non.

VIVIAN. — Il ne dort pas la nuit ?

KATHY. — Si, quand il en a envie.

VIVIAN. — C'est bien ce que je veux dire. Organisez votre journée en fonction de ses heures de sommeil.

DOTTIE. — Encore une question. Mes deux enfants les plus âgés se disputent beaucoup. Pamela déteste Tom. Il la met vraiment dans tous ses états. Il l'aime, il a besoin d'elle, et elle le déteste. Alors ils se bagarrent, et pour lui, c'est un jeu, il essaie seulement d'attirer son attention, mais elle, elle veut vraiment sa peau. Et je ne sais pas si cela sert à quelque chose de dire : « Pamela, va dans ta chambre ; Tom, va dans ta chambre. » Pam, vous devez avoir le même problème. Que faites-vous ?

PAM. — Eh bien, en général je choisis celui qui paraît le plus proche de son sentiment et je l'emmène si je peux, et nous en discutons simplement. D'habitude ils tempêtent, ils sont fous de rage, et pleurent un peu. Ce n'est jamais un primal très profond. Puis ils recommencent immédiatement à se battre.

BILL. — La présence immédiate de la personne responsable de tous vos maux constitue un élément de défense considérable. Bob déteste encore Betty. C'est exactement la même chose.

VIVIAN. — C'est inévitable. Si un enfant n'obtient pas d'amour, ce qui est le cas de tous nos enfants, son petit frère devient dès sa naissance le symbole du reget et il catalyse la colère. Si les deux enfants pouvaient se sentir véritablement aimés, ils deviendraient amis.

APPENDICE I

DOROTHY

Le texte qui va suivre, fait partie de la description d'un primal de naissance. C'est le cinquième d'une femme de quarante-cinq ans, qui a été filmé. C'est l'un des innombrables primals auxquels nous avons assisté.

Dorothy

Tard un soir je me trouvais à la maison et je me sentais très irritable et agitée. Je ne réussissais pas à m'installer dans une position confortable. Je me mis encore à trembler, comme au cours de mes primals de naissance précédents. Je n'étais plus en mesure de contrôler les mouvements de mon corps. Mes mains, mon visage, mes bras, mes jambes et mon torse bougeaient sans l'intervention de ma volonté. Je pouvais sentir une espèce de « bip bip » dans ma tête. J'attendis calmement et mon corps réagit à cette sensation. J'avais l'impression que mon cerveau envoyait des signaux au reste de mon corps. Je savais que je revivais les premiers mouvements de ma vie. Ils étaient très lents et j'avais l'impression d'exécuter un ballet aquatique. Au commencement, le haut de ma poitrine fut parcouru de spasmes réguliers. Puis ma langue sortit, frémissante, et commença peu à peu une sorte de va-et-vient : elle rentrait dans ma bouche, puis en ressortait. Je commençai spontanément à téter.

A présent, les « signaux » se propageaient plus profondément le long de ma colonne vertébrale et dans mes jambes. Au bout d'un moment, des mouvements rythmés, les contractions, commencèrent et mon corps s'étira. Je descendis lentement dans le canal vaginal, poussée par des vagues convulsives. Je fus soudain prise de terreur, et je me rendis compte que mes mouvements n'étaient plus libres ni spontanés : on me tirait de l'extérieur et on me tapait dessus [1]. Je n'étais pas préparée à cet événement. Je sentais aussi que quelque chose (le placenta) était enroulé autour de mes pieds et m'empêchait de bouger. Les violentes secousses commencèrent et je me mis à trembler de tous mes membres. Dehors, les « coups » continuaient à pleuvoir. Je voulus appeler à l'aide, mais cela me fut impossible. A ce moment-là, ma main se trouva coincée sur mon nez et j'eus des difficultés à respirer [2]. Il me fallut un temps considérable pour libérer cette main. Mon corps tout entier vibrait de peur. Rien d'étonnant à ce que je n'eusse pas envie de naître. Rien d'étonnant non plus que mon primal de naissance ait duré aussi longtemps. (Selon les témoins, l'accouchement dura trente heures.) Je comprends maintenant pourquoi pendant mes autres primals je me sentais incapable de remuer les jambes.

J'ai été littéralement « tabassée » avant de naître parce qu'ils essayaient de me mettre dans la position voulue. Je me suis souvent demandé pourquoi je n'avais pas ressenti pleinement les raclées de ma mère quand j'étais gosse. Maintenant je connais la réponse. J'en ai tant supporté en naissant que, déjà à ce moment-là, j'ai cessé de ressentir les coups.

Voici des extraits de la bande qui a été enregistrée juste après mon primal de naissance. Ma voix s'entrecoupait de sanglots tandis que j'avais les insights.

« ... Il n'y avait personne pour m'aider. Personne. Personne. Nul ne voyait que j'étais en danger et qu'ils me faisaient mal. Ils m'imposaient toute leur puissance. Ensuite mon cou fut tiraillé de droite et de gauche et les vibrations parcoururent tout mon corps. Quelqu'un me tenait par la tête et essaya de me tirer dehors [3] (avec les forceps)... en me tordant dans tous les sens. Le placenta

1. Le médecin pratique ces manipulations externes pour remettre le fœtus dans une posture favorable à la naissance.

2. Au cours d'une naissance réelle, cette position de la main ne pose aucun problème, car l'oxygène parvient à l'organisme par le cordon ombilical. Mais quand la patiente revécut cette expérience, ce détail la contraria.

3. L'accouchement était presque terminé.

s'enroula autour de mes jambes. Je ne pouvais plus bouger, on était en train de me détruire, et je ne pouvais pas appeler à l'aide. Personne ne m'entendait, ni ne me voyait. Ce furent mes scènes primales...

« Quand je me trouvai dans le canal vaginal, j'eus simplement besoin d'être assistée avec une infinie douceur... mais personne ne m'accorda cette aide. C'est un miracle que j'aie survécu... Je souffrais tant et j'avais si peur... Il ne me restait plus qu'à me fermer et à me bloquer... Je n'avais nulle part où aller.

« ... Toute ma vie je me suis démenée pour essayer de trouver quelqu'un qui saurait voir mon besoin et ma souffrance.

« ... Je sais que mes primals suivent toujours le même schéma. Si l'on pouvait les relever graphiquement, on verrait leur déroulement logique, naturel, mais selon un rythme unique... individuel, selon mon rythme à moi. Je constate cette cohérence car tous ces primals s'enchaînent. Les scènes primales sont essentielles car elles constituent le fondement des connexions que je fais. Je comprends aussi un peu ce qu'est l'amour... C'est le fait de laisser simplement être... Je suis simplement... Ce n'est pas le fait d'être petite ou grande, intelligente ou stupide, rien de ce genre... Simplement être, c'est tout. Je suis. Maman préférait me garder petite. C'était plus sûr pour elle. Jamais elle n'a voulu que je grandisse, et elle a commencé par me retenir avec les muscles de son ventre. Il fallait que je reste bête pour que je ne découvre jamais qu'en réalité elle me détestait et ne m'avait pas désirée. Plus elle m'empêchait de grandir, et plus elle était sûre de pouvoir me cacher cette vérité. Il fallait que je dépende d'elle en tout... de cette façon-là, elle ne risquait rien. Je dus devenir son enfant préférée ; ainsi elle put me contrôler... et m'empêcher de découvrir la réalité des choses...

« Pendant mon primal de naissance, j'ai ressenti mon blocage physique à ses débuts. Mon corps était incapable d'absorber ma souffrance. Depuis lors, il est littéralement revenu à la vie de plus d'une façon. Avant de commencer cette thérapie, je prenais quatre comprimés d'extrait thyroïdien par jour. J'ai entièrement cessé de les prendre dès le premier jour à l'Institut, et le dosage de ma P.B.I. est redevenu normal[1]. Ma température a baissé... je ne

1. P.B.I. : iode organique.

sais pas de combien. Mais récemment j'ai eu une infection à virus et tous les symptômes d'une grosse fièvre, et pourtant le médecin a constaté que j'avais seulement 36°. Il ne pouvait comprendre la raison de cette contradiction. En outre, la peau de mon corps tout entier a commencé à sécréter ses propres lubrifiants. Elle a pris de l'éclat et cessé de se dessécher. Je commence à me sentir vivante pour la première fois de ma vie. »

Nous voyons dans ces primals l'enchevêtrement subtil des traumatismes de naissance et du comportement ultérieur. Il ne s'agit pas tellement de phénomènes de cause et d'effet, mais plutôt d'entités aux corrélations organiques. Pour cette patiente, le fait d'avoir été bloquée dans l'utérus est resté lié à sa « bêtise ». C'est-à-dire que son expérience intra-utérine, et le besoin manifesté par sa mère de la rendre stupide de mille façons — pendant les nombreuses années que dura cette relation — s'associèrent pour créer un comportement « stupide », ignorant et inconscient. En revivant sa naissance, elle comprit le sens de beaucoup de ses expériences ultérieures avec sa mère. En d'autres termes, le besoin qu'éprouva sa mère de la laisser dans l'ignorance, fut uniquement le prolongement de l'interdiction de se rendre indépendante, imposée à la naissance. Chez quelqu'un d'autre, ce même événement peut être vécu différemment. Les parents ont peut-être besoin de tout contrôler et rendent l'enfant incapable de faire quoi que ce soit tout seul. Dans son primal de naissance, un tel sujet ressentira donc le blocage survenu dans le canal comme une expérience d'impuissance et non de bêtise. C'est une manière « d'interpréter » l'expérience. Cette interprétation vient avec l'usage de la parole et le développement de l'intelligence conceptuelle. Mais le *sentiment* de l'impuissance, de l'incapacité de bloquer la souffrance, commence chez certains individus avec l'expérience de la naissance. Ce sentiment est inconscient et n'est pas reconnu, mais, parce qu'il existe et provient d'une expérience de la « vie », il détermine le comportement de telle sorte que la personne déjouera peut-être par la suite ce sentiment d'impuissance (c'est-à-dire qu'elle agira selon ce sentiment dans une situation où elle est privée de pouvoir).

APPENDICE II

RICHARD

Voici le récit d'un primal de naissance par le siège. Le patient se plaignait auparavant d'avoir froid aux jambes et aux fesses. Il avait la peau très froide. Il se pliait constamment en deux et était pris de convulsions, sans comprendre le moins du monde ce qui lui arrivait. Ce ne fut que plusieurs jours plus tard, quand il s'était mis en rapport avec sa mère à New York, qu'il découvrit les détails de sa naissance.

« Je m'appelle Richard. Cela fait exactement quatre mois que je suis en thérapie. Hier, pendant une séance particulière, il s'est passé quelque chose — je n'ai pas su quoi. Mon corps fut pris de convulsions, je ne sais pas comment décrire cela, puis je commençai à avoir toutes sortes de douleurs, surtout dans le dos. Cela dura une bonne heure. Ensuite, mon thérapeute me demanda ce qui s'était passé et je lui dis : ' Je crois que je suis en train de naître. ' Ce sont mes paroles exactes.

Il a eu du mal à le comprendre, et il m'a répété que les bébés naissaient la tête la première alors que j'avais les pieds et les fesses gelés. Je lui dis que c'était comme cela, et voilà tout. Je n'y connais rien en bébés et en accouchement. Mes pieds étaient froids et mes fesses aussi... Le lendemain je rendis visite à quelques amis qui font eux aussi la thérapie primale. Voici ce qui s'est passé :

Ce soir, dimanche 2 novembre 1969, Richard est venu dîner à la maison. Il a raconté qu'il lui est arrivé quelque chose de stupéfiant hier : il a eu un primal sur sa naissance. D'après sa description, j'ai compris qu'il était né par le siège. Sa mère, qui vit à New York, le lui a confirmé par téléphone. Il est né à Livonia, en Italie, le 9 avril 1941. C'était le premier petit garçon qui naissait dans le village (aujourd'hui yougoslave) depuis le début de la guerre. Les fascistes de l'endroit comblèrent sa mère de cadeaux et d'office firent de lui un membre du parti. Richard se rappelle être né dans une grande pièce froide. A neuf heures ce soir, tout en nous racontant son primal d'hier, il est tombé par terre ; en fait, il a dégringolé de sa chaise. S'étreignant en position fœtale, il a commencé à gémir. J'ai emmené mon petit garçon dans une autre pièce pour ne pas le distraire de sa souffrance. Voici les notes prises par ma femme :

9 h 02. Il gémit par terre, en position fœtale. Les gémissements sont assez réguliers : il semble être en train de pousser. En fait, il pousse si fort que ça le fait roter et péter. Son visage est violet.

« Ça me fait mal... Aïe... ça fait mal... » Il s'étreint les côtés, ou le dos (plus tard il dira que son dos était la partie de son corps qui le faisait le plus souffrir). Son visage ressemble à celui d'un nouveau-né. Son corps tressaille. « Il fait froid dehors... Oooh... Oooh... »

9 h 25. Il est étendu, immobile, la main droite sous la joue gauche, le bras gauche serré entre ses genoux repliés. Il a du mal à respirer, ses convulsions sont violentes mais lentes, spasmodiques. Toutes les vingt secondes environ il pousse des grognements sourds, primitifs. Il paraît entendre le grattement de mon stylo sur le papier et il ouvre des yeux rougis. Dès qu'il les referme, sa respiration difficile reprend, et il recommence à émettre une série de violents grognements.

Maintenant ses épaules se contractent et son visage se contorsionne comme sous l'effet d'une atmosphère de pression supplémentaire. Il gémit très fort et plus vite (il est 9 h 30 à présent). Sa respiration devient tourmentée, ses gémissements sont des suites de sons méconnaissables.

« Il fait froid... *ffff*roid », chuchote-t-il.

Maintenant (9 h 32) ses deux bras sont entre ses cuisses et il gémit. Ses chevilles sont croisées. Il est couché sur le côté gauche.

9 h 33. Sa main droite, maintenant fermée, est posée sous sa joue gauche. Son visage est gonflé comme s'il venait de livrer un féroce match de boxe.

9 h 34. Les cris sont plus profonds, provenant de la poitrine. Il pousse des cris plaintifs lorsque mon petit garçon, qui prend un tub à l'étage au-dessus, m'appelle.

Je n'ai jamais vu un regard aussi empreint de douleur. Les cris de mon fils semblent avoir sorti Richard de son primal. Il s'assied. « J'en ai assez. »

— Calme-toi, lui dis-je.

Il se met à sangloter. « Il fait froid. »

Au bout d'un moment, il me demande un kleenex. Quand il peut parler à nouveau, il dit : « J'ai l'impression que mes gémissements me permettent de ne pas me laisser écraser... Je sens une énorme pression qui s'exerce sur tout mon dos, entre les reins et les aisselles. C'est au-dessous des omoplates que j'ai le plus mal, parce que j'avais les mains jointes devant moi. »

— Tu veux dire que tes mains te faisaient mal au dos ?

— Oui. Je ne sais pas si c'était parce qu'elles m'obligeaient à me tordre ou simplement parce que j'étais en train de sortir. Ensuite j'ai horriblement froid. Mon corps semble peser des tonnes. J'essaie de bouger la tête, mais tout ce que je peux faire, c'est la remuer un tout petit peu. Autrement, je ne peux pas la bouger.

— Qu'est-ce que tu ressens ?

— Je ne sais pas. Je suis complètement ramollo.

— As-tu envie de pleurer ?

— Je crois que je ne sais pas pleurer. J'aime bien gémir. Cela me permet de sentir tout mon corps, du bout de mes orteils à la racine de mes cheveux. Mais j'ai l'impression d'avoir deux corps. Il y a ma tête, et puis le reste.

... Ces deux parties ne fonctionnent pas de la même façon.

— Tu veux dire que ta tête et ton corps ne font pas partie d'un tout ?

— Oui, je suppose que c'est ça. J'ai froid en bas et chaud en haut. On dirait que je suis coincé au milieu, et c'est pourquoi la partie supérieure est douloureuse... Je ne sais pas comment coordonner ma tête et mon corps pour les faire fonctionner ensemble. Je ne comprends pas. Quand je me pelotonne, ma tête semble trop lourde. Je ne veux pas de ça. (Il gémit.) C'est comme si j'étais écrasé à mort par les muscles de quelqu'un d'autre. Ça ne se passe qu'à partir de la taille, vers le haut, et ça fait affreusement mal. Comme si ma colonne vertébrale était tordue et comme si des muscles vraiment puissants m'écrasaient ! C'est bon quand ça s'arrête et je ne veux pas que ça recommence. Mais ça continue... »

Richard retourne à son tapis et les convulsions recommencent. Plus tard, quand il peut parler à nouveau, il reprend :

« Imaginez un tube de pâte dentifrice qu'on aplatit tout le long pour en faire sortir le dernier reste. C'est comme ça que je me sens. Et toute la pression se concentre sur ma poitrine et sur ma tête. Comme si tout allait éclater. C'est la même sensation que quand on a la nausée sans réussir à vomir.

« J'ai mal dans l'épaule droite. Je ne sais pas ce qu'ils sont en train de me faire. Je suis comme coincé en haut d'un tuyau d'évacuation, et en même temps, quelqu'un s'applique à me tordre le corps et à me déchirer les épaules. Mon dos est comme brisé. »

Il est 10 h 05. Il empoigne son épaule et gémit longuement. Son visage se contorsionne et devient écarlate, puis les muscles de son ventre se contractent à nouveau.

« Ils me tordent au mauvais moment !

— Qui, ils ?

— Les médecins. Je ne sais pas. Je ne veux plus en parler. Ça fait mal, très mal ! Quand j'en parle, c'est comme si j'y étais encore ! »

10 h 15. Il est de retour sur le plancher, en proie à une douleur intolérable. La main gauche sous la joue droite, la main droite entre les cuisses ; pelotonné sur le côté gauche. Il gémit et grogne très fort. A chaque effort, son visage se tord. Son ventre bouge tout seul. Sa figure écarlate tranche sur le reste du corps.

10 h 20. Richard roule sur le dos et fixe le plafond pendant dix secondes environ. Finalement, il s'assied en poussant un gémissement.

Assis sur les fesses, les mains croisées sur les genoux, il secoue la tête ; ses paupières sont hermétiquement closes et il ressemble à un gosse qui souffre — un personnage de Murillo, mais peint par Goya.

Il s'écroule contre le divan, haletant. Notre salle de séjour est mal éclairée mais ses cheveux ont l'air d'être trempés de sueur.

« Je ne peux pas continuer. Vraiment. Cela fait trop mal.

— Maintenant nous savons ce que doit supporter un bébé en naissant. Mais jamais encore nous n'avons entendu un bébé qui *parle !*

— Est-ce aussi dur pour tous les bébés ? J'ai toujours cru que c'était la mère qui souffrait seule, déclare Richard. Tony, arrête de me regarder comme ça !

— Que te dire ? Je n'ai jamais rien vu de pareil, Richard ! »

Les primals de Richard continuèrent pendant de nombreuses semaines. Chaque fois il sortait un peu plus du canal vaginal. Voici l'une des connexions essentielles qu'il fit à la suite d'un primal : « Toute ma vie, j'ai été prêt à me battre avec quiconque me frappait ou même me bousculait. A l'école, j'avais des réactions excessives quand un autre gosse me rentrait dedans par accident, et je me bagarrais aussitôt. Maintenant je comprends que je me défends toujours contre cette ancienne souffrance. Tout ce qui faisait mal déclenchait cette souffrance de la naissance et je fonçais alors la tête la première pour me protéger de toute nouvelle douleur. » Qui aurait deviné que l'agressivité de cet écolier batailleur remontait à sa lutte dans le canal vaginal ?

APPENDICE III

LE CORPS SE RAPPELLE

Cette photographie[1] montre les bleus sur la jambe

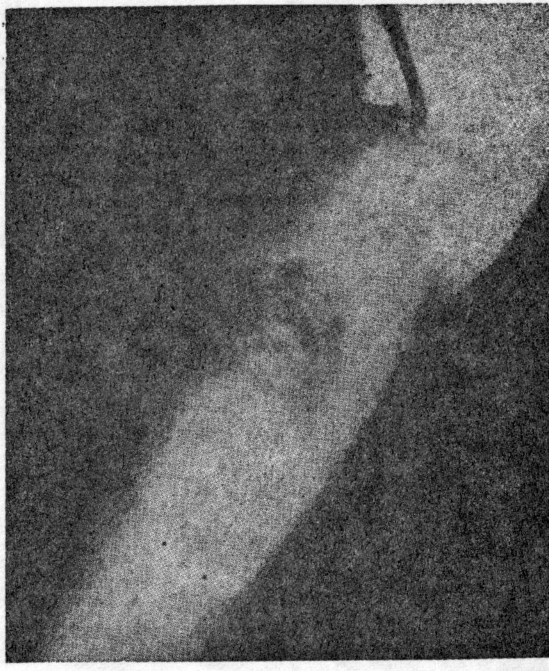

1. Cette photo, prise plusieurs jours après le primal, montre les bleus estompés à 70 p. 100.

d'une femme de quarante-huit ans qui a revécu le moment où elle a été tenue la tête en bas et fessée par le médecin juste après sa naissance. L'accoucheur était très brutal et on peut voir l'empreinte de ses doigts et de son pouce gauche sur la jambe du bébé. Cet événement survenu il y a presque un demi-siècle a été entièrement revécu — physiquement et mentalement. (La famille de la femme confirme l'existence des bleus à la naissance.) Le corps préserve ses souvenirs et si nous pouvons comprendre que les bleus sont des souvenirs physiques gravés à jamais dans l'organisme, où ils sommeillent indéfiniment, nous comprendrons aussi que d'autres souvenirs persistent toute la vie, exerçant leur force et déterminant la névrose. Cette photo démontre l'unité du corps et de l'esprit. Se souvenir et ressentir sont des événements psychophysiologiques complets. Le corps est une banque de mémoire qui n'oublie aucun détail de son expérience, bien que l'esprit s'en soit dissocié.

Une étude approfondie de cette photographie permet de comprendre l'essentiel de la théorie primale.

Le fait le plus évident est que la souffrance — physique, en l'occurrence — qui ne peut être intégrée au début de la vie, reste définitivement gravée dans l'organisme. Quand celui-ci est incapable d'assimiler ce qui lui arrive à cause d'une surcharge de souffrance, l'esprit se dissocie automatiquement de l'expérience. Ce processus de déconnexion préserve et perpétue l'événement sous la forme d'une force inconsciente et non résolue.

Comme je l'ai dit plus haut, le corps emmagasine toutes ses expériences et n'oublie jamais rien, même si l'esprit conscient est incapable de se remémorer ces événements.

« L'esprit » n'est pas seul à « retenir » ces expériences. Le corps tout entier participe à ce processus. Comme l'esprit et le corps constituent une unité, l'organisme réagit constamment à l'expérience déjà déconnectée, codée, et emmagasinée. En d'autres termes, la souffrance (et nous savons que les besoins insatisfaits se transforment en souffrance) est un état des tissus, qui « se rappellent » physiquement. C'est le même genre de « mémoire » que nous observons quand notre organisme « se rappelle » que nous avons absorbé une grande quantité d'un certain médicament et qu'il crée une immunité correspondante.

L'expérience n'est pas une entité isolée, préservée par le cerveau seul. Une expérience précoce non intégrée établit dans le cerveau un circuit réverbérant qui innerve le corps et constitue la contrepartie inextricable de cette expérience ; le lieu de l'innervation dépend de la nature de la souffrance. Si cette souffrance s'est manifestée par une contusion, l'organisme peut avoir une tendance aux bleus ; ce fut le cas de cette femme qui avait souvent des bleus inexplicables. Si, par exemple, le traumatisme a été provoqué par le passage brutal de l'utérus chaud à la salle d'accouchement glaciale, le système sanguin réagit par la constriction des vaisseaux. Ce processus risque de s'installer définitivement, de telle sorte que le sujet a une réaction cardiovasculaire excessive sous l'effet de n'importe quel stress, qui peut réactiver le traumatisme originel. Plus tard, en raison de l'existence de ce circuit réverbérant de l'ancienne souffrance non résolue, une maladie cardiovasculaire risque de se déclarer.

Cela nous permet également d'en savoir plus sur le processus de la guérison. Car dans le cas présent, les meurtrissures qui apparaissaient sur le corps de la patiente, se résorbaient toujours difficilement — jusqu'au jour où elle a pu établir ces premières connexions essentielles. D'autres malades sujets aux contusions ont constaté une régression considérable de ce phénomène, et l'accélération de la résorption de leurs contusions — désormais rares —, dès qu'ils eurent fait certaines connexions pendant des primals.

Nous voyons donc que certains organes cibles du corps sont vulnérables non seulement à cause des données génétiques (qui ne doivent pas être sous-estimées), mais à cause de la nature du premier traumatisme. Le sujet qui a été nourri à heures fixes et a souvent souffert de la faim pendant sa petite enfance, a par exemple des problèmes gastro-intestinaux. Ces symptômes constituent la façon qu'a le corps de « se rappeler ». Ce sont des souvenirs « traduits ».

Nous devons nous demander : « Où s'est donc cachée cette contusion pendant quarante-huit ans ? » Elle a manifestement été codifiée quelque part dans l'organisme, constituant une tendance latente. Elle n'a cessé de rappeler au corps d'une manière littérale — mais générale — qu'il devait résoudre l'existence d'une contusion *spécifique.* Le corps généralise les souffrances spécifiques, physiquement et psychologiquement : ce processus est l'essence de la névrose. La peur de la *mère* peut être refoulée, généralisée et reportée ensuite à tort sur toutes les femmes.

Au moment où cette contusion s'est produite, le cortex n'était sans doute pas à même d'interpréter correctement l'événement. Plus tard, le cerveau « adulte » doit former le concept de cet événement pour en informer le cerveau « infantile ». C'est cela la connexion : le fait de reconnaître l'origine de la souffrance — ***de lui donner un caractère spécifique, pour l'empêcher de se généraliser selon un processus névrotique.***

Nous pouvons faire une réflexion d'ordre plus général à partir de nos observations sur la souffrance originelle... le traumatisme physique semble se généraliser sur le plan physique, et le traumatisme psychologique peut se généraliser sur le plan psychique. Évidemment le premier chevauche le second, en raison de l'unité du corps et de l'esprit. Mais dans le cas d'un traumatisme pré-verbal auquel seul le corps peut réagir, une réaction prototypique constante aux traumatismes ultérieurs risque de provoquer des symptômes physiques. Si le traumatisme est post-verbal, la réaction au stress ultérieur peut se manifester par l'idéation — telle la paranoïa.

Une souffrance déconnectée exerce un pouvoir sur l'organisme, qui n'est ni statique ni inerte. La connexion résout la souffrance et annule ce pouvoir. Le sujet aura toujours tendance à avoir l'estomac dérangé, ou à souffrir d'ulcères, quelle que soit la qualité du traitement palliatif, jusqu'au jour où le traumatisme d'inanition précoce sera revécu et connecté à la conscience.

En un sens, l'inconscient n'est pas lié au temps ; car la femme dont nous voyons la jambe sur cette photographie aurait pu continuer à avoir des bleus toute sa vie — jusqu'à ce qu'un moment spécifique de sa vie fût capté, jusqu'à ce qu'une meurtrissure décisive qui fut infligée à un moment spécifique fût revécue. Jusqu'à cet événement, ses meurtrissures étaient le signe d'une réaction intemporelle.

Pour que cette contusion pût être résolue, il fallait qu'elle réapparaisse. Il n'aurait servi à rien de s'en « souvenir » mentalement, sans la participation du corps. Cela nous prouve que seule l'expérience psychophysiologique complète est curative. L'insight ou la prise de conscience, ou encore la vivacité du souvenir, n'arrêtent donc aucune tendance inconsciente, d'où qu'elle vienne, et ne peuvent réellement contrôler le corps.

La réactivation d'un phénomène apparent comme cette contusion a des répercussions quant aux processus inconscients invisibles comme les traumatismes de naissance ; si le cerveau peut reproduire un événement physique qui s'est produit quelques instants à peine après la naissance, cela indique sans aucun doute que le traumatisme peut se fixer dans l'organisme peu *avant* la naissance. La faculté de ce cerveau de se souvenir ne se modifierait guère. Nous devons donc en conclure que, de même que la souffrance survenue après la naissance a une existence cachée et exerce un pouvoir continu sur l'organisme, l'expérience intra-utérine peut également exercer une influence inconsciente.

Cette discussion indique clairement la différence qui existe entre un primal et l'abréaction ou la catharsis. L'abréaction est généralement définie comme l'extériorisation émotionnelle qui accompagne un souvenir. Il faudrait élargir considérablement la signification de ce terme si l'on voulait l'appliquer à un phénomène tel que la contusion survenue à la naissance. Dans un cas, il s'agit du fait de se souvenir, dans l'autre du fait de revivre. La brusque apparition de contusions pendant qu'on revit une expérience n'est pas une abréaction; c'est un ***primal.***

TABLE DES MATIÈRES

Achevé d'imprimer le 19 avril 1985
sur les presses de l'Imprimerie Bussière
à Saint-Amand (Cher)

— N° d'édit. 10557. — N° d'imp. 1084. —
Dépôt légal : 4e trimestre 1980.

Imprimé en France